本书为广州市人文社科重点研究基地"粤港澳设计文化与战略研究中心"成果

渠岩 著

青田范式

中国乡村复兴的文明路径

QINGTIAN PATTERN

上海三联书店

乡音、乡建与乡愁：
艺术家渠岩的"青田范式"

方 海

我们今天生活在一个"令人疑惑"的时代，一个物质繁盛却精神空虚、选择多样却百无聊赖的时代——一个白日总在招引你追逐赛先生的脚步，可到了夜幕又开始迷惑你回到那块魂牵梦绕的故乡，那片早已被现代化修整得面目全非，却又被现代化经济重新招魂以抚平现代人"逐日"的永恒创痛。确实，只有安顿灵魂的乡土家园才能治愈现代人的病疾。可这似乎也被后冷战以来就走势迅猛的资本主义给算中。这至少构成了今日"乡建"的半壁面目，而另一幕则是随着新冷战趋势的日渐显露，作为今日政治主体的国家也逐步在猛搞"发展"的同时，也着急开出"重建"乡村与守护传统的不同方案。社会各路人士、知识分子和艺术家，都纷纷加入这股突如其来的"重建化"潮流中，以为"乡村"和在今日世界的处境及前景提出不同的对策。

在当今中国最值得关注的，当属著名当代艺术家，广东工业大学城乡艺术建设研究所所长渠岩教授通过从山西和顺的"许村计划"到广东顺德的"青田范式"的社会实践与理论研究，尤其是其所建议与推动中国乡村文明的复兴路径。之所以如此，是因大多数乡建实践者不是被发展主义头脑给冲昏头脑，就是被批判性的西洋理论给弄得颓废，而无力在"建构"的路子上给出一个留得住"火候"的方案。而渠岩教授能做到的原因，或许与他的理想主义及其付诸实际行动的两股力量息息相关。

从"许村计划"和"青田范式"的长期实践中，渠岩教授就对"乡愁"的内涵归纳出九个方面的内容。这对广东地区，对粤港澳大湾区，对全国乃至全球大多数国家而言，这九个方面又可以结合成四种内涵关系。其一，是人与自然环境的关系，包括独具中国特色的历史悠久的风水堪舆理论和生态环境理念，它们长期引导着中国广大村落的基本布局，是中国聚落形态发展的基础；其二，是人与神明的关系，包括人与神话神灵的关系，人与祖先圣贤的关系和人与灵魂心魄的关系，他们潜移默化地栖居于坛庙宗祠、书院家谱和以忠义礼信为圭皋的浩若烟海的文化典籍当中；其三，是人与社会的关系，这其中包括人与人的关系，人与家的关系和人与聚落的关系，具体呈现于礼俗社会中源远流长的乡规民约，宅院传承中的血脉信仰和聚落发展中的民心凝聚；其四，是人与物品的关系，包括人与四季农作的关系，人与工艺制作的关系和人与富裕格式的关系，因此形成生态、经济与工艺精神的良性循环。

如何通过乡村建设重新留住乡音，记住乡愁？如何理解和处理好"乡愁"和"乡建"的关系？可以说，上述问题直接暴露了中国当代城乡发展所面临的巨大挑战，与广大乡村所正面临的巨大危机。高速发展的城乡化进程和城镇化建设从内外两方面打击和摧毁着具有数千年文明发展历程的中国乡村和中华文化家园，成千上万的中国村镇，除少数被列入各级政府公布的"中国传统村落保护名录"，绝大多数历经千百年形成发展的中国自然村镇正与它们所携带的中国原生文化基因一道，在千年不遇的现代化洗礼中快速消亡。这是中华民族"乡音"

逐步消亡的信号,因此才会有众多有识之士试图通过"乡建"来保留"乡音",以使人们记住"乡愁"。

但在过去的几十年,我国的大量"乡建"项目在相当大的程度上却是破坏性的,有时甚至是毁灭性的。第一阶段的"乡建"大多以政府"扶贫"项目为依托,以指令性干预和强制性实施为手段。这种情况下我们不断看到曾经优雅美妙的乡村家园很快变成千篇一律的兵营式住区,曾经依山就势的自然材料的天然组合不断变成粗陋廉价的工业产品的生硬堆砌。第二阶段的"乡建"则有大批建筑师开始介入,富有情怀的建筑师看到快速发展的城乡化进程为人们的心灵带来的伤害和对"乡愁"的无情剥夺,于是寄希望于回归山水,回归自然,回归乡间聚落中的文脉和肌理。建筑师们的介入乡村建设虽然真诚,却大多流于片段和实施与操作中的无奈;虽然理想丰满情趣高雅,却如常与现实大众的需求脱节;在许多情况下,建筑师们的充满个性化的兴趣主导着他们乡建的主题,由此形成各类民宿和农家乐。总体而言,虽能一时满足部分城市阶层闲暇猎奇的心灵追求,却不能满足"乡建"的最根本需求,即如何考虑和满足村民的诉求,由此,"艺术乡建"早已是一种国际范式,诸多国际建筑大师如阿尔托等早在半个多世纪以前既已为"艺术乡建"树立了榜样。前不久当代建筑大师库哈斯在北京与中国艺术家渠岩共同探讨"如何寻找最美的建筑",强调艺术家、建筑师必须谦虚学习并融入当地文化,尊重乡村"文化多样性",同时加深对在地日常知识的深入理解和对当代流行文化的反思之后才能发现最美的建筑。

当代中国为什么呼唤以渠岩为代表的以修复和传承中国文化命脉为使命的中国乡村复兴与建设?渠岩为什么要用近二十年的时间身体

力行专注于"乡音"的梳理和记录？我想是因为它们是各民族文化传承的基本因素，其中蕴含着土生土长的文化气息和沉淀数千年的精湛技艺，是现代社会发展中越来越受到重视和尊崇的"没有建筑师的建筑"。人类从黄金时代的衣食住行诸方面所创造出的大多数物品，都是"没有建筑师的建筑"和"没有设计师的设计"，这些无名设计实际上构成了人类建筑史、设计史、科技史和艺术史的主体，但与此同时，它们也大多没有受到应有的重视和科学而系统的研究，直到有几位伟大的学者以其远见卓识和专业洞见开始关注它们，人们才开始发现人类在漫长的历史发展中曾经创造出多少极富价值的设计智慧。

对无名设计最早进行系统研究并以其丰富学术成果影响全球的学者首推瑞士建筑学家吉迪翁（Giedion）教授，他出版于1941年并多次再版的成名作 Space, Time and Architecture，以对现代建筑五大师格罗皮乌斯、莱特、柯布西耶、密斯和阿尔托的系统研究轰动建筑界和设计界，并以此为最重要的学术思想依据建立全球范围的现代建筑史论体系。然而，吉迪翁随后在深入思考和寻觅建筑、设计和艺术创意的本源问题时，他发现了民间设计智慧的魅力，并由此开始从科学研究的角度关注人类历史上的无名设计，引导自己逐步走向系统研究"没有设计师的设计"的道路。在其划时代的建筑史论杰作 Space, Time and Architecture 之后，吉迪翁陆续出版 The Eternal Present、The Beginning of Art 和 The Beginning of Architecture 等系统研究无名设计的著作，最后在1948年隆重推出其另一部划时代学术著作 Mechanization Takes Command: A Contribution to Anonymous History。继吉迪翁之后，对全球范围内的无名设计进行系统性学术研究的最重要学者是奥地利建筑师、工程师和艺术评论家伯纳德·鲁道夫斯基（Bernard Rudofsky），他尤其善于从非传统的学术视野审视我们看似耳熟能详却又知之甚少的事物现象，其重要著作包括 *Are Clothes Modern*、*Behind the Picture Window*、*Architecture Without Architects*、*The Kimono Mind*、*Street for People*、*The Unfashionable Human Body* 和 *The Prodigious Builders* 等，其中出版于 1964 年的 *The Architecture Without Architects: A Short Introduction to Non-Pedigreed Architecture* 和出版于 1977 年的 *The Prodigious Builders: Notes Towards a Natural History of Architecture with Special Regard to Those Species that are Traditionally Neglected or Downright Ignored* 是其最有影响力的代表作。鲁道夫斯基坚信那些遍及全球的数量甚巨的无名设计及其衍生出来的建筑智慧和设计科学内涵，早已超越了人类传统界定的经济和美学方面的思考，它所跨越千百年留存至今的现实本身就时常昭示着人类与自然共处的经验与教训，由此触及永远与现实相关的更加艰深并日益令人烦恼的问题：我们人类如何才能够正常生存下去？如何在狭义和广义层面上，在与邻里和谐共处的同时亦能与大自然共融与发展？鲁道夫斯基很早就看到人类快速发展，尤其是高速城市化进程，所带来的危机，例如气候问题、水源问题、垃圾问题、污染问题、人口问题等等，面对这些问题，鲁道夫斯基明智地建议人们在不断发展的同时，也应时常"回过头来"看看我们普遍熟视无睹的无名设计，从那些聚落和乡间万物中找回"乡愁"的记忆。

由吉迪翁和鲁道夫斯基所开创的对无名设计的研究和发展到今天，早已由"星星之火"演化成"燎原之势"，从欧美日发达国家到亚非拉各地，人们越来越多地关注对传统中无名设计的学习和研究，他们立足于各自不同的背景和视角记录和分析遍及全球的种类繁多的无名设计，如美国学者威廉·吉思蒂曼（William Justema）所著 *The Pleasures of Pattern*，系统考察作为人类最普通的无名设计的各种图案的来龙去脉及其对人类社会的多方面影响，那些流传人间千百年的图案无孔不入地根植于人类衣食住行的所有方面。人们很少专门关注它们，但它们为人类的日常工作和生活带来的欢愉是无法估量的。而另一位美国学者，著名作家劳埃德·卡恩（Lloyd Kahn）所著的 *Shelter* 则将人类生活史上出现过的洞穴、草屋、帐篷、木屋、仓房、农庄及各地聚落形态都列为研究对象。面对现代城市日益膨胀的混凝土森林，民间传承已久的无名设计所蕴含的手工技艺和设计理念，不仅能够让人们重拾手工探险劳作和自由的乐趣，而且能使人们重新思考人类与大自然的关系，深度反思生态与环境的理念，加强对设计科学的多向度思考。

相对于欧美日各国对待民族的"乡音"文化遗产的记录梳理和研究，我国在这方面的工作只能说还处于起步阶段，当习近平总书记满怀信心提出"中华民族文化自信"的理念时，我们尤其深刻感受到记录与研究中国历史悠久，形态丰富的民居聚落文化的必要性和迫切性，唯有踏踏实实做好相应文化遗产的记录整理和系统研究，才能健康而合理地进行镶嵌，然后才能"让居民望得见山看得见水，记得住乡愁"。渠岩的艺术乡建工作实际上是这种文化遗产的最佳记录。

渠岩扎根中国乡建二十余年，他的探索是朴实的，也是非常深刻的。从山西许村到广东青田，他不懈地思索和实践美丽中国乡村美的复兴模式，深刻思考中国 20 世纪自晏阳初、梁漱溟到改革开放以后各个阶段的乡建经验和教训，力图走出一条充满人文深度又彰显中华民族传统价值的艺术乡建之路。面对中国当下的乡村发展困境，渠岩坚信中国传统文化中的"礼失求诸野"；而对中国改革开放快速发展之后导致的多方面的社会失序、群体失语、道德失范、人心不古，渠岩希望立足于"乡音"的记录研习来展开艺术乡建，从而在体验"乡愁"中传承自己的文化血脉。

从乡村中的文化到文化中的乡村，从乡村的艺术到艺术中的乡村，渠岩作为艺术家的思考是系统而深沉的，而他作为建筑家的艺术乡建却是具体而有型的。他总结的青田范式来自他多年的在地艺术修复实践和对中国文化和乡村文明的深层思考，并由此看到中国乡村文化的积累和命脉，感受到中国乡村和谐发展的脉动和前景，因此愿意不辞辛劳地前行，长期以一己之力感动和影响广大村民并继而获得各级政府的理解和支持。渠岩的艺术乡建不同于以往的大刀阔斧的乡村改造和简单粗暴的社会治理，也不同于改革开放以来各地仅仅满足温饱、发财致富这类单一经济提升为主的扶贫项目，而是"在尊重乡村所在地传统及村民诉求的基础上，用情感融入和多主体互动的温和方式，建立情感共同体，使乡村社会整体复苏，以缓慢的方式修复乡村完整的天地人神世界"。随着"青田范式"的发展，渠岩的艺术乡建事业从读独行侠式的苦行僧艺术，演化为与全体村民、当地政府和大学的综合立体式合作模式。他的乡建团队不仅包括广东工业大学的师生，而且还包括顺德当地的政府官员，以及热心乡村保护的企业家与爱心人士。透过这幅以渠岩教授为核心的中国乡村建设群英图，任何去过青田的人们都无疑能够欣喜地感受到中国乡村复苏所呈现的希望和未来。

2020/9/24

自序：魂兮归来

> 目极千里兮，伤春心。魂兮归来，哀江南！
>
> ——屈原《楚辞·招魂》

　　远在三千多年前，中国人已经在这片古老的土地上建立了乡村，并在其间生活和繁衍生息，经过世世代代的耕耘和劳作，先民们在乡土中建立了家园与田园、生产与生活、农耕与民艺、家族与香火、信仰与祭祀等完整的乡村文化形态与多彩多姿的乡土生活方式。

　　近百年来乡村变迁尤为动荡惨烈，民族承载了跌宕起伏的命运，国人经受了坎坷多舛的磨难，一面看着它在残垣断壁中褪去了昔日的光彩，一面惋惜我们的文明像一抹余晖般消失在身后，悲壮而苍凉，遗憾并惋惜。在这失序和失范的双重困境中，乡村又重新回到了我们的视野，今天，乡村受到了前所未有的关注，想象着它的质朴，追忆着它的往事。但是，乡村不应成为凭吊的墓碑，也不能变成致哀的废墟。今天，我们走进乡村，是渴望去寻找家园，以接续自己的根脉。过去，乡村之所以兴，是因为乡村在人的心中，是流淌着家族血脉的殿堂，是信仰所依的灵魂家园。我们在乡村不是去简单地化解乡愁，也不是重建梦中"桃花源"，而是满怀悲悯地去修复千疮百孔的家园。

　　乡村在现代化和工业化的今天，对我们仍然具有特殊的意义，这并不是说你还应生活在乡村，也不是说你仍在从事相关的农业生产。乡村也不仅仅是地理概念的存在，也不是生活的方式的选择。乡村是无法绕开和难以回避的永恒话题。每一个国人都无法回避，它包含和承载了国人特殊的情感，并成为积淀在心底并难以化解的乡愁。总之，不论你是想在乡村重建家园，或者是寻找田园牧歌，都可在粗朴的民俗中感受到温暖的乡情，获得滋养我们情感的源泉。

今日语境中的"礼失求诸野"，已溢出天下／礼仪的秩序范围，社会巨大的物质繁荣与巨大的精神贫瘠形成的鲜明反差，造成了消极虚无主义的盛行，人失去了与神灵的联系，失去了对意义的感知，失去了对永恒的追问，失去了对真理的探寻；总而言之，我们失去了一切。由此导致了社会失序、群体失语、道德失范、人心失德。现代化的新人遗忘了过去，迷失在当下，恍惚于未来。我们在城市筑起了海市蜃楼，在生活中醉生梦死，理想却渐行渐远，到头来南柯一梦。蓦然回首，乡村原来被我们遗弃在偏远的角落。再看我们的文明，原来在乡村文脉的传承中，礼俗道德在家族的记忆中，仁义礼智信在历史的尘封中。我们之所以进入乡村，实则是因为城市带来了诸多无法化解的危机。回望人类的任何文明，都将建立在自己的血脉历史中；道德的崩解，是传统礼俗的溃败，解决现实危机，必须在乡村重新点燃历史的火种。

在今日现实语境中，"乡村复兴"受到了前所未有的关注，也同时面对着前所未有的挑战。它作为与现代性建设相伴随的话语实践和"文化自觉"在后现代思潮之后的回潮，在乡村建设如火如荼的今日又重新摆在艺术家、社会学家、经济学家与政治学家等仁人志士面前。"乡村建设"作为"乡村复兴"理念下的具体实践与行动，逐渐演变成为权力与资本相竞角逐和争相投入的社会现场。社会治理式的乡村建设，仿佛又像一场运动，它破坏的不是乡村，而是乡村在悠久的历史中形成的多元化，是对乡村多样性的野蛮摧残和破坏。我们应该从其哲学的抽象性，渐渐回归到对治理的具体性反思。此外，主流社会对乡村建设的问题化认识和结构化理解，依然没有摆脱现代化的发展逻辑。总是在"去主体化"模式中，淹没乡村世界的文化维度和在地人的情感诉求。

对此，艺术家推动的"艺术乡建"在地实践与行动，是努力区别于以上两种乡村建设的不同思路。一方面，它不同于大刀阔斧的乡村改造和简单粗暴的社会治理。另一方面，也不是仅仅满足温饱或发财致富这类单一经济指标。换言之，纵观中国当下社会的遍地开花的乡建现象，两条路径都具有偏执于一端的嫌疑。相反，我提出的"艺术乡建"则是区别于以上两种的介入方式，被我称之为"中国乡村建设的第三条路径"，它是在尊重乡村在地传统及村民诉求的基础上，用情感融入和多主体互动的温和方式建立"情感共同体"，使乡村社会整体复苏，以缓慢的方式修复乡村完整的天地人神世界。我称之为用音乐中的"慢板"与"柔板"，用慢速的节奏，使乡村复苏呈现出优雅与闲适的效果。而不是大刀阔斧的暴力改造的奏鸣曲式的"快板"节奏。总之，艺术乡建就是要坚定不移地构筑乡土社会和恢复文化主体性的多种可能；真切关注乡村自治权利的复归，在地关系的重建与礼俗香火的延续。

今天，艺术家开始走进乡村，不是去寻找田园牧歌，也不是去寄托无尽的乡愁，而是通过行动去链接传统的文脉，通过艺术促动乡村的复苏，使乡村在现代社会中重新复活。通过艺术，为乡村带入新的生活意识，将传统与时代理念融入其中，并由艺术家带来多样的文化理念。强调艺术的人文启蒙作用，修复已经坏败的人性，使艺术与乡村之间建立真正的关联。"艺术乡建"与近代以来的乡村建设的根本不同在于，它不再把乡村作为被否定的对象，而是肯定乡村的文化价值，并使之与时代相衔接。使艺术具有了文化与生活的修复功能。在这里艺术是一种社会行动，也是让乡村苏醒和恢复人的生命感觉的有效途径。

艺术家力图通过身体力行的方式来"融合"乡村，实现人与自然、人与社会、人与世界的"和解"，重建乡村的"情感"共同体。消解"去地方化"的同质设计。我们持续地以"去中心化"的方式，在实践中省思外来力量与当地人之关系，并倾向在不可扭转的变革力量面前，沟通、协商及调用各方之力以协助当地人，重建在"世界"和"当下"中存在的当地社会和文脉传统。然而，一个"世界中的乡村"所要面临和应对的力量，已超出乡村及其主体自身。换句话说，乡村的世界在时空中具备"居"与"游"的特性，而艺术家在其中扮演着嫁接、点燃及催生在地生命力的媒人之角色。

对我们而言，艺术介入乡村，重要的不是权威与观念史上的艺术，而是实践意义上的公共美学行为，或是说一种为提升真切的人性以及良知的美感而来的社会行动剧场。在此意义上，艺术介入乡村便超越了治理意义上的乡村建设，而指向用善美的行动消融现代性分裂，用神人共舞及众人欢腾之力，修复此世与彼岸、处境与追求的共同体精神。

我们进入青田，首先抱着学徒般的谦卑态度向当地人讨教，用礼拜的姿态倾听各类知识分子的言说，并以真诚及不厌其烦的态度跟当地政府及各界进行沟通、协商、合作……这既是对在地主体以及普通人"文化多样性"的尊重，同时又包含对在地日常知识的理解及己身文化的反思。另外，我们进入青田，可以赋予和增加青田新的活力，重要的是能够让生活在青田的村民对他们的家乡生成骄傲和自豪的感觉。当一个人在一个地方生活得时间很久了后，是很难有再有新鲜的感觉了，所以需要一个外来者的眼光，通过持续的行动，激活他们早已麻木的心灵与情感，让青田村民发现乡村生活的魅力和色彩。

艺术家要与乡村之间建立一种积极的"互惠"关系，这是基于"文化理解"意义上的介入，重视与"他者"面对面的伦理关系。无疑，这样的行动，消解了艺术家孤傲于人群且不问世事的特权，而将社会行动作为践行艺术的方式，并将艺术家介入地方社会的能动性及在地生活的生命效应，作为艺术能量的体现。

目录

乡音、乡建与乡愁：

  艺术家渠岩的"青田范式" / 方海

自序：魂兮归来

一、乡村中的文化

"乡村"是在处世中不断生成的行动
者。乡村在不同的历史阶段、情境和
互动中，会转变为不同的文化角色，
并在这些角色扮演中主动调整其姿
态。这既是说，"乡村"是不断生长
的文化母体，它涵括文化地理学上的
远近内外，又贯通历史意义上的古今
中西，同时还转化并兼容来自城市、
官方、庙堂、江湖及域外的文化营养
与杂质。在此意义上，乡村中的文化
能保持异质杂陈的特质，且具备流动、
多元与开放的特性。故而，我们不能
用本质主义的眼光，即"一个乡村一
种文化"或"乡村就是某种文化方式"，
来理解乡村中的文化。相反，乡村中
的文化，具备网络意义上的开放气质；
乡村在其中或许并不起眼，但在文化
意义上却是极为重要的行动。

社会剧场

艺术因此越来越明确地聚焦在艺术创作在人群中所创造的联系，或是在社会性样式的发明上。这项特殊生产不只是决定了一种意识形态与实践的场域，也界定出新的形式领域。

——[法]尼古拉斯·伯瑞奥德《关系美学》

从 20 世纪 20—30 年代以社会改造和文化转型为目标的乡村运动，到 21 世纪以"致富"或"小康"为社会理想的新农村建设，以至今天全社会正以前所未有的高度和热度重视与参与的乡村振兴之国策，经历了近一个世纪跌宕起伏的发展命运与循环往复实践历程，其跨度之长与影响之广在中国近代史上实属罕见。这也充分说明，乡村问题不单纯是一个经济问题，也不简单是一个发展问题，而是中华文明的延续与传承问题，也是在面临时代转型时所要作出的选择问题；更是在社会遭遇各种现实危机时，将要面临的一个非常棘手复杂又无法回避的文化问题。

早期的民国乡建知识分子在面对中国现代化危机时，大多是怀揣以乡村危机为出发的"忧患意识"，加之以"改造"的举措来达到拯救乡村的目的，才有那个时代众多知识分子投身其中的乡村建

农耕社会

设热潮。西方文化的强势威逼及其所促成的革命引力，导致了中国传统社会的崩塌与儒家礼俗的危机。为此乡村建设的前辈们就大声疾呼要全面接受并改造西方先进文化，同时也要保持中国传统儒家文化。他们还倡导中国乡村要建立自己社会的自组织，以有效解决农民的生活和教育问题。就像梁漱溟积极倡导有觉悟和情怀的知识分下乡来帮助乡村办教育，以期解决广大村民由于长期贫困所导致的教育问题。但是，他们怀揣着一腔理想，满腔热情投入乡村，结果却铩羽而归。梁漱溟先生本人在乡村建设实践中也遇到了前所未有的困境并以失败告终。他发出了"乡村运动，村民不动"之感慨，把乡建失败之原因怪归因于乡村的冷漠与农民的麻木。反观今日，大部分乡村建设者所遇到的问题则是 "乡建速动，村民被动"。我们如何理解民国乡建先驱者们在那个时代所遇到的局限与困境，又如何面对今天乡村建设所产生的新问题，以及在今天的乡村建设实践中所应肩负的文化使命与社会担当，这些才是我们应该继续思考的问题，也是整个社会所要面对的问题。

　　同样，在有关乡村实践的学术研究领域，作为给予乡村社会秩序重建提供智力支持的社会科学以及研究乡村问题的专家，他们给中国乡村研究带来了西方社会科学的影响及方法论。在乡村研究中，他们习惯性地从乡村的社会结构、功能、规范等方面入手，秉持社会决定论和科学统计法的学科信仰；同时也连带着西方主义的问题假设和思考范畴，对在地社会进行"面面俱到"的条理性分析，但却看不见对具体生命经验的整体性思考。问题是，这类科学主义的知识模式将"乡村"制成一个微缩民族－国家功能的在地版本，且还自信满满地认为能通过短暂的移情式参与到理性主义观察及过后的目的论写作，力图呈现乡村社会的文化原样和真实处境。然而，将这种带有鲜明西方传统社会科学认知的方法论，连同那种经济基础决定上层建筑的理论表述，包括"经济人""理性人"等这类西方现代性观点，都视作中国乡村及乡村人的基本事实来表述，而完全无视乡村社会切实的生活、村民的情感诉求、人文的传统和诗意的世界，即那种由审美符号构建的精神世界及对复兴乡村主体性所具备的深度意义。特别是把乡村当作"遗产"来研究的专家学者，完全割裂和忽略了乡村作为整体性的系统、历史性的延续及其现实性的危机。乡村具有的是"文明价值"而非"文物价值"。

　　乡村在今天遇到了前所未有的危机，这种危机在近百年随着时代发展并反复叠加，呈现出更加复杂与灾难性的后果。同时也促使更多的有识之士和学者关注与研究。当然，现代化与城市化对乡村的冲击和破坏触目惊心，城乡二元对乡村形成的不平等待遇，过度的城市化对乡村的一味碾压与榨取，以及生产资料和社会资源从乡村快速地向城镇偏移，大量乡村人口向城镇迁徙，这些都加速构成了乡村的快速衰败与消亡。对此，一种观点认为：乡村绝不仅仅是提供生产与生活的功能性的价值存在，它承载着国人的信仰与礼俗，而近日社会道德的崩溃，与以上价值丧失有直接关系。而且，乡村还有助于我们理解传统社会中，个人与家庭、家庭与国家的相关意义。所以，乡村对国人的意义和价值非同小可，乡村不会消亡。而且，乡村不仅仅是作为乡村形态与乡村生活的存在价值，还包含了国人以及传统士大夫"田园"文化想象——陶渊明心中的"桃花源"，也就是"田园"，这个"田园"就是中国古代知识分子的世外桃源与精神家园。所以，乡村不仅仅是一个特定村民的家园，也同样是整个知识分子的家园。另一种观点认为，现代化的趋势不可逆转，乡村迟早将会消亡，在强势的现代化面前，乡村将毫无意义。这种危言耸听的言论让我们警醒，也促使我们思考，未来到底还需不需要乡村？如果需要，那需要一个什么样的乡村？这是一个摆在我们面前的很严肃和沉重的话题。

今日乡村建设的现实语境，无法离开全球化资本流动、民族国家统一治理与地方社会政治实践的持续博弈。乡村建设也迅速地被纳入到以城市为主体的市场，成为被消费与建构的"异域"和"远方"。当我们谈论"乡村"时，我们就不单是谈论乡村，而是在区域、（国家）城市与乡村的空间关系中，在世界、国家、资本与地方的关系互动和权力较量中"实践"乡村；也是为了避免这些力量、关系在"实践"乡村的过程中断裂与失衡，避免某些强大权力主体因话语优势，根本无视作为"地方"的乡村中发展的历史脉络、世代延续中的乡村文化与内部生动的文化协商，以及村民间复杂交错的诉求和持续的文化期盼。

纵观眼下的乡村建设，仿佛是一场至上而下的社会运动，人不分南北，地不分东西，真可谓轰轰烈烈持续升温，至今热度不减。不论是专家倡导的乡村"文化遗产"的景观保护，还是基层政权推动的"美丽乡村"基础建设，抑或资本开发的"乡村旅游"投资项目，花样繁多的"村居改造"，以及各类技术层面的"乡村建筑设计"，在这些眼花缭乱并打着"开发"或"保护"的乡村建设中，都不难看出现代化的发展逻辑与城市化的进程规律，也难以摆脱资本与权力在其间的强势掌控与恣意横行。

通过持续几年的强势发展与建设，尽管一定程度上制造了乡村的文化热度与经济的表面繁荣，激励了地方传统的活化与再生，甚至还由此延缓了乡村在都市化过程中被裹挟和席卷的命运，但这些在乡村历史和空间秩序中连续穿行的改造、改革、保护和发展等话语及行动，都不外是现代性话语、上层权力与资本流动共同裹挟与互动的产物。它们不仅造就了乡村被言说的"语言"，还生产出了"乡村"这一言说主体，并将我们带入一个悖论，即只要一言说乡村，"乡村"就立刻渐行渐远；只要一介入乡村，我们就开始远离"乡村"。

所有这些都服务于国家现代化建设与发展的基层治理和经济增长。它还具体体现在当代乡村治理中的一种隐而不显的结构性思维，即习惯性地在宏观发展规划的地盘和主流意识形态的沉重引力中，重复性地将"乡村"制造成现代化发展和城镇化推进并管制及帮扶的"对象"，并赋予了介入乡村建设和开发者一个冠冕堂皇的合法性理由，以此来作为"介入"乡村的美好姿势。可问题是他们都共同忽视了"乡村"作为一种文化与社会形态所特有的价值与意义，同时忽视了乡村在整个国人心中寄托与积淀的历史记忆、文化理想、家国情怀与个人情感。

乡村建设的实践会触及两个层面：一层是国家和民族的复兴，因为乡村的未来发展会直接影响到民族复兴的成败；第二层则关系到乡村自身的发展及村民或家族的命运。所以，今日的乡村建设，首先要肯定乡村的历史文化逻辑和民间社会的主体价值，从乡村传统文脉价值中提升解救当代社会、自然生态和人心危机的普遍价值，才能减少乡村建设中的文化失当之处。在此基础上，进一步反思各路乡建实践中所存在的历史局限、认知误区、社会条件及介入方式所可能带来的问题。我们应该反思在乡村建设的各路实践过程中所存在的环境条件、各类主体的不同诉求及由此带来的相应问题，从而认识到不论何种身份和方式的社会介入，都必须尊重"在地"乡土的内生逻辑，避免简单移植毫不相关的外部资源。同时，要把乡村建设放在不同权力关系与文化期待下，推向中华文明精神传统重建的隧道。在尊重和守护地方主体文化尊严的前提下，推进构建社会公平和文化民主的政治理想，实现传统文化的现代性转化与乡村文化的创新性发展。

对此，艺术家推动的"艺术乡建"在地实践与行动，是努力区别于以上两种乡村建设的不同思路。一方面，它不同于大刀阔斧的乡村改造和简单粗暴的社会治理。另一方面，艺术乡建的初衷不是仅仅满足温饱或发财致富这类单一经济目的和愿景。相反，它是在尊重乡村在地传统及村民诉求的基础上，用情感融入和多主体互动的温和方式，使乡村社会整体复苏，以修复乡村完整的天地人神世界。

需要强调的是，今日的乡村已经已经完全失去了"一方水土"的固有神话，也不再是费孝通在上个世纪所描摹的"乡土中国"，似乎已退出那个"无时态"和"无外部"的背景，而切入到一个"人人都是陌生人"或"人人都是地球人"的时代。这即是说，以往那个"面对面的社群"（face to face group），已不再活在那个"一方水土"的神话中，而是进入到以"移动"的速度和"联通"的广度结构而成

北宋画家张择端
笔下的城与乡

传统乡村

的网络世界中……换言之，"乡土"正是在这样的语境下，击碎了"一个地方"和"国家之中"的神话，而存活在"全球化－地方化－后殖民"时空所结构着的，那个可在"社区－地方－区域"格局中不断自我重构的生命图景。而如果说"乡建"已通过不同的话语力量，成为当代乡村无法规避的生存法则，那么，除了用批判的方式来认清"乡建"的真身与局限外，我们还应积极地在这看似难以扭转的局势和始终都在冒险的实践中，探讨一种较为"中和"的"乡建之道"。我倾向于文化人类学式的对地方性知识的尊崇及对文化开放性的信任，于是，我也比较倾向于深嵌于地方社会之观念系统、行为习惯、情感模式和日常实践中的那种"互为主体型"的乡建实践。这样的乡建之道，是本着一种对乡土秩序、传统文脉及文化主体进行"礼拜"的心态，而非"治理"或"教导"的心态。同时，这种"互为主体"的艺术式乡建，极为看重文化建构中人人交往及合作过程中的集体智慧与公共能量。而且，它还时刻在不同主体开放性的对话与协商中，不断地与当地人的生活感受和处境共同生长。

从20世纪70年代开始，国际艺术届出现了艺术介入社会的思潮，艺术家纷纷走出画室和美术馆，走入社会，积极地承担起促进社会变革的使命。艺术与社会的关系问题又重新凸现出来，它要求艺术家必须以一种积极的姿态去看待艺术与社会的关系。这揭示出艺术发展的一个维度，体现出当代艺术所具有的强大理论与实践传统，同时表明中国当代艺术也存在着这样一种重要的艺术方式，就是介入社会。艺术介入社会要求艺术家，要表达自己所认识到的社会矛盾，将自己的经历和感受，置放在社会现实的大背景下。如果说"上帝已死"是我们这个时代共有的前提和危机，艺术家应责无旁贷地拒绝扮演冷漠的遁世者，相反应该成为积极的入世者，发挥所长尽其所能地承担相应的社会责任；不只是发挥艺术的警世作用，还应承担"建构"（创世）的义务。唯其如此，艺术才对生命本身有意义，才能使生命本身更具有尊严。应尝试通过艺术实践建立人与人之间的"亲密关系"，依靠不同主体的艺术活动和文化交流，尝试在不同公众和思想传统之间建立理解的桥梁，通过在地艺术活动彰显地方人在地方世界中行走与创造可能的日常实践。同时，艺术介入社会要带有一定的文化建构色彩。为了避免"建构"所带来的权力暴力，艺术的社会文化建构需坚守住文化的"主体间性"；还要基于目标社会与对象的文化主体性和历史情境性，进行开放式的启蒙和共生化的建构。此外，艺术介入社会的行为已经超出了"表征"的意涵，不再是单一的审美活动和语言，而是在普适与地方之间，实践出一种能与地方文化生态、历史文脉、权力网络与信仰体系发生持续关系的语境和意识场。也就是说，它不再是停留在画布、装置和言说上的艺术家"作品"；相反，艺术介入社会作为一种"情势"，它就是这个社会生态与生命力得以"转化"与"繁衍"的动力与路径。

同时，艺术家也在积极推进从艺术自身的堡垒突围，试图从被权力和资本所控制的话语体系中挣脱出来，尝试在政治与商业的框架之外作出艺术上，真正的改变。每当社会变革来临，艺术是可以体现和测试出社会冷暖的晴雨表；艺术也会引领和倡导社会与大众，以一种前所未有的观念拓展出一套可持续性的生活方式。在某种程度上，艺术会受到社会持续的关注以及由此带来审视的目光，其中也包含着渴望、企盼、期许、怀疑，甚至犹豫不决，对此艺术家要做好充分的准备——包括心理的和身体上的，艺术家还要有在陌生的场域里审时度势的准备）和打算，既要熟悉和坚守自己的边界，又要冲破和拓展新的疆域。一些艺术家会在实践采取更加激进主义的实验，他们会在社会这个广阔的场域，打开长期被禁锢和隔离的羁绊和枷锁，艺术家有责任和义务面对社会提出的问题，同时他们也要做好准备尝试突破自己根深蒂固的习惯与审美意识。我们必须允许他们做出一些超越常规并匪夷所思的解决方案，不能以习为常地看待这些在社会与政治之间"胡拉乱扯"。因为它们提出和供给我们许多超越常规的认知和思考，并将不同学科、不同领域以及不同媒介的的尝试，都作为会与艺术产生奇妙作用的化学反应堆。从在地知识中获得能量，在日常生活中获得灵感，并创造各种在地性的文化实践与跨界合作的可能机会。由此，艺术家看到一个施展抱负与责任的天地，一个充满争议与矛盾的场域，一个会由此产生意想不到结果的实验之地。

乡村以及乡村所面临的问题，吸引了富有责任感的艺术家群体介入其中，这与当代艺术跨界实践的趋势和潮流不谋而合，也与对中国当代现实的反思和批判有关。艺术家怀揣着热情与理想，不但要敏感地发现乡村面临的危机与困境，而且还要尝试解决由此引发的诸多现实问题，同时还要具有一定的社会建构能力，在时代的困境中，具备有效解决乡村问题和建构社会信任的能力。首先要扭转多年来各地基层政府所秉承的"文化搭台，经济唱戏"的单一发展逻辑所带来的文化后遗症，他们根本没有意识到文化的真正价值，而是将"文化"当成了招商引资的招牌和垫脚石，当成吸引资本下乡的一块美丽的诱饵，文化被他们仓促地涂脂抹粉地装扮一下登上舞台。一旦吸引来资本，"文化"便立马被抛弃，束之高阁再无人问津。他们更不理解艺术为何物，以为艺术只是涂写描画的玩耍之物，或者只是装点门面的美容

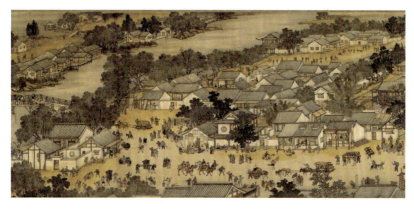

清代乡镇

之术。所以，怀揣文化理想的艺术家首先要身体力行介入到乡村社会
中去，呼吁与启蒙掌握乡村权力和资源的阶层，反思且批评这些威权
和资本的文化理解及乡建认知，尤其是以"技术改造"和"经济发展"
的名义来介入乡村的建设方式。所以，我在具体的乡村实践中一再修
正地方政府的这一错误认识，并提出"经济搭台，文化唱戏，艺术推
动乡村复兴"的乡村文化复兴与乡村建设的全新理念。

　　艺术乡建所强调的是，通过艺术家在地进行的互动与活化，使乡
村在现代社会中得以复活。同时强调艺术的人文启蒙作用，修复已经
被长期的社会改造所折损殆尽的人性与生活。艺术乡建与近代以来的
乡村改造的根本不同在于，它不再把乡村作为被现代化否定的对象，
而是肯定乡村传统优秀的文化价值，并使之与当今时代与生活相衔接。
总之，艺术乡建有着自身的文化理想，绝不能完全依赖政治权力和资
本能力。为避免由"建设"和"开发"所引来的威权关系对乡村进一
步的掌控，艺术乡建不能重蹈"文化精英主义"和"技术唯物主义"
的覆辙。相反，艺术乡建应该以尊重乡村文化为前提，并始终坚守在

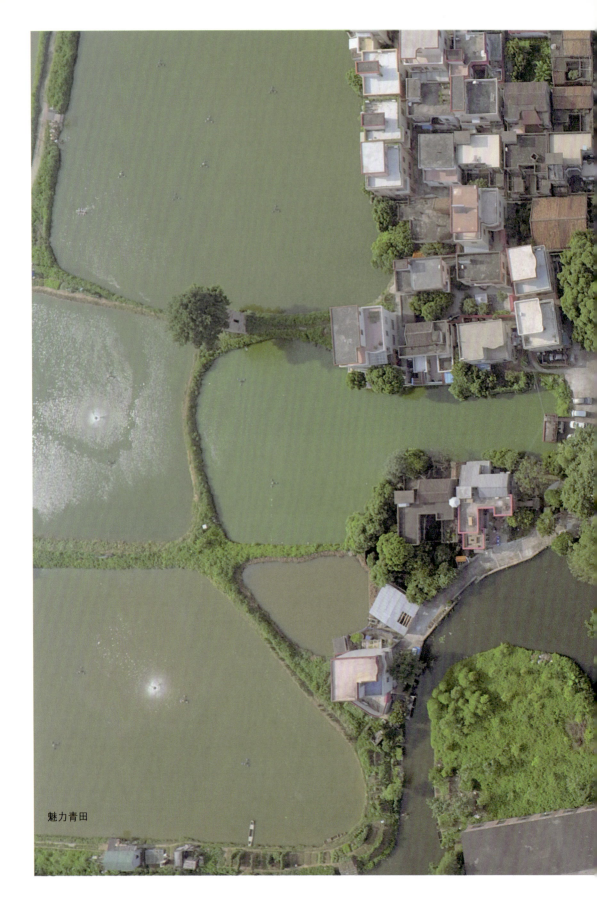

魅力青田

乡村建设中的"主体间性"，始终强调村民的参与和互动，调动他们参与家园建设的积极性。在此意义上，艺术家的乡村实践应设身处地地介入到当地社会的文化脉络和具体语境中，使乡村社会达到整体复苏与重建。

在复杂交错的历史阶段和现实困境中，我走上了乡村建设之路，从开始的"被动接受"到后来的"有意为之"其间经历了十年的漫长历程。"许村艺术计划"是我在北方的第一个乡建实践，当时的条件极为艰苦。许村位处山西腹地，太行山深处，高海拔且年无霜期很短，经济相对落后，生活条件艰苦，村民仅倚赖农作物为生，收益甚微，而大部分青壮年常年外出打工以维持生计。许村所处地区传统积淀深厚，但也为传统所累，观念和意识在现代化的单一指标中显得较为滞后。传统遗存和文化记忆，也在不同时期的社会改造中遭到不同程度的破坏，有些历史线索消亡，至今难以接续。许村计划是作为一个文化反思的平台与社会实践的场域开始的。在这个复杂和生动的现场，我们探讨今日中国乡村问题及文明危机的根源，寻找中国文明的原码，以期重塑现代价值体系，实践中国乡村的正确发展道路。"许村计划"将社会环境作为艺术参与的文本，将时代话题作为决策力和行动力，将解决现实问题变成积极的社会互动实践。艺术家、村民和当地乡镇干部，共同见证了从凋敝的许村到日渐复活的许村，其过程既艰难曲折跌宕起伏、又柳暗花明值得欣慰。"许村计划"强调的是，通过当代艺术元素的引入，促动乡村的活化，使乡村在现代社会中复活。"许村计划"一路走了近十年，在艺术家、许村村民以及当地政府的相互信任和积极互动下，至今仍在延续。从启动"艺术推动村落复兴"和"艺术修复乡村"的社会实践，从"许村宣言"和"许村论坛"的倡导中，

"许村计划"开始了对中华文明本体的探寻和溯源。通过"魂兮归来"和"神圣的家"的主题，用艺术节庆来恢复日渐衰微乡村的自信。通过艺术和节庆，于乡村、小区与地方发展之间，产生有效的关联性和互动性。从艺术家的初期介入开始，到地方性知识的尊重，许村也从外部获得了源源不断的发展经验。"许村计划"以艺术和节庆的方式，重建了乡村地方与区域、世界的互动关系。艺术在其中作为交流和连接人际关系的方式，在潜移默化地影响着许村的社会网络、村民的日常生活以及对待周遭世界与人群的态度。"许村计划"重新修复了人与人之间的关系，也重新找回了被长期的社会改造所疏离的情感关系。这也是"许村计划"的价值和意义所在。由于多种社会条件所限以及我们的有意为之，许村既没有成为一般意义上喧嚣的旅游村，也没有变成以外来者为主体的艺术家聚居地。许村仍是许村人的家园，许村和许村人还在以自己的方式延续乡村的历史和自己的生活。许村既避免了单一的经济发展模式，也避免了外部过度介入的难题。这正契合了乡村用自己的方式逐渐复苏的历史逻辑和自然规律。

"青田艺术实践"是我在南方的再次起航的艺术乡建计划：我们从青田再出发，开始"艺术乡建"的时代转型。艺术家力图在青田接续依稀可辨的历史线索，点燃奄奄一息的文明余烬。在与多主体互动的在地社会实践中，尝试重现历史文明的乡村现场。青田是广东的一个普通乡村，在强势的工业化冲击和城市化裹挟中幸免于难。青田呈现出特殊的地域风貌和独有的乡村形态，传统线索清晰可见，历史遗存有迹可循。它既是岭南文化的有机组成部分，又展现出水乡特有的独特魅力。既保留了完整的村落物质形态，也延续了鲜活的生活现场。在这个平凡的小水乡的背后，蕴藏着中华文明神秘的密码。在青田可以触摸到一个完整的乡村体系，水系、河涌、祠堂、榕树、民居、家宅、庙宇、书院，以及村中随处可见的土地信仰，呈现出完整的乡村形态与文明秩序，以及丰富多彩的乡村生活。

与此同时，中国乡村诸多问题都在青田呈现。青田同样也遭受了现代化的裹挟以及社会改造的冲击，同时又面临乡村凋敝的危机。村落环境破败脏乱，河水污染；空心化非常严重，街上只能依稀看到被遗忘的留守老人；年轻人大多在城里做生意或打工、居住，生活富裕后也不愿返乡。隐形的乡村礼俗破坏同样严重，这与长期的社会改造和物质主义的侵蚀有关。虽然青田村落形态保存较好，传统的线索和历史脉络仍在，但也已奄奄一息命悬一线。仅有岌岌可危的文明余烬，如不用心点燃，必将灰飞烟灭。

"青田计划"是新时期艺术乡建的转型，尝试以"去艺术化"的方式对乡村社会进行文化重建。这里的"去艺术化"包含对"艺术乡建"的批评性反思，从而杜绝脱离乡土社会文化脉络与主体诉求的"艺术乡建"，如"美丽乡村"等这些被现代景观技术侵袭的话语和脱嵌地方文脉的政治治理术。后者使艺术乡建中的"艺术"演变成剥夺乡村文化形貌的美丽杀手，并使"乡建"丢失其基于乡土"文化"的内核，使乡建变异成"乡屠"。另外，"去艺术化"同时也包含超越学科分类和取消权力命名的意图，将重点放在"多主体"的在地实践，以乡村文化主体精神与传统文明复兴为要旨，在复杂的互动过程中进行多边对话，在动态的协商中调整行动策略。

"青田计划"将采用文艺复兴的方式，为乡村注入精神和灵魂，使传统文化中富有生命力的部分得以启动，找回失落的文明。当代艺术具有超强的时代引导性和广泛的文化辐射性，具有灵魂和生命力的创意，不但可以提升本地的文化价值，还可以有效地带动与延伸相关的文化产业链，并将民俗文化保护、文化旅游、有机农业、休闲度假等一系列经济产业联系起来。重要的是，我们还要在乡村经济发展的同时，恢复被长期的社会改造破坏和疏离的乡村伦理与道德秩序，恢复家序礼教和文明礼仪，并使之与时代衔接，构建出完美的乡村社会。通过青田多维的透视角度，找到中国社会转型的很多关节点。青田地处珠江三角洲，是中国最发达的地区，市场经济繁荣，而乡村文化传统又有大量遗存，两者之间的关系乃至张力，是观察中国社会变迁最好的视角，能激发出很多重要的理论问题。青田乡村的复兴，不只是具有保护这个特定村落的意义，也不仅仅是发展乡村经济和保护乡村物质遗产的价值，还有通过具体的乡村实践，考察和印证中国文明现代化转型这一完整课题的理论意义。

从许村到青田，从艺术介入到融合，是我们乡建团队持续十余年与跨越南北地域的乡村实践。许村在山西，青田在广东，一南一北、一山一水，均采用"多主体联动"的在地合作方式，即由当地人、知识分子、企业家、政府和艺术家互动而成的开放性实践。许村的艺术乡建之路，是以艺术家走入许村开始的。艺术家进入乡村，重拾传统文化的火种，来救济在今天已严重失衡的社会。作为传统，乡村是仅存的余烬。许村艺术乡建已经十年，从强调"艺术修复"理念的村落保护以及各项举措，到向全社会倡导的"许村宣言"与"许村论坛"的知识生产，再到坚持十年的"许村国际艺术节"的举办。"艺术乡建"走出了自己的新路，即不同于"国家治理"与"经济开发"的第三条乡村建设道路。"艺术乡建"便是乡村百年变革后的一个转身，它不再去毁坏、丑化乡村，而是去亲近、拥抱乡村。

艺术家决不能只停留在对社会提出问题上，而应积极寻找解决问题的途径。艺术家还有个重要的特质和能力，具有积极的建构能力，这种建构是指文化及观念的建构、艺术与美学建构、生活品质的建构、以及人与人之间关系的建构，这几种建构能力完全适用于今天中国的乡村建设。如果有这种系统的建构能力，那就可以避免在乡村建设中造成的系统断裂与价值丧失，以及在执行环节上的顾此失彼，最后的结果会南辕北辙。当然这里还有原则的判断问题，总之是非常复杂的一个完整的系统，大多数主持乡建的有关部门，没有正确的专业选择和价值判断，以及形成系统逻辑中的每个环节的把握能力。由于我们长期管理中形成的弊端和问题，处理问题条块分割比较严重，乡村建设恰恰是一个完整的系统，我们习惯把系统中存在的各种问题分门别类处理和解决，这看似专业的办法只是便于管理和审计，以及这个过程中清晰可辨的执行过程，最后的结果将南辕北辙大相径庭。艺术家具有的优势和特点为：首先是经过详细的调查了解发现问题的能力，然后再找出其形成问题的历史根源与现实原因，在尊重在地文脉与知识的基础上，通过艺术家的建构与创造能力，呈现出既连接当地历史脉络，又能创造出未来发展与生活的乡村更新策略。这时候，艺术家超强的动手实践能力就会派上用场，不但能提出问题，还要同时解决问题，并且还能自己动手解决问题。只有这样，从艺术家最早开始做的文化建构，到最终的视觉呈现，艺术家都可以自始至终完整的推进把握最后的结果，使其最早和最初的设想达到最好的执行力。但这个完整和一揽子的解决策略和计划，在部门管理和条块分割严重的行政管理部门会遭遇封杀和阻击。一般很难完成，更别说失去权力管控的这些条块分割的相关部门，个人私利就没有存在的空隙和机会了。艺术家面对如此严峻的乡村现实与体制局限，想做出真正有价值的乡村建设计划实属不易，但我们也不能就此让步和妥协，一旦我们无底线地让步，那结果肯定会违背我们的初衷与理想。

所以，艺术介入乡村，重要的并不是艺术本身，更不是审美范畴，而是成为一种艺术实践行为，乃至一种社会行动。这种行动规定了艺术家不是一个单纯的审美创作者，也是一个积极的社会行动者。因为只有艺术可以做到，艺术是可以让乡村苏醒，也是成为恢复人的生命感觉的有效途径。当代艺术必须具有文化启蒙、公民教育乃至社会干预的重要意义。艺术家和外部力量介入乡村，必须从尊重乡村和村民开始，而艺术乡建也必须让村民参与其中。村民才是乡村的主体，也是乡村的主人，只有他们的认可与参与，乡村建设才有意义。我们采用"多主体联动"的方式慢慢使失衡的乡村苏醒，让村民有尊严地生活在自己的家园里。

许村是从"艺术"入手，寻找乡村文明原码。青田接续"文脉"传统，构建乡村文明社会。

许村：许村作为文化平台，成为乡村复兴的出发点。用艺术的温暖方式，促进对乡村情感共同体的连结。

青田：接续依稀可辨的历史线索与仅存的文明余烬，通过在地的乡村实践，成为构建乡村礼俗文明的现场。

相煎何急

艺术恰好是乡村风貌和地方认同中不可或缺的要素，艺术实践与乡村活化在一个尊重多元差异性，地方性知识及生命尊严的价值体系中，藉由参与或融合，可以创造出更尊重人性、能引发社会认同的公共领域，为乡村的有序性和欢愉活力做出贡献。

——［美］麦肯·迈尔斯

《艺术·空间·城市——公共艺术与都市远景》

纵观今日介入乡村的艺术乡建团队、建筑规划机构，以及各类乡村文创和设计人员，呈现的问题复杂和陷入的误区诸多，有的专家学者打着保护乡土"文化遗产"旗号进行的保护方式，有的环境规划师进行以城市为理想的"乡村规划"，还有各类建筑队伍操刀施工的"村居改造"，以及驻村设计师的个性化的"作品表达"。这些依靠瞄准"乡村"来实施的现代空间治理规划，似乎都难以摆脱现代化意识形态话语在乡村间的肆意妄为，以及具体实践和技术治理的错位。尽管这些改造和建设表面上制造了欣欣向荣的村落景观，也似乎立竿见影地改变了乡村"落后"的面貌。但不容忽视的一个现实是，我们言及的"乡村"已是一个裹挟着太多权力意志和话语的乡村，一个更多被看成是

一幅山水、一阵浮想及美梦交织的"图像"；一个不断被"美丽新世界"中的幸福追求所点化和补偿的空头居所。而这些都不外是在现代性话语、支配性权力、资本市场及不同主体所共同操持和协作的"未完成之作"。

近年，异常火热的乡村建设现场，艺术家与设计师主持了诸多乡村建设项目，在这些眼花缭乱的具体实践中，出现了一些受制于美学趣味和意识短板的"技术型乡建"，一种专门服务于"大一统"思想的技术模式，以及专门一味迎合乡村投资人心思的服务型项目。这些常以"一统化"的同质型设计和千篇一律的宏大美学，来淹没乡土世界中的多元文化生态及日常的微妙生活美感。而从未考虑乡土社会中的动态传统与时代诉求，也无暇顾及地域文化传承下来的历史传统。究其原因，是这些急于求成地介入乡村建设的艺术家和设计师，无法一心一意并正儿八经地深入乡土世界，无暇真切尊重乡土生活中的日常智慧，特别是那些有关乡土世界内外与生死的在地哲学。

渠岩在上海讲授
乡村建设经验

艺术许村

我们要开始反思"艺术乡村建设"的得与失、反思"乡村规划设计"的成与败，从而避免艺术乡建和乡村设计陷入偏差和误区。"艺术乡建"首先不应囿于艺术本体论的神话，将"乡村"视作艺术家个体进行艺术实践和攫取社会资本的平台，从而将艺术介入后的"乡村"置换为彰显艺术家个体荣耀的作品。更为反讽的是，符号经济在市场中的肆虐和景观消费的泛滥，以及城镇化进程中的地方政绩，似乎构成了艺术乡建的正当前提和主要动力，从而使得艺术乡建以一种极为廉价的方式，成为资本招揽生意的策略和点缀，变成地方打造文化认同的策略，或是村民为寻求发财致富以扩展经营的手段。在这一过程中，艺术家丧失了个体创造的主权，丧失了审美判断力与文化诉求，从而遮蔽了乡村丰富的多样性存在，成为严重脱离地方文化脉络和丢失地方感的乡村始作俑者，最后成为同质化的权力美学与时尚化的消费美学。使"艺术"蜕变为可免去心灵交流而进行无限复制的专业技术，在"审美"这张屡试不爽的遮羞布下，异化成工程化的装潢项目。其中，艺术家以及建筑规划师必然蜕变为高雅的包工头。需要指出的是，对艺术介入乡村问题的反思，重点不在于"艺术"是不是失神、世俗或堕落，也不是艺术家的"新衣"是否被揭穿，而是艺术介入的文化初衷与伦理意图究竟如何定位。如果艺术乡建为的是推进文明重建与传统复兴，且抱有知识精英推进文化自觉与民主进程的政治诉求，那么艺术乡建首先是一个乡村文化价值重构的行为，是以地方人及其相关文化主体作为行动者进行共同构建的社会行为。至于是否必然是"艺术的"，或"艺术"在其中是否必要，以及艺术"怎样"介入或"谁"的艺术，都将从属于乡村文化重建议题下的衍生物。也就是说，我们应探索一种"超越艺术"的路径介入乡村，思考艺术介入乡村建设如何基于乡土的历史文脉、精神结构、权力网络与地方主体诉求在内的"在地性"，通过"艺术"这一既抽象又具体，既普遍又特殊的媒介和实践来推进乡村建设的文化意涵与政治抱负，并在建构式反思的意义上，对艺术介入乡村建设进行"去魅"，从而为不同形式的乡村建设与社会实践，提供新的思想资源与行动方案。

以往很多艺术家习惯将审美趣味及个人风格置入乡村建设中，而这些风格往往与乡村的历史文化、民俗生态以及村民的想法大相径庭，他们或许根本没有考虑这些因素，或根本没有将这些放在眼里。在艺术家与设计师强烈的主观意志驱使下，在自我陶醉的审美趣味中，在糅杂了许多投资人的意志下，乡村变成了他们肆意挥洒的飞地和试验场，一个个打扮得花枝招展的艺术村或是俗不可耐的旅游村被生产出来，乡村建设也变成一场艺术秀和名利场。况且，仅仅依靠外观的美化与设计，并不能触及乡村的困境和实质。不可否认，他们的初衷是善良的，愿望是美好的，但这种强势性的赋予乡村与地方一些水土不服的偏方药剂。实在无法医治病入膏肓和疾病缠身的百年乡村。

我十多年前在山西许村率先提出了"艺术推动乡村复兴"和"艺术修复乡村"的理念与实践，取得了一定的成效和影响。十年后在广东青田我反而提出了"去艺术化"的乡建策略，正是我开始对"艺术介入乡建"进行的批判性反思，这里不仅是针对艺术圈一窝蜂地簇拥到乡村的警惕与质疑，也是包含对脱离乡土文脉和主体诉求的艺术乡建的杜绝和摒弃，同时也体现了跨越学科壁垒和消除权力命名的意图。这就涉及借鉴社会学、人类学等其他学科的研究方法与田野调查方式，而不单单是艺术本体的视角和审美表达。"去艺术化"是要倡导艺术家必须要谨慎地介入乡村，研究乡村，才能理解乡村，然后才能更好的表达乡村和建设乡村。不能单纯将外来文化进行简单移植，一厢情愿地自我陶醉，必须尊重在地文化即地方性知识，更加耐心地倾听当地村民的声音，激发和调动村民的文化自觉和主体意识，最好是调动村民的积极性并一起推进乡村建设与家园设计，有助于重新唤回人类生活中的"地方性"和"家园感"。

青田计划将以艺术家的"去艺术化"手段，以及"艺术之外"的乡村实践，全面深耕乡村在地实践。我们也没有必要去讨论和预设它的结果是什么，是不是艺术，是不是社会学，或者是其他什么给我们预设、归类和命名的相关学科。结果其实并不重要。重要的是实践的意义；重要的是能否通过我们的实践和努力，找回我们赖以延续的文明，探究我们共同的生存的价值，恢复我们应有的生命价值和生存尊严。乡村建设应该被视为深嵌在地方社会中的一套观念体系、行为习惯、情感模式与社会实践；连接当地历史以及当地人的信仰世界，情感世界和审美世界；渗入到当地人的文化知识体系之中，了解他们对待虚无和存有的方式，即"人神""人人"以及"人物"之间的关系，面对和尊重乡村文化精神和历史传统，真正将乡村问题在我们的社会实践中得到主义思考和解决；并以此为基础，通过"多主体"联动的方式来启动地方性知识的可能性，以及重视地方人表达他们情感和与陌生世界建立沟通的渴望。

总之，我所强调"去艺术化"的乡村建设是对资本景观技术与一体化官僚审美意识形态的杜绝与批评，而乡土文化生态、社会秩序、道德伦理、传统文明精神与"在地"主体尊严的修复才是艺术乡建之核心。正是在这个意义上，"艺术"才能在乡建过程中扮演一种基于人心与人性普遍价值的角色，而这一普遍价值的艺术表达，附着在当地社会和文化机体之中，体现在历史与文化的脉络之中，以及当代社会语境中的功能、意义的实践过程之中。所以，"去艺术化"的艺术乡建实则是一场基于当代中国乡土文化修复的多主体实践，它是社会、文化与感知觉"三位一体"的整体实践。不论是作为一名艺术工作者、乡建工作者、知识分子还是对乡村怀有一腔情怀的地方精英，都需要积极地渗入到当地人的文化知识体系之中，尊重乡土文明和历史文脉，重视地方人表达情感的媒介与方式，以及与陌生世界建立沟通的渴望。而基于"多主体"联动的乡村在地实践，才不会剥夺或取消地方主体在时空、话语和资本层面上的自主性。

"青田范式"将是新时期乡村建设的转型，尝试以"去规划改造"的方式对乡村社会进行文化重建。这里的"去规划化"包含对"乡村规划与改造"的批评性反思，从而杜绝脱离乡土社会文化脉络与主体诉求的"乡村建设"。另外，"去规划化"同时也包含超越学科分类和取消权力命名的意图，将重点放在"多主体"的在地实践，以乡村文化主体精神与传统文明复兴为要旨，在复杂的互动过程中进行多边对话，在动态的协商中调整行动策略。"青田范式"是建立在青田社会的内生逻辑当中，因为它的缔造来自我与当地社会不同主体长期的碰撞、争论与相互学习的开放性过程中。此外，它还带有一种明显的对地方传统文明复兴的抱负，一种也同样是今日青田百姓及精英想要重建的地方尊严之核心。最后，这些概括出来的青田元素，如今还可以在青田的公共生活和历史表述中找出相关的社会线索。这一范式还能彰显地方社会"显性"和"隐性"的双重价值。乡村价值以两种形式得以呈现，即"显性"价值和"隐性"价值。其中，有关乡村中的规划和建筑设计，大多属于"显性"的部分，恢复"显性"价值是第

广东工业大学的
志愿者师生在许村

一步，看得见摸得着，容易上手，也立马见效。首先要让村民看到作
为乡村主要形态的老民居的价值，老房拆迁、改造洋楼等现代化手段
并非唯一途径，在不改变乡村的老宅民居传统风格及建筑格局的前提
下，补充功能，增加品质，老房子的内部空间同样可以实现与现代生
活的连结。乡村恢复不是单方面的，"显性"价值以建筑为载体得以
展现，使得村民逐渐接受修复乡村的建设理念，紧随其后的"隐性"
价值，即信仰礼俗的复兴也可以同步推进。

　　实际上，理想的乡建之道若面对复杂和异质的社会现实，总是会
显得捉襟见肘。对此，我仅能依据这十多年的乡村建设实践，来谈谈
在乡村建设的社会互动过程中，一些比较个人的乡建经验和感受。可

以说，我选择青田作为乡建对象，也是一个有意为之的乡建实践。无疑，这种选择离不开自己对青田社会及地方性知识的偏好。青田体现的是一个复杂的文明体系，这是一个丰富多彩的、多主体共生的"乡村共同体"社会的完整形态。我们要将重点放在"多主体"的在地实践，以乡村文化主体精神与传统文明复兴为要旨，在复杂的互动过程中进行多边对话，在动态的协商中调整行动策略。

乡村是一个家园共同体，包含着对共同体内每个成员的充分尊重与来自宗族及其相关社会网络的支持。"家"是乡村共同体中最为重要的核心价值，是乡村文明系统里的重中之重。在此基础上，我提出"艺术修复乡村"的方法与实践，就是强调乡建者和设计者在乡村，首先要有对乡村家园的理解以及对的家族的认识，尊重建立在此意义基础上的乡村共同体意识。这就可以避免在乡村建设中由此带来的单一技术指向所导致的文化死局。此外，修复乡村的家园价值以及在此逻辑上的生活世界，其内容绝不是风花雪月般的涂涂画画，也不是将活着的村庄视作制成活态博物馆，仅仅供人休闲消费和旅游参观的对象。更不是为满足小资群体的归隐之欲而建的逃逸之所。相反，乡建的旨归是修复遭受毁坏的家园和家的尊严职能，是为村民营造一个理想的幸福家园。

"美丽乡村"等一系列以技术治理术为主导的建设，造成的暴力美学抹杀了乡村的历史性格和家园价值。特别是那些匆匆建设起来的克隆乡村，可以说阻断了乡村生命过程中的差异性与丰富性，尤其是淹没了当地人构建他们生活世界的智慧与习惯。对此，"青田范式"倾向使用一种互动关系中形成的艺术创造活动，使乡村社会得以重建理想家园。而这里重建的"家园"不仅是指空间层面上的营造，还包

渠岩在青田参加中秋
烧番塔民俗活动

括一种重建古-今、城-乡、人-物及人-人、人-神关系，以及修复人与家园关系的追求所在。"青田范式"倾向用艺术共创的方式，来对地方社会关系加以修复，所以，青田的乡村建设将是针对当地生活世界重建修复的计划。首先要遵循一个"整体"的保护原则，以保护村落的历史延续性和生活形态的完整性。其次，要重点修护村庄空间的秩序关系，不破坏每个居所中所暗藏的家族历史记忆与家庭生活形态。同时，避免在建设中出现不适于他们习惯的生活空间以及空间格局。最后，在乡村建设与实施的过程中，努力完善乡村世界中的文

"乡绘许村"中
的壁画创作现场

化品质。

　　乡村是人类与自然对话的结果，自然的特性决定了生存其上的人类的状态。人类要与自然共感、共生与共存，大地万物生息与人类生活脉动实现共鸣、永续。

　　目前中国乡村建设与规划，首先要严格遵守政府主管部门参照城镇规划所制定的的各项指标和要求，这些指标与要求完全是根据城市需求来制定的，也是建立在功能化和各项技术要求的产生的。无非就是市政管道、道路桥梁、市政设施、消防道路、景观环境等功能要求，还包括对土地使用的计划和管控等等。如果我们要重建一个新的乡村，则按以上规划执行还情有可原，也必须要这么做才能获得有关部门的审批手续。如果将我们遗存下来的千姿百态的历史村落统一按这个要求重新规划，那可能就会带来很大的问题和困境，就会给传统乡村带来灭顶之灾。因为传统村落基本上都是按照风水原理来布局营造的，更不是短期规划和快速建造好的。

我们在青田避免了千篇一律的乡村规划，在充分尊重青田村落的原始风貌和风水布局的基础上，小心翼翼地进行修复和维护。如果按照城市化为标准的乡村规划来建设青田，那青田的后果和结局将不堪设想。

乡村村落中的空间设计与民居设计，均与村民长期形成的生活方式息息相关，我们在乡村设计实践中，力图探索出一种与地方生活形态发生关系的设计理念，这才是尊重在地村民及其生活习俗的关键所在。为了解当地人的生存方式和生活习惯，设计师应长期且深度地参与当地人的日常生活，理解他们生活细节中所包含的文化意义、人情世故与历史内涵。其中，重中之重的是对乡村地方知识背后逻辑的学习积累与设计实践。除此之外，设计者还要有能力通过设计提升村民现有的生活品质。我们在青田的设计实践中，竭尽全力地保留青田的每一个历史记忆与元素，让不同时代的乡村痕迹和气息在今天的生活中融汇共生，让这些信息在青田的每一个角落里各自诉说自己的故事，展现各自的历史叙事与优雅浪漫。由此人们就可以在每一个细节中感受历史的意义、时间的滋润、空间的舒适和材质的魅力。

青田的乡村物质遗存和建筑保护部分也很重要，这可以将我的乡建理念融入到青田的设计法则之中。我们小心翼翼地把破败的青田"拯

艺术家为许村
村民创作壁画

救"和"梳理"出来，充分尊重当地的历史传统文脉和生活形态，保留民居原来的风格和神韵，在修复改造中绝不破坏自然和历史的痕迹。利用旧原料，根据房子本身的特点进行修复，一院一室、一砖一瓦，处处都将在修整中恢复昔日的精彩。保留传统的装饰和深化青田民居老宅原有的风格和气质，让它重新显露和焕发出被历史和岁月滋润的灵气与神韵，再融进当代的生活方式与设计元素，充分体现出自然和现代感的融合与交融，呈现出现代人接受和喜爱的生活空间与情感元素，营造出温馨浪漫的家庭氛围。充分表达出设计者对乡村的尊重，对家园的热爱，以及对生活的感恩。所以，不论是乡建实践中的艺术家、建筑师还是设计师，都要积极地参与到当地社会正在发生着的公共活动和日常交往中，尊重他们隐藏在生活逻辑中的文化道理和伦理美学。只有如此，我们才能在青田具体的建设过程中，秉持和倡导真正尊重青田文脉和适合村民生活的设计实践，同时也不会让青田失去在长期的历史中留存的乡村魅力和价值。

　　这就是我们在青田的具体实践中所遵循的法则，也是当代理念和传统的分界和区别，如果一味去复古，呈现的则是一个虚假的舞台布景般的乡村，一味堆砌传统符号与传统材料，最后的结果肯定是千篇一律与单调乏味的虚假景观，一个抽离了历史传统与文化内核的道具摆设，毫无意义和价值，更无乡村根本的生活。一味地造新村则也是死路一条，无数打造的"新农村"标杆和样本，则是毫无在地传统，也无民族精神地简单满足功能性的需要和需求，其单调乏味令人厌烦，其粗制滥造使人感到"食之无味、弃之可惜"，不但浪费了宝贵的土地资源，更会使村民万分沮丧和百般无奈地生活于此，无法做出选择，生活在毫无情感的"家园"里。当代性就是要体现时代精神与材料的转换，这是非常关键的语言转化。总之，这里是"青田乡村"的修复和营造，不是"青田新村"类的模仿和拷贝。"青田范式"的理念在于关怀乡土环境、呈现历史架构的同时，充分使用当地建筑元素和在地符号，谨慎使用外来元素，赋予居住空间以新的意义。

以上谈及的是乡村建设的具体介入方式、态度，以及具体乡建实践的一些路径与方法，更多的则是乡村"显性"价值的建设手段与技术层面的解决方案。其实，乡村最核心的"隐性"价值，就是礼俗社会的回归与重建，这才是乡村建设的重中之重，也是关系到乡村建设的成败所在。在这里我将礼俗"回归"放到礼俗"重建"的前面。如果一个乡村的礼俗破坏殆尽，重建之路将会难上加难；如果一个乡村礼俗还在，只是遭到一定程度的破坏，那恢复是最好的办法，也是最有希望的回归。一个乡村礼俗社会的存在与否，也是决定这个乡村的民风民情的道德水准所在。礼俗在，道德不会滑坡，民风相对淳朴；如果礼俗遭到破坏，村民们的道德即原子化，碎片化，乡村民风败坏，村民之间关系紧张，世风日下。乡村礼俗遭到破坏有诸多原因，长期的社会改造将传统伦理毁坏，信仰缺失导致虚无主义盛行，拜物主义导致金钱至上，许多乡村的村民价值观遭到不同程度的损毁，青田也不例外，物质主义成为许多人信奉的价值和道德标准。要想在青田恢复礼俗社会非一日之功可以达成，我们乡建团队也为此做好了充分的思想准备。"青田范式"中"礼俗社会——人与人的关系——（乡规民约），就是针对此设立的。当然我们还有其他涉及青田的信仰礼俗、生产生活以及生态民艺等相关价值实现，这些都是我们将要努力完成和实现的乡建目标和文化理想。

沧海桑田

沧海桑田："沧海桑田有时，海若未枯，愁应无已。"

大海变成了种桑树的田地，种桑树的田地变成了大海。比喻自然界变化很大或世事多变，人生无常；或喻世事变化的巨大迅速——略称沧桑。语本晋葛洪《神仙传·王远》："麻姑自说云：'接待以来，已见东海三为桑田。'"唐储光羲《献八舅东归》诗："独往不可群，沧海成桑田。"明刘基《惜余春慢·咏子规》词："沧海桑田有时，海若未枯，愁应无已。"

"人生未曾沧海，世间从无桑田"，意思是往事已不可追，从此情断缘尽。

——百度百科

青田位于广东省佛山市顺德区杏坛镇的西北面，距杏坛镇政府 5 公里，距顺德区政府 13 公里，距佛山和江门 30 公里左右，到广州和中山 50 公里左右，距珠海和东莞 100 公里左右，距深圳和香港 150 公里左右。青田属龙潭村下属的一个自然村，也就是生产小组。龙潭行政村由 25 个自然村组成，青田是其中之一。青田东邻高华、光南，西南与光华、罗水接壤，西接南朗，东北是北岸，北岸东紧邻大社。

青田现在有三条路通往外面的城镇，交通比较便利。以前完全靠水路撑船才可外出，现在的交通全部靠公路。1985 年修建了通往齐龙路的东道路，这条路从青田村南侧穿过，如果从青田出去，就要从齐龙路东拐通过光南村后到二环路，可穿过二环路去龙潭和逢简，还可以沿着二环路再到杏坛镇。2010 年修建了南西的基耕大路，这条路从青田往南走，穿过青田所属的大部分水田，再往左拐从 232 村道往西南方向走，经过两公里多的水塘先到杏坛镇。2013 年又修建了通往百安路的西线公路，也是从青田往南走，穿过青田水塘右拐，从 231 村道直奔百安路去勒流方向，这条路可直达佛山和广州市区，也可到白云机场。还有一条小路也可以通往二环路，出村上齐龙路右拐，穿过弯弯曲曲的水塘走上两公里，就可到临近的南朗村，从南朗村出去就可以到百安路和二环路了。

青田是典型的岭南水乡，由自然水系划分呈现出乡村的聚落形态。青田是由岭南亚热带气候中自然形成的植被景观和环境，地势平坦一马平川，周围也没有任何山体。村周边全是水田鱼塘，四周被一块块分割成蜘蛛网状整齐划一的水塘怀抱。绿水环绕整个村落。青田周围河流更是四通八达，河流水网是由西江河经南华村的竹筒滘水闸自西向东引入青田，故东西两个大埗头向西而建，此可证实当年水源流向一条长约 1000 米的河道，绕村而过，河宽 8 米，深 2.3 米，经过数百年沧桑变化，河道淤塞。现在水源是由龙潭水闸自东北向西南引入、经龙潭北岸直至青田村。

青田有着 400 多年的历史。中国很多乡村开村始于明朝，青田也不例外，青田主要为刘氏后代。相传最早的刘氏先祖太公刘劾来到青田五公里的大社古桥开村，再往上也就无法追溯。中国的家族可信的历史一般为始迁祖为准，再往上即不太可信，也无从可考，如有族谱记载来历演绎成分居多，均以沾上皇亲国戚为荣。青田刘氏一族也不例外，相传他们是汉高祖刘邦与刘秀的后代，在青田还有一块刻有"彭城"字样的石碑为证。但据考证，这块石碑最早不过出于清代。刘氏一族何年从彭城来此落户实在无从可考。

新编《顺德县志》记述："刘姓，主要分布于乐从镇的腾村、荷村、平步、东村、北村、新隆管理区；杏坛镇的逢简、龙潭管理区；龙江镇的世埠、涌口、沙富管理区；均安镇的安成、永隆管理区。"近年来，顺德市刘族纷纷来南雄珠玑巷寻根问祖，其中就有杏坛镇的安教青田村，广大刘氏宗亲，踊跃捐资兴建宗祠。

广传公族诗

骏马骑行各出疆，任从随地立纲常。

年深处境皆吾境，日久他乡即故乡。

早晚勿忘亲命语，晨昏须顾祖炉香。

苍天佑我卯金氏，二七男儿共炽昌。

这是广为流传的《刘氏宗亲歌》。"卯金氏"指的是"刘"。这首诗讲的是刘开七的故事。刘开七时任福建都统，当年在广东兴宁县剿匪，后来战死在兴宁。兴宁的人就给他建了一个祠堂，那是全国最大的单姓祠堂，广西、湖南、海南、福建、广东五省共建的祠堂。刘开七有个儿子叫广船，有十四个儿子，也就是诗中说的"二七男儿"。刘开七被刘姓称作"入粤始祖"，生了儿子广船，后来又生了了十四个儿子。中间经过了好多代，才到了刘氏古桥公。

水乡青田

　　青田刘氏宗族的传承记载：刘太公膝下育有三子，长子影我，次子瑶泉和幼子卓霞。老大影我一直留在大社。明朝万历年间，刘氏次子瑶泉和幼子卓霞鉴于生存和发展空间不足，动了迁徙的念头，但又不愿意远走他乡开疆拓土，就选择了离父兄不远处的一片芳草萋萋的田野作为新的家园，小哥俩看到此地田野青青，颇为惊喜，遂名为"青田"。这就是今天的青田的来历，两兄弟来到青田开村，成为青田人的两位太公。两兄弟分别选在村子的东边和西边定居，以"中界巷"为分界，老二及后代住在村东，老三及后代住在村西，各自成家发展繁衍生息。

　　当初吸引我选择青田做乡建的一个重要原因，就是一眼看上了这里的风水，且其建筑也具有浓郁岭南"广府民系"的地域特色。当初，刘氏兄弟瑶泉和卓霞为何选择在青田开村，肯定有其原因，今天看这里也是一块风水宝地。据村民说，在两兄弟迁徙来之前，太公刘劼特意请来风水先生相地把脉。村落的布局，均根据生活功能结合风水理论，确定位置及每个方位的营造。都以吉祥和福佑的寓意建构。村落的形成也完全符合左青龙、右白虎、前朱雀、后玄武的风水布局。从高处往下看，青田村静卧在水系的怀抱之中，由河涌环绕。按一般的风水理论，村落北面最好背靠山丘，但青田都是平地和水塘，建村的祖先于是在背面中间堆起一个小山丘，在山丘上种上一棵榕树。经过四百多年的风雨，榕树已遮天蔽日，几人环抱不过来。今天的青田学院也就建在此处，我每天给这棵护佑青田的大树上香，以此敬天地神灵。它也被我称为"玄武树"。据传说，过去每天晚上从九点开始，就会有3000多只鹩哥飞来此树落脚，鹩哥全身都是黑色的羽毛，翅膀上有一片白色羽毛。每隔一个时辰准时飞行一次，飞来飞去很有气势，蔚为壮观。早期，青田四周都由清澈的河涌环绕，村民只能通过四条独木桥通往村外，一到傍晚，独木桥的桥板就会被村民收起，外人不经允许将不得进入，村庄成为一个小岛，颇为安全。绕村的河涌，像古时官人的腰带；四条桥又像背小孩的背带——当地人均用这种办法背孩子。这也有寓意和象征，象征着子孙后代的地位显赫和官运亨通。

岭南一带乡村大多有风水塘，青田也不例外。村子南面则是一片水塘，人称"风水塘"，我称之为"朱雀塘"。此塘一览无余，视野开阔，也就是俗称的"水抱"，是好风水无疑。春夏满塘粉黛，秋冬一池残荷。风水塘还有许多美丽的传说：夏季满堂荷花盛开，荷花分有白色和红色，代表着新生儿的性别，如果白色荷花多，这一年村里生的男娃多，若红色荷花多，则更多生的是女婴。

我们再说当初两兄弟是如何建村安居的。当初刘氏哥俩来到青田开村，就划定界限确定各自后代的居住空间与范围。在青田环绕的河涌之内的有限范围，被公平地分割为东西两部分。青田共有古巷九条，分别是由东至西为序，一巷、二巷、三巷、四巷、五巷（又名中界巷）、六巷、七巷、八巷、九巷，俗称"九龙在位"也是为了讨个吉祥的口彩。后来西边又被开出十巷和十一巷，兄弟俩约定以"七巷"为"中界"，从此以这里为界各自生活。我刚到青田时就发现此巷不同，我想走街串巷，走到此巷一半就走不通了，此巷中间堆积了很多建筑垃圾，行人无法通过。我原以为是长期无人居住所致，岂不知背后还有原因以及历史积怨。后来每次从此巷经过，我就想到"三八线"，一个乡村和一个祖宗的后代划巷分开居住还是少见的，但也彼此相安无事。九条巷民居楼房多为两层左右，建筑鳞次栉比颇为拥挤，每家连结异常紧凑，几乎没有庭院。街巷也非常狭窄，只能容纳两人相错行走，小的摩托车及电动车勉强可以驶入，大点的交通工具则无法通行。现在九条巷里房屋大多已空无人居住，只有少数老人，节假日和周末在城里工作和定居的年轻人回来看望老人，这里才恢复少许的热闹。九巷南边紧挨着就是一条石板长街纵贯东西。道路全部为青条石铺就，非常气派。这条是兄弟俩后代共享的石板路，坐落在民居与公共建筑群南边，沿街有关帝厅、青藜书院、传经家塾、酒亭等。

刘氏哥俩各自的后代勤奋耕耘，到清末中期，他们已积累起相当的财富，并在中界巷建起九座三层高楼，东边兄弟盖起四座，西边兄弟盖起五座。彰显财富，气度非凡，显赫一时，受人瞩目。当时青田也被称为"新楼"。在随后的岁月里，两面矛盾渐渐产生，甚至长期不可调和，究其历史原因非常复杂。有生活之间产生摩擦和误会，有财富积累出现的失衡以及由此导致的嫉妒。再加上两边的村民性格也不太相同。西边的村民性格相对活络，在外经商打工者居多；东边的村民则相对保守，在家务农耕作，直到今日。西面后代相对富裕，东面经济实力欠佳。我始终不得理解，亲兄弟后代之间有什么矛盾竟无法释怀，实在没有深仇大恨，我想总会有冰释前嫌的一天。这使我想起20世纪90年代，在东欧经历过的兄弟民族分家的一幕，那就是捷克和斯洛伐克分家。外人认为是一个国家一分为二，实际上是两个民族分家。我当时就在这个国家工作和生活，亲历了分家过程。他们分手是如此的平静和理性，没有战争和纷争，就像是两个亲兄弟一样和平分家，因为他们民族之间没有仇恨，没有积怨已久和不可调和的矛盾。对此我既惊叹又佩服，印象很深刻。所以，我始终认为，兄弟之间没有不可调和的矛盾，也没有不能化解的问题。如今，乡村建设在青田展开后，东西两边村民开始慢慢交往，矛盾也慢慢化解。这才是乡村建设最重要的工作，当然也是最难解决的问题。

到了清末，由于社会相对安定，青田生活相对平稳富足，人口数有所增长。为满足教育所需，分别以其刘氏兄弟的名号建立的青藜书舍和传经家塾说明青田人对教育的重视程度。顺德自古崇文重教，历代人才辈出。明代万历年间，顺德人黄士俊就曾考取过状元；清代同治年间，顺德人梁耀枢也中过状元。读书的意义在这里显得更为丰富和精彩。可以"读书出仕，光宗耀祖"，也可以"读可荣身，耕可致富"，很好地演绎了"耕读传家"的优良传统。这些文人士大夫身上尽显"修齐治平"的精神追求，彰显"内圣外王"的人格魅力。这种文化精神也逐渐演变为顺德商业文化中的儒商特性。青田也就有了耸立在千石长街上的"青藜书院"和"传经家塾"，这两座书院至今令青田人备感自豪，也是青田人"耕读传家"传统的明证。

青田在历史上没有遭受很大的战乱和灾难，但匪患和邻近村庄的纠纷还是有的，对此年长一些的村民还都记忆犹新。我慢慢走访了解到，几乎每一个村民都知道和西边隔壁村南朗的历史械斗和恩怨情仇。估计大多是听他们的长辈说的，因为这是发生在清末和民国的事情。"这里所用'争斗'（Feud）一词，是用来描述不同村庄或不同乡村居民团体之间不同暴力程度的公开冲突。在更严重的冲突中，大规模地使用武器；这些小规模的战争会演变成长时期的斗争，断断续续延续数月或数年。这些在官方文件中称为'械斗'（武装的冲突，使用武器的打斗），在一些南方省区特别普遍——福建、江西、广东和广西最为恶名昭彰。"①

---

① 萧公权：《中国乡村：论19世纪的帝国控制》，台湾联经出版公司 2014年，第496页。

在中国乡村的漫长历史中，村与村之间的纠纷甚至争斗一直存在，有些地方至今都没有中断，有些是为了抢夺资源和水源。水是传统乡村最重要的生产和生活资源，无论是水源充足的南方，还是水源稀少的北方，对水源的争夺是乡村之间争斗的主要原因，有些甚至会引发暴力流血事件。据说青田和南朗之间的矛盾是因贫富不均所引起的，青田人靠勤劳致富后，在村中盖了一些新房，引起南朗人的眼红仇富，有次跑过来将西面的房子都给烧了。为了抵御外人入侵骚扰，青田村民在村北面竖起了竹篱笆，建了两个东西碉楼。而新中国成立后这两个村子之间就很少有激烈的矛盾冲突了。

青田在1949年迎来了解放，从最初的合作化到后来的人民公社，和平时期的社会安定带来了青田人口的增长，随之而来的是对居住条件的改善要求。原本的九个巷道已不足以满足人口居住要求，于是村子就开始往村庄河道边缘发展。村落面积进一步扩大延展，也突破了原有河涌内的村落格局。这一时期的民居建筑材料也有了很大变化，在原有青砖和红砖砌墙的基础上，开始大面积使用毛坯做外墙饰面。同时，建筑的内部布局和结构开始趋向于现代建筑的形式。

青田的村落建设和民居是在历史发展的进程中，逐步形成现有的空间形态的。从早期原住村落采用合院的形式——自然形成大小不一形状各异的合院形态，到近代河涌外围的新村建筑逐渐打破原有合院形态的建筑，成为今天还在流行的现代的小洋楼。如今青田的村落形态建筑样貌，呈现为新旧混杂风格、形态各异，九条老巷内的民居建筑变化则要相对小一些。因为空间狭窄拥挤，村民就是要翻盖老宅，但受环境空间和左邻右舍所限，不能像河涌外无空间限制可任由发挥。我们今天走在九巷内，还依然能感受到民国前老街空间和民居旧貌。

青田现共有 163 户村民，总人口大约 700 人左右，其中刘姓占了约 90%。60 岁以上的老人占总人口的 30% 左右，反映了严重的老龄化程度。此外，村中的中青年（大部分在外经商打工，青田居住的实际人口主要是老人和孩子，因此也和中国大部分乡村一样，面临着"空心化"的问题和困境。

青田可以称得上典型的鱼米之乡，历史上的青田曾经尝试过多种农业经济模式：养蚕缫丝、桑基鱼塘和甘蔗种植都曾是其主要经济产业，也曾有过繁荣的时期。现在村民的主要收入是村集体出租鱼塘所得租金。2000 年前出生者一人一股，年底分红，每人每年能分到 5000 元左右。除此之外，大部分村民及村里的青壮年都在外经商打工挣钱补贴家用。

青田村民普遍热爱自己的家乡，熟悉这里的一草一木和一房一舍，对养育自己的这片土地和家园充满了感情。2002 年开始，青田村民瑞哥看到自己的家乡景色迷人，就灵机一动突发奇想，决定把自己家乡的历史建筑和自然景色整理出来供大家欣赏，由此命名为"青田八景"。这八景的概念是受"西湖十景"的启发，还是源自于自己长期对家乡的观察积淀，这并不重要，重要的是他能将乡亲们看起来平凡普通的乡村景色提升为人文景观。青田除了顺德区文保部门评定的"青田东西两碉楼"为区级保护文物之外，别的再没有文物部门命名的乡土遗产建筑，历史上也没有文人墨客给当地留下脍炙人口的名句诗篇。瑞哥谦逊地说道，"青田八景"是小家碧玉，不可与其他名胜同日而语。瑞哥能将这些大家看起来习以为常的乡村景色，提升为"青田八景"，是因为他对自己的家乡倾注了感情。"青田八景"依次为："千石长街""书塾遗风""荷塘香韵""青螺翠竹""更楼晚望""玉带环

青田的早晨

村""青龙桥墩""百年古树"。

（1）千石长街

千石长街，即位于青田坊主建筑群正南面的青田大街。始建约在300年前，开村初期，为"八景之首"。街道上每条石板长约2-3米，宽约40厘米，厚约15厘米。总面积约1000平方米，总长约100米，总宽度约10米。长街共由1700多块白石铺砌而成。千石长街的建成标志着青田自然村落的形成。如此大规模的道路工程，在当年的村落中是极为罕见的，使青田坊在周边村落中影响重大。千石长街是村民聚集点之一，村中的大小事务、节庆活动都在大街举行。几十年来，青田大街吸引各界人士前往参观，外来游客对此赞不绝口。"唔食十世斋，唔嫁得青田街"的俗语一直流传民间。

（2）书塾遗风

村西的青藜书舍和村东的传经家塾均始建于清末，书院后堂中央均悬挂着孔夫子的画像。每年春季都有学生入学，举行开笔礼。大概分二个班，每班学生约30人左右，分成初级班和正式班。青田周边村民的适龄孩童也可就近入学，可谓有教无类。村里会聘请外地教书先生，教学以《三字经》、《千字文》、书法，以及基础数学为主。青藜书舍为二进院落，有东西厢房，面积为 120 平方米，三间两廊建筑，是广府地区常见的民居建筑布局形式，是主座建筑平开三间，两廊串通南北向，厅中有天井的坐北朝南的民居院落。两侧房间屋面采用硬山式结构，左右两侧山墙与屋面相交，利于防风防火。屋顶采用明清时期重要建筑常用的绿灰筒瓦做屋面，厅和建筑正门正脊采用灰塑博古脊的形式进行装饰。该书舍体积较大，保存相对完好，其中左侧廊房曾用作厨房，北侧两间房曾用为学生学习之用。

传经家塾也为二进院落，有东西厢房，面积 130 余平方米，为三间两廊式建筑。建筑布局方正，屋面采用硬山式，两侧做镬耳山墙。立面上部开窗较小，下部开窗与其相反，长而窄。建筑正脊采用龙船脊，是青田村唯一保留的典型岭南建筑"聪耳墙"风格。建筑山墙屋脊均有精美砖雕及壁画彩绘，题材以花卉、鸟兽为主。这两座书院不仅仅具备我们一般意义上理解的教育功能，同时也具有祠堂的功能。虽然刘氏大宗祠在大社村，青田氏族的祠堂也在大社，但由于远离青田并且年久失修早已无人使用。目前两个私塾学堂已经没有教育功能，由于青田没有祠堂，两个书院也会承担起东西两边村民的祭祖活动，相当于祠堂的功能。东西边青年男子结婚时要改字，将改好的字写在 50 厘米见方的红纸上，分别贴在青藜书舍和传经家塾的东墙，称"上大字"或"贴大字"，年轻的新人以此仪式告慰祖先。

（3）荷塘香韵

荷塘香韵是指大街南面的荷花池塘，村中的一个荷花池，荷花池本身是一个鱼塘，面积大约 4000 平方米，是村中风水的象征，因此也称"风水塘"。风水塘作用颇多，一来提供生活用水，二来调节环境湿度，三是养鱼植藕，四是消防灭火。早期鱼塘用于培植秧苗，分配给各个农户，后来又恢复成鱼塘，养殖四大家鱼。大约在15年前经村民一致同意，用作种植荷花，以作观赏和美化村居。每年农历6月到7月荷花开放，娇艳夺目。夏至时村民会采摘荷叶用于煲粥，作消暑解热之用。此荷花池是青田村八大景点中最迟形成的一景。

（4）青螺翠竹

青螺翠竹位于青田坊西边，是村西南头河涌口中央的小土墩，形成一个小岛，小岛上面长满了黄竹。这里以前是青田连接水源的主要入口，属青田的风水布局之一，俗称"螺掩"。小岛高于正常水面1.5米，面积约20平方米。如果在河涌水退时你仔细观察，会发现泥土下面是五棵老水松树头，后来被世人在上面用塘泥筑建几十方的泥土地，将整个翠竹林稳稳地托住。几百年来，栽有黄竹数百竿，竹根深深地扎入其中，坚固土墩，而且竹叶茂盛，生意盎然。谁也说不清那些松树头因何而来。更奇特的是，土墩四面环水，四周也没有砌砖加固，但是从未因此而受到水流的侵蚀。青田坊的河流都是珠江支流，所有的河涌都随珠江水一起潮起潮落。这些河流的走向非常神奇，村民瑞哥介绍，人们在螺掩的位置，也就是全村入水口处，设置了用若干嶙峋巨石堆栈成的暗堤。西江水从西边进入青田后，受到暗堤的阻隔，自然流向南边的河涌，然后绕村一圈，经过村子北边，向南回到螺掩这个全村入水口的地方；到了入水口，水流不是直接流出村外，而是围着竹子堆绕一个圈，经过入村埠头，才流出村外，从而有效地减缓水流的猛烈冲击力。所以，这是一个神奇的竹子垛，它的水利功能可以和都江堰相媲美。青田村呈田螺状，青罗翠竹是"螺掩"，东边的炮楼是"螺督"。青螺翠竹代表着青田村的源头，也象征着五谷丰登，子孙昌盛，故有古诗云："新竹高于旧竹枝，全凭老干为扶持。明年再有新生者，十丈龙孙绕凤池。"

（5）更楼晚望

更楼指的是青田村东、西两个更楼，俗称"炮楼"，始建于清末民初。当时为了保卫村庄、防御贼寇侵扰，筑建了东、北、西三座炮楼。当年，三座炮楼以村落为中心，每120度分布一座，互为"犄角之势"，像"铁三角"一般守护着村落。炮楼高5层，从下到上逐渐缩小，成倒梯形状使得炮楼坚固无比。其中，北楼已拆，因为北楼是用砖头砌起来的，当年大队建造礼堂需要砖头，所以于1965年拆掉了北楼。现只剩下东、西二楼，均已废弃。东楼主门向南，长4.5米、宽4.5米、高14米，墙厚0.36米，为三禹丁构结构，楼分5层，每层都有射击孔。炮楼下半部分是由红石砌成，底座部位则为夯土。上半部分是由青砖砌成，中间的粘合的材料是"红毛泥"。据说旧时人们因外国友人发色多为红色，便叫其"红毛鬼"，而水泥是从国外进口的，所以又叫"红毛泥"。当时壮健男丁负责把守更楼，一旦发现敌情立即向天空鸣发信号，向西楼及全村通报险情，令村民能进入防御状态、坚壁清野、抵抗外敌。西楼作用基本与东楼一样，西楼主门口向东，全部用红石筑建而成。1975年，青田动土拆除西楼，但由于更楼是民航标志，遂被有关部门责令停工，仅拆掉一米。1995年左右，西楼顶上长出两棵小树，由于拆掉了楼顶，所以鸟儿衔来的榕树果掉下去长出了小树。分别是一棵大叶榕和一棵细叶榕，二十多年后两棵榕树已经茁壮成长为大树，为残破的更楼增添了一抹绿意。

（6）玉带环村

玉带环村，指围绕着整个青田坊的一条河流，那是几百年前太公带领村民开凿的人工河道。河流周长约1000米，宽约8米，深约2.3米。古时候，"玉带"通常是指有一定官职人员佩戴的腰带，因此玉带环村象征着青田坊的村民都能进入仕途从官辅政，此亦属村中风水设计之一。如今，河道依然存在，不过在数百年前，村民能驾驶着船只在河流中自由地行驶。经过数百年沧桑变化、淤泥阻塞，再加上人们的住房均依河而建；随着人口增多，房子更加密集，其间会对河流进行人工改建；种种原因导致河流变成越来越窄，现在只有小船才能顺利通过。

（7）青龙桥墩

原为青田古村的入村主大道的一座木桥，青龙桥墩始建于清朝乾隆年间，修建于宣统年间。木桥桥面由长约4米，宽约0.6米，厚约0.05米的柚木板铺搭而成，现已改为水泥桥面，只保留桥墩。据石刻记载，青龙桥墩有长白石砌成，桥墩约为长3米、宽1.5米，旁边有水埠大埗头，周边树影婆娑。如今，桥墩上"青龙桥"三个字仍清晰可见。青田作为岭南水乡，水网交织，较为完好地保存着楚越文化痕迹，特别是龙文化的气息。青田的九条巷，又名"九龙在位"。"青龙桥墩"的命名也是与九巷的名称相呼应的。

（8）百年古树

青田周围有树木数百棵，其中有大叶榕树、细叶榕树、水蓊树、木棉树、仁面树、龙眼树、落羽杉、秋枫、细叶榄树、海南枫树、桂花、鸡蛋花、紫眉花树等数不胜数的树种。其中，百年以上的大树有二十多棵，令人叹为观止的百年古树要属村东头的3棵木棉树，还有村东头的1棵大叶榕，村北小河边的1棵水蓊树，千石长街塘东小河边的 1 棵水蓊树，村偏西北的 1 棵大叶榕，村西边的 1 棵细叶榕，村千石大街西边的 1 棵龙眼树，千石长街水塘东西两头的 8 棵细叶榕，千石长街西塘边的 1 棵仁面树，千石长街南塘边 1 棵水蓊树。村里绿树成荫，树影婆娑，树下成为村民的聚集点，聊天、下棋、品茶无不在此，久而久之西边街的树底被村民称为"快活林"，在青田只要有大树的地方都能看到村民的身影，可以听到村民的欢声笑语。

青田是一个祥和自足的理想家园，它远离城市的喧嚣和浮躁，也远离残酷的竞争，它虽无法产生巨大的物质财富和社会成就，但可以获得自主偏安。它一路走来，饱经沧桑，既经历了岁月的洗礼，也遭受了现代化的裹挟。但是，它幸免于难，承载了先辈的血脉和文明信息；它好像被世人遗忘，却又不紧不慢，等待着后人将它传承下去。

虽然青田有形村落形态遗存犹在，但乡村品质和细节则遭受严重破坏，隐形的乡村人文价值几乎消失殆尽，礼俗社会也难寻踪迹。它不但遭受百年社会改造的巨大冲击，也受到物质主义的长期侵蚀。同样存在中国现存乡村所有的问题，也面临被现代化的裹挟的危机和乡村凋敝的状况，空心化非常严重。虽传统的线索和脉络虽在，但命悬一线岌岌可危。在青田可以看到仅存的文明余烬，如不精心点燃，就将灰飞烟灭。

青田也有坚守家园的村民，他们不是不想外出经商打工赚钱，而是不想背井离乡或寄人篱下。他们宁愿忍受并不富裕的乡村生活而留守。有些是为了照顾老人孩童，有些纯粹是不舍得这片生于斯长于斯的家乡。在乡村，除了正常耕作和经营的农副业之外，不外出打工就是无所事事并游手好闲，并被村里人所不齿，因为乡村在今天仅靠传统农业已无法维持正常的生活与开销，除少数在乡村有产业的之外，

青田式

青田民居

青田区位图

一般的乡村，特别是偏远的老少边穷的地区，青壮年必须外出打工挣钱。顺德地区有所不同，虽然青田保留了传统村落的形态，但周围不远就是经济发达的乡镇企业所在地，他们不必背井离乡，就可以做生意并打工赚钱。在青田人们可以离家不离乡，当天外出在附近工厂打工，晚上就可以回来。有些村民在外面做生意，也会三天两头回来看看，回来看望老人，回来看看家园，他们都对青田怀有特殊的感情和牵挂。只要没有天灾人祸，没有强制开发拆迁，青田就还会永远是青田人的家园。这里是城中有村，村中又套着城，特殊的地理位置和先天的区位优势，也给青田带来了许多未知的可能。

天地人神

人们注意到大自然无法更改的周而复始，天人合一的原则就在人类的内心深深地扎根了。但是当时的人们并不能清晰地区分自然法则与个人内心欲望的差别，也常将独立的社会意识与自然环境混为一谈。这纯粹只是一种情感上的认识，需要经过漫长的积淀思考后，才会形成系统的天人合一理论体系。

——［法］葛兰言《中国人的信仰》

春天的微风中都夹杂着温热的气息，这种气候在青田非常常见。沿着老榕树环绕的小路进村，跨过两座村西的小桥，河涌石板路边坐落着一座土地石亭，石亭里面供奉着土地公公和土地婆婆，憨态可掬，在村头迎接着络绎不绝的客人，从日出到日落，从春季到冬季，静观着变化不大的季节轮回，也守护着青田有限的土地和大片的水塘。清晨，青田从梦中苏醒，从土地石亭旁的小巷中缓缓走来一位阿婆，她神态安详平和，穿着着顺德地区妇女普通的布衣，左手挎着一个竹篮，竹篮里放有进香的贡品，身后跟着一个男童，是这个阿婆的孙子。老妇人顶着一身的霞光缓缓走来，到了千石长街的这座土地石亭，弯腰把竹篮放下，再把篮子里的水果和点心等贡品虔诚地摆放在土地公和

留守青田的村民

土地婆的面前，再点上几炷香，细心地插在香炉里，双手再合一许愿，也许是为自己的家人祝福，也可能是祝愿风调雨顺国泰民安。阿婆后面的小男孩也模仿着奶奶的样子进香。文明就是这样传承的，耳濡目染，天长日久，也就会成为孩童心里永久的记忆和虔诚的习惯。这就是我们每天都可看到的村民日常仪式。

青田的神祇丰富多彩，信仰生活也是身心所欲。青田有丰富的民间信仰和节庆习俗。村中共有关帝神厅一座、社稷神坛三座、土地庙三座，每家每户住宅门口都会供奉私宅土地神。此外，村民家中可能供奉着更多神祇，村民家中大多还供有主神刘关张三兄弟、祖先神、龙神、井水神、天官、灶神、门神等。青田一年会过二十余个民俗节庆，这几年，青田村民已经在陆续恢复一系列的祭拜与民俗节庆活动，比如龙母诞游龙舟、烧番塔成人礼、请神送神和敬老围餐等活动。

　　关帝是青田人作为主神来尊崇和祭拜的，这在周围村落以及岭南地区并不多见。青田不但有专门为关帝设的关帝神厅，村民每家也还在家里设神堂祭奠关帝。为此我请教过几个村民，回答也大致相同，他们熟知"桃园三结义"的故事与传说，并理所当然地认为三结义的刘备是他们刘家同姓先祖的兄弟，所以供奉关帝在青田还增加一层同宗同族的情感认同。青田的关帝厅比附近大社的关帝庙低一个档次。因为大社是青田刘氏后人的太祖所在地。关帝厅坐落在荷花塘北岸千石长街的正中间，建筑不像一般的寺庙宏伟壮观，而是极为普通和质朴，就像一座简单的民居一样毫不显眼，如果不提醒很可能就会错过。虽然建筑和空间不大，但香火很旺。厅内设有神台与神龛，以便放置神主和香火，中间主神供奉着关帝，关帝威风凛凛坐在中间，左右是关平与周仓。据史书记载，关羽和关平都是三国时期蜀汉的名将，

青田的关帝神

在《三国演义》中，两人是养父子关系，关羽是关平的养父。但是在正史中，关羽是关平的亲生父亲。周仓原为黄巾军，一直都仰慕关羽，在关羽过五关斩六将时遇到了关羽，自此对关羽忠心不二；关羽单刀赴会时还带着周仓呢。关羽兵败被杀后，周仓也自刎而死。在民间，无论是供奉关帝的雕像还是画像，关帝左右都有关平、周仓两人陪伴侍奉，感觉关帝时刻都有人陪伴并不孤单。关帝厅虽空间很小，但是还悬挂了两排盘香，室内香火很旺盛，烟雾缭绕，村民经常来敬香以求平安。关帝信仰从北方传到南方，开始人们是崇拜关公忠义之义，并成为社会交往所崇奉的观念与道德。关帝到南方后又转化财神并接受祭拜。可能是南方重商，在商业活动与交往中也要重信守义，所以关帝逐渐演变成为财神。每个商店开张都会祭拜，关帝的神像和神龛还将长期供奉和祭拜。关帝信仰还有一层意义，就是在乡村中针对非血缘关系人群的道德约束，因为有血缘关系的家族人群有宗祠和家族约束，家族中非亲生或者过继来的子嗣等人群的道德约束都将靠关帝信仰来实现。

青田原有一项重要的民间祭祀活动，那就是每年正月初八的"请神"仪式，曾一度被迫中断，这也成为了青田人心中的一块心病并无法化解。这两年，青田以瑞哥为首的一众兄弟铆足劲要恢复此传统仪式。但苦于中断时间太长，恢复有不小的难度，但他们锲而不舍地努力。筹备有不小的困难，经费还好解决，虽说不上一呼百应，但也有不少刘氏族人响应。据村中老人回忆，过去正月初八举行的"接神"或"请神"仪式是青田村最隆重的仪式活动。所谓"接神"，即到邻村同宗兄弟的大社坊关帝庙，迎接关帝木雕像。关帝木雕像高约35厘米，宽约28厘米。正月十五把关帝接回青田后，要放在关帝神厅供族人村民祭拜。

每年正月初八当日上午，众多青田村民组成一支接神队伍，接神村民手中必须拿着锡杖、轮伞、螺花罐、盏、帐等八样宝贝，即"八宝"；走在队伍最前面的两人各自举着一个木牌子，上写"肃静""回避"的大字，好似古代官员出巡，浩浩荡荡。队伍行进中，人们不时燃放炮竹，敲锣打鼓。到达大社坊后，由大社当地主持人恭送关帝神像给接神队伍，交接仪式在互道吉祥后结束。接神队伍按原路返回青田，把关帝像毕恭毕敬地敬放在关帝厅中，一直供放到正月十六再送回大社关帝庙。这是村民记忆中的整个送神仪式。他们在 2019 年的春节，农历正月初八举行仪式。恢复送神仪式的发起人是青田慈善会的瑞哥和刘允平等人，他们一贯热心青田的公共事务。在一年的筹备过程中，陆续又加了青聚堂会、聚华会、振华会、中华会和信义会等新近城里的社团组织。并特邀我为活动顾问，我欣然接受了这项委任，并积极为他们出谋划策。

由于我于 2018 年正月赴福建莆田参见了郑振满教授主持的元宵民俗工作坊，亲自感受了莆田乡村保留完好的元宵祭祀活动，其中就有盛大而隆重的请神仪式。我将在现场感受到的内容和信息介绍给青田村民分享，包括请神人员穿着的服装和手执的各种道具。莆田送神人员穿的衣服和装扮非常丰富，大多是宋代和明代的服装，有官服、民服和戏服，混搭的成分比较多，主要是配合活动以达到热闹喜庆的效果，所以对服装道具的准确度考证并不讲究。还有抬神像的架子大多一致。用木头搭建起来一个镂空的轿子，整个轿子涂成红色，门两边贴上吉祥的对子，轿子顶部用彩色罗帐装饰，比花轿更加花哨更加隆重。轿子由几人抬起游走。请神的队伍非常隆重，最前面是几匹小马，马上骑着穿戏服的青年男子；接着走过几个像古代衙门里的差人，手中举着"肃静"和"回避"字样的牌子以示庄重威严。大部队簇拥着抬神像的队伍走来，路边开始点燃鞭炮，鞭炮放得震天响，数量也非常之多，空气中弥漫着强烈的火药味，让人喘不过气来几乎窒息。抬神的轿子来到庙前即摆开阵势，举行既定的庄严的仪式。我把这些仪式流程大致介绍给他们，并提出自己的建议。根据青田村民的回忆，他们的仪式据说也都差不多。虽说福建和广东跨地域，接神有所差异，但都属汉文化中的民间祭拜仪式，基本样式都差不多。几个村民听我

日常的祭祀

讲了以后则更有信心了，并让我帮助他们设计一款请神送神仪式的招
贴，以便活动时推广宣传使用，我欣然答应，不几日我便亲自设计了
一枚"关公"的标志，留作他们视觉推广之用。

　　青田的神祇众多，在村中随处都可感受得到。除了村中醒目的几
处土地神庙和社稷神坛之外，每家村民在户外门口周围都镶嵌有"门
口土地福神"的排位；在青田九巷的出口和主要街道，也会有供奉土
地神的神位，供村民烧香祭拜。最为显著的是在千石长街的西头，靠
河涌桥边的位置，盖有一座供奉土地公公和土地婆婆的青石亭子，石
亭两边柱上有一副对联"土能生白玉，地能生黄金"，石亭内一对土
地公婆慈祥地端坐在此，守护着青田的一方土地，每天早晚和节庆之
时接受村民的香火及祭拜。这些点燃的香火，承载着村民的祈福，祝
愿神灵"护佑青田一方水土，保佑村民平安健康，风调雨顺，五谷丰登"。
当地还有一说法：几条巷就成一社，几个社就成一坊，几个坊就成一村；
青田有三社，所以成一坊，青田坊。所以，每个社都有一个"社稷之神"

以供祭拜。村子最东面的河涌边，就有"青龙社"专设的"社稷之神"神龛，神龛上除了常见的香炉、神花以及祭品水果之外，还有很多丢弃在此的神像，有关帝、观音和福禄寿等。一般都是村民在家里所用后被遗弃的。这种社坛大多都设在村口的大树下，也称"靠树为坛"，树种一般以木棉居多，这棵树就被称为"社树"，也具神性。

青田村民是幸福的，从村内到户外，都有神祇保佑，走进每家每户，则更有神灵守护。从天井到厅堂，从厅堂到室内，有一系列神灵保护并井然有序，院墙内都设有关帝画像，神像之下会设有祭祀神台，厅堂要设有祖先牌位，祭台桌上会常年放有祭祀的贡品，有香炉燃香。正对大门一般还会分别设有五方五土龙神和护宅地主财神。五方者，东、西、南、北、中，五土为山林、川泽、丘陵、坟衍和原隰。村民每天在家里早晚都要燃香祭拜，一共要祭拜十多位神灵。除神台上供奉的主神之外，还要拜厨房里的"定福灶君"，院里水井的"井神"，还有诸如"天官赐福"，"门官土地福神"，门口的下边还供有"门口土地福神"，等等，逢年过节还有一些专门的祭拜活动。总之，青田的神祇信仰是丰富多彩的。

"在每一个住宅，在对农耕地的崇拜仪式之外，都要加上一个对未开垦土地的崇拜，用于这种崇拜的家神被安置在房子中央的天顶开口处，通过这里，大自然的生生之气以及孕育生命的雨水可以直接渗透到家族土地的中心。"[①]

青田村民家中的祭祀活动，也是非常认真和隆重的。青田村民瑞哥家中的香火就绵延至今。瑞哥家在村南河涌边的一座院落里。坐北

---

① ［法］葛兰言：《中国人的宗教信仰》，贵州人民出版社2001年，第23页。

青田的土地神

朝南的一座二层小楼,建于20世纪80年代,院子西边紧邻一个小水塘,我跟瑞哥开玩笑,称他家的院子为"水景房",在城里算有品质的别墅。瑞哥家虽是乡下老宅,但风水好,环境更佳,就是房前屋后的水质差点。如果在未来青田的水系水质治理好,那将是理想家园。瑞哥家的院落是"三间两廊",属典型的广府民居格局。走进院子再进正厅,就可看到青田民居家里都设有的祭祀空间。虽说房间不大,但祭拜的神灵不少。正厅中间的墙上显要位置理所当然地留给关公爷。神像下面的神台上供奉着红底金边的祖先牌位,桌台前面摆放几盏高脚酒杯,桌上摆放一尊香炉,插着几炷香慢慢燃着缕缕青烟,桌上还常年摆放着各类贡品,有水果和点心。供桌下还供有地主牌位。院里还有各类护宅护院的各路大神牌位。瑞嫂只要在家,每天早晚都要敬香祭拜,一共要拜十几位神灵。瑞哥的家不但风水好环境优美,还请了这么多的神灵来保佑他的生活和护佑子孙的幸福。从进入他家的院落开始就有神灵护佑了,从进门过天井到厅堂,从厅堂到院子再到厨房灶台,一系列的神灵呵护有加,尽职尽责守护整个家宅。瑞哥家的门口都有神灵护卫把守,安详而威严。"中国人的生活包含着许多带有宗教性质,但又实难定义的行为,这使得他们看起来视乎生活于完全世俗的理想中。那些反对者由此认为中国人缺乏宗教精神,因为他们觉得只有崇高才算是宗教精神。但实际上,中国人并不缺乏宗教精神,只是它表现为另一种形式。这种宗教精神的根本在于对传统道德价值观念深信不疑,它精致深邃,激励着每一个人。"①

青田的各类敬神和祭拜活动不只是节庆仪式,还会渗透到日常生

---

① [法]葛兰言:《中国人的宗教信仰》,第154页。

活之中，我在青田的几年里，就遇到了这类仪式活动。青田学院要开始改造装修，开工仪式是必不可少的，这比之前千石老街的三个院子的改造要隆重和复杂得多。这次青田学院改造的规模大，还要重新揭瓦加建，所以除了在净地拜神之外，之前还有一项开龙口的仪式。在当地，凡是旧屋拆建或改建，只要是要揭瓦的，都要有这么一项仪式。按照地方的习惯，建房前都要找仙人问问房子的状况、定定仪式的时间以及要做的准备。前两次开工仪式请的是逢简的神婆，这次青田学院开工之前，在基金会工作的青田村民霏姨去找了村里的神婆，神婆不是谁都能做，一定要有神仙扶持附体才可，村里的神婆则是受钟馗的扶持。我还真不知道青田居然还有神婆，据霏姨介绍，青田村这名神婆是从几年前开始"执业"的，当然"执业"这个词不准确，总之这位由普通村民变成神婆时间不长。据说几年之前她生了一场大病，一直不见好，被病痛折磨得死去活来的，去医院也检查不出问题，住了几次医院也没用。突然有一天钟馗借她口说想让她做他阳间的代理人，若她不答应，她的病也好不了，她儿子想出去做事都困难。她跟钟馗说，要建好了房子才能安置你。后来她家新屋建好后，她便答应了钟馗此事，自答应后她的病也就神奇地痊愈了，她专门在新房里设了一间与钟馗交流的小屋，也用作他人找她"问仙"的场所。自那以后，她摇身一变成为神婆，开始替村民排忧解难，俗称"问仙"。神婆住在青田东街，正式的职业是制衣厂的裁缝，平时"驱鬼降妖"纯属"兼职"，但"兼职"的职业很神圣，一旦有人找她"问仙"，她立刻会放下手头的工作回来开展神婆工作，因为"钟馗"明确告诉她，一旦有人来问仙，无论在什么地方，她必须即刻回去。"问仙"的价钱由问仙的人自己看着给，5块10块都可以。问仙的人是不能进神婆家里的，只能直接进入她那间专设的小屋内。神婆点上香，没过一会"钟馗"就会附上她的身，"钟馗"通过神婆跟问仙者交流。问仙者要拿纸笔记录，因为结束后，神婆清醒过来是什么都不知道的。有时"钟馗"上身之前会告诉神婆什么时候附到她身上，让神婆提前做好准备并点燃好香，等到"钟馗"上身的时候，神婆就会胡言乱语，其模样很可怕，面目狰狞并眼睛发光，这时候什么都看得见。"巫术不是一个自发的个人行为，而是一种有组织的制度。有一个固定的人，他拥有魔力并负责施展巫术。其次，有一套传统的礼仪来唤起超自然的干预。最后还有一些神话来维护这种礼仪和巫术师的能力。"①

我们改建"青田学院"老建筑要求助于她，神婆说"青田学院"老房子里住了21个孤魂野鬼，这些鬼魂长期住在此地不走，我们必须举行相关驱鬼仪式，安抚好这些孤魂野鬼才能施工。开龙口、净地都是为了把污气、邪气排出去，其次还要把住在那里的鬼魂们请走。

---

① 费孝通：《江村：农民生活及其变迁》，敦煌文艺出版社1997年，第129页。

青田婚礼

神婆帮忙定了开龙口和净地的时间，以及要准备的祭祀物品。在开龙口之前的几天，户主要在房子周边的各个街巷贴上红纸告知。开龙口的当天凌晨，施工队队长发哥带2名工人来到现场，还有青田的两个阿姨也过来帮忙，阿姨身上会带着针线作为利器辟邪。阿姨们先上香，上完香会找个地方避开，她们要离得越远越好。接着施工队长发哥带着工人上房顶揭瓦，在房子正中间揭两片瓦，揭瓦前工人把位置看好，揭的时候会把头别过一边，任何人都不能盯着龙口看。揭完之后放爆竹，阿姨给参与人员发红包，之后大家都离开，仪式结束。天亮工人们便开始进场清理施工现场。

这次净地拜神仪式更为复杂，因为这间房子里的鬼魂数量很多，需要准备的香纸、贡品也更多。青田的阿姨们根据神婆所说的，准备了3栋3层的纸楼、纸钱、香烛，还有煮熟的肥猪肉、米饭、萝卜、苹果、雪梨、糕点、米酒，这些食品都是要"给"那些鬼魂。准备肥猪肉，一是可以讨个"屋肥家润"的好彩头；还有一个考虑，就是把这些平时人们不怎么愿意吃的肥猪肉给鬼魂，鬼魂吃腻了就不会想再回来，如果做了太多好吃的给它们，它们便会常常留恋想要回来。所以猪肉包括萝卜，都是煮熟了就行，不要放油盐调料。净地仪式正式开始，首先要在屋子的各个方位点上香和蜡烛，正中间最主要的位置摆上贡品。神婆其实是以"钟馗"的身份在场，主要负责跟那些鬼魂沟通。当天还有另外一个老妇人在场，她是在龙潭开香烛店的。她懂得规矩，负责引导仪式如何进行，婵姐和霏姨负责协助帮忙。仪式期间神婆不时闭眼合掌，嘴巴一张一合，表情夸张，有时又似念念有词，但没发出声音。最后是烧纸房子、金元宝和纸钱、火烧得越旺越好，烧完的灰烬飞得越高越好。快烧完的时候，神婆开口说话了，是那些鬼魂通

喜悦的老人

过神婆的口在说话。具体讲了什么不清楚,大概是说:"走了走了,我们都走了,都不在了,都走完了,再也不会回来了。"仪式完毕,可以顺利施工。

以上是我在青田亲身经历过的一些祭拜仪式。以前我们会将这些装神弄鬼的行为一概列为封建迷信,批倒批臭并彻底抛弃铲除,高举科学大旗一路狂奔。结果有些问题至今也无法解决,人们内心也越来越空虚,甚至灵魂都将无法安放。我们以为到了城市,或在城市生活就会感觉幸福指数很高,其实不然,我们未必有乡村里的村民幸福度高。生活如果一帆风顺还好,如有磨难还真是麻烦,没有神灵呵护我们很难安然渡过这难关。村民真的比我们心里踏实多了,因为乡村和家园有如此多的神灵护佑着他们的一生,人生的每一个关口都有神灵护佑，人生也不再孤单，生命也富有意义。

虽说青田村有诸多神灵护佑，但还是失去了往日繁盛的香火。由于时代变迁，乡村凋敝的现象在青田也多有呈现。我刚到青田时，乡村一片破败之相，年轻人普遍逃离家园，村中只剩老人与孩子，村民人心涣散，缺乏家园自豪感和凝聚力。有外来人来到青田，村民就留露出惊恐和怀疑的眼光，缺乏信任。村民看不到家乡的未来和希望。有些村民对外来者的期待只停留在经济发展层面，甚至有些村民认为，你们来到青田就是要让我们致富，否则就没有什么意义。这也不能完全责怪村民，由于城乡关系完全不对等，乡村长期受到不公平的对待，所以他们对社会没有信心。还有少数年轻的村民等待外来资本开发青田，因为他们能得到一笔赔偿并迅速改变生活，这也无可厚非，其他村子拆迁获得巨额赔偿，就可一夜致富改变命运。他们可能无暇考虑这样一来从此就没有了家园，也可能这个破败的家园对他们并没有多少实际的意义。很多村民和年轻人，选择了在附近城区生活和居住。村里一些年久失修的老屋摇摇欲坠，老屋里被遗弃的祖先排位也没有了香火。这都呈现了青田的败相和危机。

恭敬桑梓

宗族组织是比个体家庭更有包容性的家族共同体。它并没有任何
方法吸收外来元素。宗族中最重要的关系既不能被赐予，也不能丢失，
也不可能通过要求来获得，它由日常的平和情感组成。

——［法］葛兰言《中国文明》

中国传统乡村始终存在着乡绅自治与官制传统的"二元"化治理
模式。但也存在着把这两种治理方式对立起来的说法和解释，并且对
此学界一直争论不休。一种说法就是"皇权不下县"，就是说古代的
皇权始终高高在上，对社会的管制顶多延伸到县一级，县以下就没有
官府行使权力管理乡村的的基层行政机构。据说是因为皇家财力有限，
用现在的说法是管理的行政成本太高，官府实在无法承受。估计当时
的行政管理水平也不高，那样做实在是劳民伤财顾此失彼。还有个考
虑，皇帝也是怕权力过分集中乃至地方势力尾大不掉。所以就把基层
权力分散消弱，使其无法形成对最高皇权的威胁，并增加了集权体制
的权威性。后来的王朝统治者也就默认和延续了这种皇权只到县级的
模式，官府只管收税和军事，其他繁琐之事统统都交给地方乡绅和家
族族长处理。这就是我们常说的乡村自治的管理模式。

乡绅的确在传统乡村社会中起到了长期的治理作用，并对乡村的管理方面产生了极大的影响，至今还有很多人要在乡村恢复"乡绅制度"。在传统社会，乡绅的确在国家政权对乡村控制相对薄弱的现实下，充当了上层皇权和底层乡民之间联系的重要角色。他们是乡村的精英阶层，但又能处理好皇权、官府和普通乡民之间的利益关系。对维护乡土社会起到了非常重要的作用。乡绅作为乡村利益的代言人，争取和保护乡民的利益，也会有效地成为连接官府和村民的沟通渠道，将底层村民的不满和怨气反映给官府，充当了乡村秩序的守护人和代理人的角色。乡绅作为儒家文化的代表，起到了儒家文化在乡村的传播作用和伦理道德对村民的教化作用，逐渐确立了他们在乡村中的社会影响和主导地位。

中国最早的乡约自治制度，是陕西蓝田吕大均制定的"吕氏乡约"，其包含了"德业相劝，过失相规，礼俗相交，患难相恤"的基本理念和以下几个方面的内容：

1. 由人民公约，而不是官府命令。"由人民主动主持，人民起草法则，在中国历史上，吕氏乡约实在是破天荒第一遭。"

2. 成文法则。中国农村的成训习俗向来是世代相续，口头相传，从没有见之于文字，见之于契约。而制度必须成文，才可能行之广泛。

3. 以乡为单位而不是以县为单位。从小处着手，易收功效。

4. 自愿加入。"其来者亦不拒，去者亦不追。"

5. 民主选举。"约正一人或两人，众推正直不阿者为之。

专主平决赏罚当否。直月一人，同约中不以高下、依长少
轮次为之，一月一更，主约中杂事。"

6. 以聚会的形式，使乡人相亲，淳厚风俗。"每月一聚，
具食；每季一聚，具酒食。"

7. 赏罚公开，"遇聚会，则书其善恶，行其赏罚"。
用记录在案督促众人，用开除惩罚不可救药的。

8. 议事民主，"若约有不便之事，共议更易"。①

有关乡村管制传统的论述，在近期的讨论中反而影响式微，认为
国家权力对乡村的治理和管理，是现代国家才采取的手段和措施。其
实早在封建社会皇权就始终没有放弃对乡村的影响和管理。在 20 世
纪 40 年代，社会学家费孝通就分析和研究过中国社会结构"双轨制"
的现象，并探讨了传统社会治理结构及其运行机制问题。一方面是县
级以上的皇权控制，一方面是县级以下的乡绅管理。他也认可了"皇
权不下县"的结论。"明初的乡村统治体制中，当然还是以乡村层老人、
里甲、粮长制作为社会编成的中心，同时利用国家的主导与强权、地
方行政体系，分担征税、纠纷处理、秩序维持等……在比较安定的地缘、
血缘的共同性中，老人、里长与同族、'众议'等并存，通过与地方
管治的相互作用，在纠纷处理、秩序维持框架中发挥了关键作用。"②

还有一种说法，就是传统乡村社会也始终没有脱离皇权的视野和
掌控，况且在漫长的封建社会里不同朝代对乡村的管控也有很大的差
异，"为了控制乡村地区，清政府遵循前朝的一般政策，并大量采行

---

① 《中国传统的乡约制度与乡村自治》，《海外汉学研究》，2017 年 5 月。
② ［日］中岛乐章：《明代乡村纠纷与秩序：以徽州文书为例》，江苏人民出版社 2012 年，
第 288 页。

青田慈善会
部分成员

其方法，创立了两个基层组织体系，架设在第一章所述自然演化出来的组织的基础之上，而不是去取代它。一方面，有一个保甲组织的体系来推动可以称为治安控制的事物；另一方面，一个里甲组织的体系最初设计的目的是要帮助征收土地税和摊派徭役"[1]。

中国传统乡村的管理与运作模式其实差异很大，但大多离不开对这几类问题的关注：宗族家族、乡绅士绅、会社组织、传统礼制与自治体系。但每个朝代不同，每个地区也不一样，会呈现很复杂的形态。特别是宋以后南北分裂，文化差异加大，这种差异也会带来乡村治理上的变化，北方皇权掌控加大，南方社会呈现出农商文化特征，所以社会组织相对活跃很多。

"中国的民间结社活动是一种具有浓厚汉文化传统的社会活动，有传统习俗、经济互助、派别团体和佛教社邑各种形式以及多种活动内容。会社的活动，发轫于先秦，自汉迄清，一直延续，其间虽有盛衰，其活动却并无停歇。"[2]

中国的民间结社传统与活动，形成很早，几乎有成熟的农业社会和稳定聚落的乡村里就有并延续至今。社原指土地之神，本意是指民间共同祭祀的土地之神。后来，社的范围和涵义逐渐拓展，从土地之神慢慢演变为社团组织，社也成了一些乡村的基层行政单位。虽然明代以后官府在乡村建立了里甲管理组织，但民间的社组织始终延续和存在。顾炎武说道："后人聚徒结会亦谓之社。"③所以，在传统的乡村社会，一些性格相同、志趣相投的乡民即自发组织起来集结而成。这也可能是中国最早的社团组织，也包含行业帮会，有农业、商贸和手工行业协会，但更多的是文人雅士的结社的相关组织。"从这个意义上说，社与会自可相通，不过是人和物的聚合。事实也确如此。在一些记载中，社、会通常是并称的，亦即'社会'。"④明代时期的岭南一带，会社逐渐兴起并扩展到社会的各个阶层，他们或从自身的生产和生活方面出发组成会社，或只是为了志趣相投的文人雅集聚在一起，清朝时由于官府的禁止和控制，虽有过短暂的沉寂，但慢慢地又逐渐兴起。从辛亥革命到民国时期，这种势头也在延续，新中国成立以后和"文革"时期，由于强势的社会改造运动和反传统，将这些会社一律视为不太合法的民间组织而严格管控，这些会社基本就很少了。改革开放以后，社团组织才逐渐恢复。

古往今来的社会形态、管理模式和复杂多变的乡村管理方式，其中很重要的当属乡村自治管理。在不同的时期和不同的地区，皇权的控制和官府的管理相对较弱的情况下，乡村必须要有一套行之有效的方法和措施来维持社会秩序和管理日常生活。乡村由每个具体的家庭

---

① 萧公权：《中国乡村：论十九世纪的帝国控制》，台湾联经出版公司 2014 年，第 35 页。
② 陈宝良：《中国的社与会》，中国人民大学出版社 2011 年，第 13 页。
③ 顾炎武著，黄汝成集释：《日知录集释》卷 22《社》，第 520 页。
④ 陈宝良：《中国的社与会》，第 5 页。

组成，然后由众多家庭再形成大的宗族网络，是以宗族为本的社会形态。所以，依靠宗族来管理乡村事务就成为顺理成章的事情，这也是历史最长并延续至今的社会管理方式。

广东顺德地区乡村自治的传统延续至今，社会组织力非常活跃，乡建团队进驻青田以后，一些村民积极响应，并自发地组织了"青田坊慈善基金会"，致力于为家乡复兴作出努力和贡献。基金会由新乡贤和有爱心的村民捐款成立，宗旨是敬老、扶贫、助学。每年定期组织和举办敬老宴、老人旅游、端午龙舟赛和烧番塔等活动。基金会成员积极参与青田建设活动，并起到表率作用。瑞哥、刘允平和刘协波是慈善基金会的积极分子，任何活动都热心参与，特别是烧番塔和赛龙舟等大型民俗活动，他们都做了很多工作。

2014年，青田村民瑞哥就发起成立了刘氏宗亲会。成立宗亲会对族群凝聚非常重要，但恢复起来却困难重重。现今的乡村，传统的家族和宗族凝聚力已破坏殆尽，乡村的矛盾变得日益复杂化，青田也不例外。长期的社会改造和反传统，一直将乡村的宗族管理和秩序作为封建势力加以清除，不论乡村中出现什么问题，总是拿宗族和家族开刀。只要乡村中或者村民出现问题，首先会拿家族和宗族开刀，理由就是宗族家族势力在起作用，或者在背后起作用。我们至今没有认识到，乡村千百年来就是由家族组成，不承认这个客观存在怎么解决乡村问题。我们为什么不能往好的方面引导呢？宗族和家族在乡村秩序中非常重要，这无法回避，如果把这个维系乡村秩序的伦理去掉，乡村就会失礼和失序。越了解乡村，你就会越认为宗族在今日的乡村具有一定的合理性存在；如果好好引导，许多宗族可以适应新的社会需求，在乡村复兴中起到积极的作用。

村民座谈会

　　据我了解，20 世纪 80 年代的改革开放初期，顺德地区需要大笔资金搞现代化建设，中央只给政策而无资金投入，必须依靠地方解决这个问题。顺德是著名侨乡，很多华人华侨在港澳和东南亚地区，吸引华侨中的富商回家乡投资就变成最主要的策略。没有投资改革开放无从谈起，但华人回乡以后提出的第一个条件就是要恢复他们的祭祖系统。当时顺德的许多祠堂都已被推倒拆毁，甚至祖先牌位都被砸烂并扫地出门。当地政府的领导很是犯难，他们刚从"文革"过来还心有余悸：这是封建主义的东西被我们都捣毁了啊，如果再把这些"封资修"的东西搞回来，会犯政治错误。当地领导无人敢拍板，此事非同小可，立即上报中央，中央领导英明决策，华侨这些祭祖仪式都可恢复。但当地领导又开始犯难了，并告诉海外华侨华人，恢复祭祖可以，但已经无法操作恢复，因为"文革"中祠堂捣毁了很多，没拆掉的祠堂也空空如也，连祖宗牌位都没有了，祭祖仪式也都快没人懂了，就只有少数老人还知道一些，但也被吓得不敢回应。没想到海外华侨们反馈倒非常积极，说只要政府同意恢复就好，祠堂倒塌了我们可以修复，祭祖仪式你们忘了我们可以教族人恢复起来，我们华人早年背井离乡到海外谋生都没忘记祭祖。我们到不同的国家和地区安定下来，有条件就把祠堂建起，无条件就在家里供上祖先牌位，开始祭拜祖先，一直延续至今。

就这样，顺德地区的祭祖传统开始恢复，香火开始接续。恢复了祭祖仪式，礼俗和诚信系统才能建立，商业活动才有保证，原来祭祖的背后连接的是社会价值。从此顺德地区的祭祖香火一直延续至今，礼俗和社会风气良好，经济成就有目共睹。由于顺德有这个传统，所以瑞哥他们就坚持要恢复成立刘氏宗亲会，想通过宗亲会来重新凝聚宗族宗亲，为乡里和族人做好事善事。说起来容易做起来难。供青田刘氏祭拜祖先的祠堂有两个，分别是供奉保宣公的刘氏大宗祠和供奉八代之后的古桥公的古桥刘公祠。两个宗祠都建在隔壁相距五公里的大社村，其中刘氏大宗祠归福田刘氏、青田刘氏和大社刘氏三方所有，古桥刘公祠归青田刘氏和大社刘氏所有。1950年颁布的《中华人民共和国土地改革法》第三条第一款规定了祠堂的土地所有权征收为国有，但刘氏大祠堂的所有权还归为刘氏宗族。刘氏大宗祠在土改时期一度划归为公有资产，新中国成立初差点要被拆掉改建为大会堂，由于当时的一个乡镇领导是青田人，所以改拆了一个伍氏宗祠。

保留下来的刘氏宗祠于20世纪60年代被龙潭村改为小学校，学生不分刘姓和外姓都可在里面读书。宗祠内所有的石碑都被砌墙封堵

敬老演出活动

起来，后来重见天日后才发现损毁坏了不少，只留下两块完整的石碑，分别是清道光和宣统年间竖立的。20世纪90年代初小学搬迁，刘氏大祠堂才恢复原貌，2000年后祠堂才正式归还于刘氏之后。2018年，刘氏大宗祠自收归刘氏所有之后第一次翻新，祠堂正门新添了一对关羽、张飞的彩绘门神，甚是威武。正厅的对联重新漆金，正厅中央新添了一扇屏风。修缮祠堂款项是在刘氏后人中募集。青田刘氏后人平时很少到刘氏大宗祠祭祖，唯一的活动就是刘氏宗亲联谊会组织的一年一次敬老活动，平时祠堂是大社老年活动中心，经常有大社刘氏一组老人村民在祠堂聚会打牌。据瑞哥回忆，由于社会运动不断和生活环境变迁，刘氏一族的祭祖等活动也慢慢被淡忘，一些基本的祭祖和拜祭活动都没有了，大家平时也只在自己家里早晚一支香拜自家五服之内的祖辈。刘氏宗族成员之间的互动也只停留在婚丧嫁娶等人生大事上进行有所回馈的人情互动与礼物交换，涉及宗祠建设这种举族之事和长远之事，村民也就只出于自身利益考虑而不愿配合，或至少没有太多热情和积极性。青田只有西便街卓霞一支还保留家谱，但也残缺不全且无人有兴趣整理；而东便街的族谱大多流落民间，各房自记，瑞哥也就只整理了自家的一部分。不记的族人也就很快会被遗忘。瑞哥熟知青田村里辈分高低的人，也知道宗族代际之间的关系的重要性。所以，他就主动找到大社和福田的刘氏兄弟们商量成立宗亲会之事，并得到了这几位同宗兄弟们的认可和赞同，并于2014年底成立刘氏宗亲联谊会。

青田在宗亲会的建立过程中起到了积极的作用，瑞哥感觉青田比福田和大社的同宗则更有文化底蕴和历史遗存，包括青田保留的两个完整的书院。而其他两个村子的历史文化遗存就很少了，他认为这件事就能体现青田人的文化素养，所以青田也更应该承担起当代人重建宗族的责任。于是他们推举刘仕豪任刘氏宗亲会会长，他是大社的一位做房地产的老板，对宗族事业很热心，每年敬老活动都会捐出3万。副会长的选举过程也很简单，谁最热心做宗族公益事业就让谁来做，其他人就都赞同。会长和副会长除了热心之外，还要有足够的资金和人际资源，而辈分、年龄等其他因素并不是最重要的考虑。瑞哥作为青田一脉也理所当然地成为了副会长；福田的副会长则由刘仕坚担任，他也是福田村的村长；大社的副会长刘福领是一个年轻的企业家，他和他的父亲都很关心宗族的事务。从青田选出的九位理事是以瑞哥、刘协波和刘允平为核心的，各自向外扩展发展几人，选人的标准也首先是关心宗族事业。

在宗亲会中，太过于亲近的亲缘关系也是需要避嫌的。瑞哥说成立宗亲会的时候他没有拉上亲兄弟一起做，就是怕被人说闲话从而避嫌。自从成立宗亲会后，瑞哥非常热心，常常忙里忙外地张罗宗亲会有关的活动，向乡亲们介绍宗亲会的意义和具体的活动。开始时，不了解宗亲会的村民们普遍持不太关心的态度，这给刚起步的宗亲会带来了一定的困难。但宗亲会本身能承担起基本的活动费用，所以也能组织活动。时间长了，观望的村民感觉也能接受，也就接受了宗亲会的理念和活动。特别是 60 岁以上的老人还能每年参加一次聚餐，拿一次红包，虽然钱没有多少，但感觉被重视被照顾也很温暖。慢慢地，村民们大多认可针对老人的敬老的活动，宗亲会的骨干人员也都有条不紊地推进公益活动。经过几年的努力，村民逐渐认可了宗亲会的活动。宗亲会任重道远，希望通过宗亲会敬老的活动。让老人家里孩子们潜移默化地接受并认同宗亲会的理念，也有益于改变村中长期形成的某些不良的风气。宗亲会做好了长期的心理准备。筹集资金是他们面临的最重要的问题，捐助款项的主要是同宗里经商的大小企业家们和热心的刘氏村民。但也遇到了很多困难，有些人光想挂名不出钱，有些人则嫌麻烦只想出了钱不办具体事。

　　青田乡建开始以后，对村民产生了很大的影响。从 2018 年开始，青田的村民突然成立了几个自治组织，行动之快，频率之高超出了我的预期。其中有振华会、聚华会、聚堂会、中华会、信义会。这些组织大多以青田的年轻人为主，他们也想参与青田的复兴发展，积极地贡献出自己的一份力量。经了解才知道，其实他们也没有我想得这么多，或者认为这有什么崇高的使命。这些堂会的组成原因和具体工作，几乎都大同小异，有些堂会的成员是以青田村的同龄者或者年龄相隔不大的男性为主，他们有些志趣相投，有些一起相伴长大。堂会少则七八个人，多者十几个人，主要职能也就是相互帮助。比如举办一些家族中的婚丧嫁娶等红白喜事，还有就是逢年过节一起吃饭维系感情。父辈们成立的宗亲会还有一定的公益属性，而他们倒不一定能考虑这么多，目前也关注不了这么多，也可能条件还不成熟，或者暂时没有能力承担更多的公共事务。这需要长辈们慢慢引导。堂会的名字也取得很随意，自己喜欢什么就叫什么。堂会的负责人也是谁比较热心活跃组织强就由谁当。有些堂会甚至都没有具体的活动地点，每年正月十五左右各个堂会会分别在酒亭聚餐吃饭。堂会的资金来源一般是会内成员自己筹集或平均分担。

青田宗亲会和这些自治组织，也会联合起来做一些有益宗族的活动。2020年春节期间恢复的接神送神活动就是一例，他们团结起来积极筹备这次尚无前例的民间祭祀活动。2017年5月，新当选的青田组长刘继邦向青田的乡亲们发起倡议，希望在青田成立"青田坊慈善基金会"，能通过自己的组织为青田做好事，这个倡议得到了许村村民的积极响应，共同推举刘伟汉担任青田坊慈善基金会会长。刘伟汉是顺德大型餐饮集团"猪肉婆"的股东兼老板，他也是青田人，虽说小时候不在青田居住，但节假日都在青田度过，他和瑞哥他们几个都是童年时的伙伴，有着很深的友谊，他对青田坊慈善基金及主办的活动都非常热心，也是重要的捐款人之一。

刘氏宗亲会和青田坊慈善基金这两个组织在青田民间活动中起到了主要的作用，这两个组织的人员也高度重合，由这几位有责任心和公益心的村民支撑起了各项活动，在他们的带领和感召下，村民也逐渐理解接受和积极配合各项活动，在青田乡村复兴方面起到了重要的作用。

青田每年有很多丰富多彩的民俗与公共活动，包括聚餐和围餐，这些活动大多也由村里的慈善会举办。每年度在民俗节日举办慈善大围餐也是很有特色，慈善大餐，每年都会筹集相当的资金给村里的老人、学生，还有贫困村民。青田敬老宴是慈善会每年举办的基本活动，也是保留节目，每年一次的敬老活动就是他们必须要办的。在举办前他们会在村中张贴公告，也会挨家挨户地发传单通知村民，在千石长街上摆上百桌围餐，非常热闹。敬老宴邀请本村 150 位左右的 60 岁以上老人聚餐，届时还邀请大社和福田的刘氏宗亲来参加活动。顺德一带的乡村聚会围餐非常频繁，摆酒的规模也很壮观，一年要好几次。村民自家的婚丧嫁娶红白喜事必须要摆酒，乡村中的几大民俗活动围餐就更加壮观了。

青田除了每年一次的敬老宴之外，端午龙母诞庆祝活动就是一场盛大的围餐，青田千石长街上摆满了 300 多围，每围 10 个人，不单单是犒劳在龙潭参加龙舟活动的青田村民，也是为了迎接在外工作学习和居住的乡亲们，吃龙舟饭也是端午季最重要的亲人举家团聚的欢乐时光。龙母诞庆典是杏坛一带最热闹的节日，也是青田大家庭难得能欢聚一堂的时候。村民和亲友们以家族为单位围坐在餐桌，在充满了欢声笑语中推杯换盏喜气洋洋。"人们聚在一起一起新结好友或巩固旧友关系。他们牵着袖挽着手，尽情享受这来之不易而又注定短暂的聚会。整个地域的人都沉浸在这隆重聚会的激情中，蹦跳着，到处都充满欢乐。在与目睹同族人狂欢的人们交流之后，他们更能体会这种幸福。他们希望能使这种有益的交往尽可能地亲密。这样视乎他们的内心世界可以得到惊人的扩充。他们体验到源自这块土地每个角落的一种神圣守护力量的存在，想用尽一切方法去获得这种神圣的力量。"[1]

当其时，当地的龙舟说唱艺人登上围舞台，手持一支彩漆木雕龙

---

[1] ［法］葛兰言：《中国人的宗教信仰》，第 8 页。

舟木杆，胸前挂着一副小铜锣，一曲地道的顺德腔调开始在宴席中响起，菜肴也开始摆上桌子。我参加过几次青田围餐盛宴，但主菜就这几样不变：葱油鸡、乳鸽、罗氏虾和蟠龙鳝鱼以及清蒸鱼等主菜，再配以几道蔬菜。当然来的宾客和村民也不在乎吃多少东西，因为平时顺德菜就很好吃。围餐聚会主要是亲友聚会，增进感情，感恩生活。在围餐活动中，慈善会组织者还会举办慈善拍卖，拍卖所得的善款再用于下一次的慈善和民俗活动。

家国迷失

旧国旧都，望之畅然；虽使丘陵草木之缗，入之者十九，犹之畅然。

——《庄子杂篇·则阳》

青田虽然静卧在一处处水塘之中，看似偏居一隅、平静如水，其实也在时代变迁与动荡之中，时而风平浪静，时而暗流涌动。青田虽暂时躲过了上一轮城市化的强势推进，但又面临着如火如荼的乡村建设的裹挟，何去何从，这个问题又重新摆在青田的面前。村民们有的兴奋和期待，有的观望和随波逐流。的确他们也无法掌控和把握自己的命运，以及村庄的未来。青田像中国千千万万个乡村一样，有着中国乡村所有的问题和矛盾、危机与困境。村民们也都面临着是离开家园还是坚守家园的困惑。事实上青田村空心的现象已非常严重。

在历史上，顺德工商业和金融业都很发达。近代顺德也敢为天下先，改革开放很早，市场经济繁荣。青田虽然属经济发达的顺德地区，不远处的城镇经济和乡办企业也很发达，发展经济似乎具有得天独厚的条件，但实际情况并非如此，青田的落后却与顺德的经济繁荣形成强烈的反差。

究其原因，是青田属于大片的基本农田保护中心，土地和水塘无法开发办企业开工厂，甚至连房地产都无法开发。所以青田周边很少像其他乡村一样工厂林立，农田水塘几乎都被开发殆尽。没办法，青田人不能坐以待毙，他们只能主动出击，把眼光投向了青田之外的世界。20 世纪 80 年代以后时机来临，有一些青田人离开家园外出发展，或经商办厂，或寻找其他商机拓展自己。果然，功夫不负有心人，青田人敢于开拓和勇于进取的精神得到了很好的回报，淘到了第一桶金。因工作的需要，他们大多把家安置在了青田附近城区与乡镇。如今，在青田长大的的年轻人也大多去城里做生意和工作，主要在附近乡镇的工厂与企业工作。由于背靠顺德地区强劲的经济发展与良好的工作环境，他们普遍无需像西北和西南偏远地区的许多村民，必须要背井离乡来广东沿海经济发达的地区赚钱打工。

青田村民具有这种得天独厚的便利条件，普遍可以离家不离乡。有些村民平时在外工作，周末就可回到青田家里。因而青田实际上并未完全意义上的乡村凋敝、人去村空，也不像北方一些落后的乡村，村民离开家乡就永远不会回头，一旦出去在城里站稳脚跟，就像滚雪球一样，将七大姑八大姨、兄嫂叔侄全部弄到城里，永远不再回乡。从这一点来讲，青田还是幸运的。青田还是村民的家园，如果没有突如其来的商业开发或政府工程，青田还会很幸运保留下来。平时青田村中留守的大多是老人和孩子，大部分在外经商有钱的村民都会不定期地反哺家乡，经济条件好的都会将老宅翻新盖起了小洋楼。但村里也保留了许多民国时期和解放以后盖的平房；还有一部分 80 年代改革开放之后盖起的楼房，富裕了的村民也开始陆续对其进行改造和翻新。但眼下问题依然严峻，青田有三分之一的房屋被搁置或废弃，无人居住。公共建筑也年久失修，关帝神厅面临翻修，屋顶出现漏雨现象；青藜书院和传经家塾这两个建筑的屋顶都存在着不同程度的漏雨现象。两个生产队的老蚕房也破烂不堪；村西头的老蚕房屋顶已经坍塌，一面墙已经完全倒掉，屋内杂草遍地，倒塌和废弃的砖瓦对了一地，村民在里面存放许多废旧的建筑材料。河涌虽然环绕整个青田，但河水污染严重，水上漂浮着许多生活垃圾。河里捞出来的鱼村民自己都不敢吃，只能拿回家喂王八乌龟。

据村民回忆，早年间青田的环境非常好，生态也没有遭到破坏。20 世纪 80 年代以前，村中的河涌水塘都清澈见底，村民们划着小船在河涌里自由地穿行，孩子们毫无顾忌地在小河中游泳嬉戏；村民在河涌里捕鱼捞虾，每天都也可吃上美味的河鲜。而如今，河涌还是那个河涌，但环境已不是原来的环境了。随着城市化的节奏加快，乡村被认为是影响城市化进展的累赘，乡村也被进一步污名化与边缘化，并被认为是落后和欠发展的根源。乡村也就理所当然地被漠视和抛弃。随着村民们纷纷离开家园，人们不再珍惜世世代代养育他们的家园，没人在意环境，更别提重视和保育了。青田赖以生存的生活环境被无情地毁坏，河流被肆意污染，河涌被随意改道和任意填埋，许多河床内堆满了生活垃圾和建筑废料。河涌由于随意堵塞，河床变得越来越窄，淤泥严重堵塞河道，生活垃圾和塑料制品在河涌里漂来漂去，河水充满了恶臭味。对此村民早已麻木、无可奈何，政府无能为力，环境越来越恶化也就不足为怪。荷花塘边的石板路也年久失修，虽然是保留了清代铺设的石板路样貌，但由于地面下沉，石板已凹凸不平；路边民居的屋檐下私拉乱扯搭建了杂乱无章的电线，充满了安全隐患。

青田的整个村子看上去显得破败和毫无生气，大风吹起地面的废纸与生活垃圾。平时街上空无一人，偶尔有少数老人和孩子匆匆走过。

孤寂的青田

村东头荷花塘边的榕树下，几个村民聚在一起赌牌，一些留守村民还是赌牌的主力。附近的一些村民也经常来青田赌牌，当然也避免不了耍钱的现象。前几年，还有人在赌局中"抽水"，近两年管理严格之后没有那么猖狂了。在今天看来这种耍钱赌博现象，大家肯定是深恶痛绝的，管理者也会认为是非法并必须杜绝的。但在文化学者就要寻找出这种现象的文化特性和地方成因。美国人类学家格尔茨在其著作《文化的解释》一书中，描写了他在印尼巴厘岛所做的人类学调查，包括巴厘岛的政治、文化、历史、风俗等，并通过对岛民传统的公共活动"斗鸡"的观察中，阐释了当地的社会秩序与岛民的交往原则。如果按治安管理者的眼光来看，"斗鸡"现象肯定是非法赌博活动，甚至是犯罪行为。然而，从人类学的视角看，表面上"斗鸡"游戏的确属于"金钱赌博"，但深层里则是当地延续下来的"地位赌博"。格尔茨没有对这种现象作道德评判，也没有作法律界定。而青田村民的聚众玩牌赌钱是不是也可以换一种思路来考虑，它本身是不是也包含了乡村中村民日常的交往行为与习惯。大家也许会认为，这些"世风日下"的现象，给青田造成了一定的负面影响与伤害，但从另一面看，那这些村民何尝不是整个社会的受害者。

今日的乡村，民风日下的原因很多，也非常复杂。由于长期的社会改造和对传统文化的破坏，乡村中原有的礼俗和道德的秩序彻底崩解和垮塌，再加上物质主义的侵蚀和诱惑，以及面临生存的压力与重负，有些地方的村民无法再坚持原有的礼俗与原则，于是乡村中普遍变得拜物。再加上权力和资本对乡村一味的欺凌和盘剥，城乡关系非常紧张，政府和村民的关系也难回到和谐的状态。在乡村中，掌权者的欺凌行为时有发生，与民争利的现象确实存在；乡村中有限的资源越来越少，有些资源会很快被掌权者寻租或变卖出去。青田也不例外。外出经商和务工的村民家庭经济情况还稍好一些，留守的村民生活则相对困难和挣扎，他们完全依赖村里水田的年底分红来维持生活。青田水田的经营权和承包权，也会因为利益的考量产生很多纷争，甚至矛盾激化。一般鱼塘的投标要五年举行一次，乡村只要有资源和利益存在，就有对它的争夺与博弈。利益争夺，往往会用一些非正常手段，有时会发展到比较激烈的对抗程度。青田也不例外，前几年的鱼塘招投标就有类似的情况发生，村里有人想用低廉的价格中标，然后再提高价格出让给别人经营，从中赚取差价盈利。他们会在鱼塘投标之前做很多准备工作，向村生产组施压，甚至有无理和威胁的言语出现。当然，有利益的地方，就会有利益争夺。一旦出现这些问题，就需要有相对公平的方式来平衡解决，分配利益的程序和过程要公开透明，才能达成村民普遍都能接受的结果。但乡村中的矛盾往往非常复杂，有些长期积累的矛盾积重难返，同时又有新的问题层出不穷，于是新旧矛盾会纠缠在一起。特别在乡村礼俗和道德秩序垮塌的今天，要处理好这些错综复杂的矛盾就会变得难上加难，这就要考验乡村干部的智慧和修为了。他们既不能受个人私心的干扰，又要有灵活处理的手段，关键时候还要有魄力和胆识，所以，如果没有几把刷子，村干部也越来越难做。

许多时候，乡村经济上的斗争会很快蔓延到乡村政治上。青田的生产组组长和其他乡村一样，换谁上台谁都不好做。村干部工资报酬很少，但村中具体事务又很多，大到应对和完成上级布置的各项工作，小到每天要面对和解决的村里发生的各类事情，有些甚至就是家长里短的琐事，一些积重难返的矛盾越积累越多很难解决。此外，现在村民选组长大多是要有好处才做选择，有些村民甚至不从乡村利益和长远发展考虑。为了缓解和回避各个派别之争与矛盾，村民们宁可选一个不住在村里的人做组长。青田的现任组长刘继邦就是一位在外的商的成功商人，他看起来不像一个农民，长得相貌堂堂很精神，开始时也有一番抱负，做好了充分的思想准备。也许是受乡亲们的请求盛情难却吧，抱着奉献的心态回来帮助家乡建设，为青田村民服务。他有一定的经济实力，能为青田的一些实际问题提供帮助。我平时都叫他刘村长，但由于他不在村里住，村里有问题和突发的矛盾往往找不着他，对此一些村民也很有意见。他一度产生了畏难情绪，感觉都是乡里乡亲的，谁都不好得罪，做事很难又出力不讨好。

乡建团队刚进驻青田时，许多村民带着怀疑和观望的眼光，有些人认为外来的人都是心怀叵测不怀好意；或者至少是奔着利益而来，肯定青田有什么地方让我们有利可图，就是现在看不到，未来也会产生利益回报。这些想法都很正常，不难理解。在道德垮塌、信仰缺失、

留守的老人

遗弃的民居
坍塌的老蚕房

　　社会责任感薄弱的今天，大家都是用经济收益和利益回报来衡量一切，
"无利不起早"这个古老的谚语，用在拜物主义盛行的今天非常恰当。
青田人的逻辑没有错，别人来到他们的家乡要干什么，唯一的目的就
是开发、经营，然后获利。无论打着什么美妙的"公益"和"慈善"

旗号，只是改头换面换了一个说法而已。在村民眼里，其实就是换汤不换药，他们见得多了，谁也不信了，也是被骗怕了。大千世界，芸芸众生，都是为利而来，为利益而去。这也似乎是社会上普遍存在的做事方式，很少有人可以摆脱这个逻辑。不管你说得再动听，村民也会认为你的目的隐藏在这些美丽的说辞背后。没有人会来村里做好事，特别是来青田这个没有什么资源的破村子。青田的村民也不会认为，更不会想到会有馅饼砸到他们头上，虽然他们每天烧香拜佛，但显灵的时候并不多。因为他们不再抱有幻想，充满对社会的失望。政府有一些扶贫惠民政策，落实到村民身上也所剩无几，就像水中扔下的石块，振动的波纹推送到周围，将会很快层层递减后，便消失得无影无踪。长此以往，村民就会从失望慢慢变成冷漠、从冷漠再到绝望和麻木，以至于对所有人都不信任，漠不关心也就成为常态。再说在今天的各界推动的乡村建设中，某些外来的人到乡村是为了利益，不是来抢夺土地开发地产，就是来侵占他们的家园来发展商业，遭此命运和下场的乡村为数不少，一旦陷落，将无法回头。

我曾经和村里的几个年轻人进行过一番对话，他们有不少问题想得到解答，他们有疑虑和怀疑，也抱有期待和希望。我也很欢迎这种沟通方式和对话渠道，毕竟青田是他们的家乡，年轻人又是青田的未来。我们不能一厢情愿地认为自己在这里奉献爱心，为青田复兴与建设出力就是政治正确，有必要与各主体建立相互沟通与协商机制。我们不能一厢情愿地认为自己做的事情正确，也不能单枪匹马地一意孤行，必须唤起村民对自己家园的情感与自信，也要以最快的速度唤起他们的热情与参与意识，让他们倾情投入到建设自己家乡的事业中来。我们早有打算，要有一个适当和适时的退出机制。当然，这个退出机制不是一走了之，从此不闻不问，而是想更快地使青田自身有良性发展，尽快使青田进入一个正确的轨道中。青田有的年轻人提出，你们来这里最终不就是想让我们有幸福的生活吗，其意思是说我们做的任何事情，就必须让他们满意，让他们满意才能幸福。村民有这个想法也无可厚非，这其实也是我们的初衷和愿望，但这个想法可能会有不同的解读和阐释，要看是建立在何种价值判断系统上。村民认为的满意肯定是建立在"经济富足"的理想之中，首先要想办法增加他们的收入，然后慢慢发财致富。我们要思考这个问题：是要促使他们"自己动手、丰衣足食"来勤劳致富，还是让他们坐享其成等待年底分红盆满钵满？一时我还没有答案。因为岭南地区的乡村均采用股份分红制，不像北方是把土地分给每家每户自己勤劳致富，不劳不得。青田也是每家每人均有不同数量的股份，水田都是公开拍卖承包，承包人交给集体的费用，年底统一分红。村民"丰衣足食"的理想其实也是我在"青田范式"中提出来的理念——"人与富裕的关系"，我们也要按照这个理念在青田逐步推进。

我耐心、诚恳地给年轻人讲了我们在青田将要做的事情。艺术家赤手空拳来到乡村，自身没有权力与资金，但艺术家是一个媒介，可以靠艺术家的影响力来吸引社会力量帮助青田，从而促使当地政府给青田具体的政策和资金的投入。重要的是，通过我们几股力量的关注与干预，至少青田不会被"开发"，这就完整地保护了你们的家园。我的这句话有村民不爱听，有个年轻人立刻对我提出质疑，让我印象深刻不能忘怀。他说你把青田保护下来就会很麻烦，我们希望有人来青田进行一次性的开发，有开发我们才能致富。你把青田保留下来了，没人来开发了怎么办？他的发难与质疑让我始料未及，竟然一时语塞无法回答他。我万万没有想到，还会有人希望开发他们的家乡。仔细想来其实也不奇怪，这是很多乡村里村民的想法，一次开发获得一笔补偿款。如果村子紧邻城市或者是城中村，村民会得到一大笔补偿，他们将一夜暴富，从此衣食无忧，生活与人生立刻改变。这位村民带着怨气而来，我才慢慢理解，此时我想任何大道理都无法说服他，他也不能理解我的想法和做法。我想了一想，只能用他能理解的道理和方式告诉他，首先青田周围都是国家基本农田保护地，明令禁止用于商业开发，如果能开发早就开发了，也等不到今天；再说青田这么破烂的村子，谁看得上它，没有企业有兴趣开发，也没有多少开发价值。我们来将它保护修复好，尽可能地提升它的价值，让社会关注，没准就会引来金凤凰。我这么说他听懂了。我特别强调，青田是你们的家园，我们只是外来者，想做点好事，但关键还是取决于你们，你们自己想把家乡建设好，热爱自己的家园，这很重要。不要急着发财挣大钱，挣大钱要自己去挣，而不是想方设法把自己老祖宗的这点东西卖掉；通过自己的能力和勤劳致富，这才是正道。你们哪位想做青田民宿或者和青田有关系的农副产品，乃至开个小餐厅，我都会全力帮助你们，免费给你们设计。我的话引起了他们的思考。

三年后，青田有了很大的变化，不仅村容村貌发生了很大的改观，村民的精神面貌也发生了很大变化。村民自信了，从他们的脸上看到了微笑，自豪感慢慢在他们心中荡漾。青田迅速获得了人们的关注，吸引了很多外来者参观。外来的客人都对青田赞不绝口评价很高。几年的乡建，没有大刀阔斧地破坏村貌，能感到青田的气质和内涵慢慢在恢复，这很不容易，村民变得很自信。2019 年 12 月的一天，我正带领学生在青田乡村建设展览馆布展《青田乡村建设展》，这个青田小伙子兴奋地走了进来："老师我要让我堂姐来青田看看，她从来没有来过青田。"我说："你堂姐在哪里？""她在澳门，是很优秀的画家，她经常去各地写生画画，还办过很多画展，我要让她来青田画画。现在很多人都来参观，还有学生在青田画画呢。"我有意说："你们这么好的关系，为什么她一直没来青田看望你？"他低下头，不好意思地说；"以前青田太穷了，破破烂烂的有什么好看的啊。"我颇感慨于他的转变。说得再多，也不如坚持去做，你真正做出了价值，村民自然会认可。你做的有可能不是他当初想要的，但他看到了家乡每天在往好的方向发展和变化，他自然也会认同。

话再说回来，说一千道一万，今天外来的团队救助乡村，如果一开始就想获得村民的认可，只要把钱交在他手里才可以，真金白银摆在村民面前就能看到反应。乡建团队开始想修复青田几个垮塌的老公共建筑，这些建筑修复好还是要还给村民，用于村民的文化生活。一开始政府并没有明确给改造资金，而是由榕树头基金会的企业家们出钱赞助修复经费，但有些村民还要求基金会出钱先租赁下来，租金用于年底给村民分红。当时我感觉这太不合情理，基金会拿钱修你们废弃的房子，修好给村民作为公共生活来使用，结果还要人家掏租金，凭什么呢？走遍中国大江南北，很少看到有乡村这么干的，这也有点太不厚道了。青田乡建团队并没有打算修复好之后作为商业经营使用，修复方案也向村委会汇报过了。青藜书院修好将用作"青藜讲堂"，为村民做一些有关乡村建设和乡村礼俗生活方面的讲座。传经家塾将用作"青天乡村图书馆"，供青田的村民及孩子们读书。村西老蚕房是用作"青田乡村建设展览馆"，也是作为公共空间和机构用于公益，主要是为了宣传推广青田的乡

破旧的书院

间建设成果。虽然后来这几个建筑的修复改造是由政府划拨的建设基金来改造完成的，但基金会还是交了租金。

现在有一种流行的说法，认为乡村建设必须把村民作为主体，这句话本身没什么错。比如要尊重村民的想法，考虑村民的诉求，让村民满意。学者专家为了政治正确都可以理直气壮地这么说，但这真是站着说话不腰疼。如果亲自面对村民，他就不一定会这么说了，至少也要具体问题具体分析。在什么语境中说这种？在何种立场中判断这句话，以及前后的逻辑之间有没有认识误区和盲点？能不能具体操作？结果如何评判？实际操作中所面临的问题和困境如何？所以我们不能简单地下这种结论。因为乡村的主体价值垮塌以后，村民的道德价值体系已碎片化，剩下的只有物质和经济价值的判断标准了。如果不满足村民的这一价值诉求，那他们就不满意，你做的所有的事情就没有价值。还有个问题，乡村有几百人，人们的想法和困难都不一样，那你以哪一个村民的想法为标准？如果把乡村建设和传统复兴当成简

青田坍塌的祖屋
与遗弃的牌位

单的扶贫，或者当成做好人好事，就会收效甚微。你满足他这个愿望
他还有那个愿望，等他的愿望满足了，收入多了，他也不一定将乡村
当成家园，甚至可能会毫不犹疑地抛弃家园去城里买房子，一走了之。
但问题是，艺术家一没钱二没权，不论怀抱什么伟大理想，仅靠自身
的这点热情是无法满足和支撑村民的物质要求的。所以，在乡村工作
中，村民和乡建者互为主体才是比较合理的。当然首先要将乡村和村
民作为主体，尊重在地的文化，尊重村民的诉求，这是必须的。但乡
建者也不能完全让渡甚至丧失掉自己的主体性，否则我们来到乡村就
没有价值和意义了。我们不是一个简单的扶贫和慈善组织，这不是艺
术家的强项，也不是艺术家能做好的事情。各个乡建团体都有自己的
特点和强项，乡村复兴是一个完整的系统，牵扯到方方面面，只要对
乡村有利都可以发挥自己的优势，这样才能切实可行地解决今日乡村
各类复杂多变的矛盾和问题。

　　几年来我们能在青田做一些事情，与青田留守的村民的信任和支

持分不开。这也是我们比较幸运的地方。不知从什么时候开始，乡村在我们印象中的祥和与安宁慢慢消失了，今天的很多乡村是缺少信任的，人与人之间的关系也格外紧张。特别是有些乡村还经常会爆发冲突，比如一些地方的暴力拆迁所引发的矛盾，还有一些乡村生态恶化、环境污染以及家园被毁，会引发一些或大或小的乡村暴力事件。政府与社会也为解决和平息这些事件和矛盾付出了很大的代价，乡村却也由此越来越动荡和不安。我第一次看见乡村冲突是在许村，一拨村民为了挖村边清漳河里的泥沙，与村委会发生了冲突，最后还是由松烟镇警察出面来协调解决此事。还有一次是村委会选举，一个农妇在投票处骂街闹事，可能这个农妇认为村里的干部对她在某些事情上处理不公，也可能是因为一些鸡毛蒜皮的小事，日积月累积怨成仇。我当时也想参与到一些村民之间矛盾的协调和对话之中，但非常困难，因为很多长期积怨造成的痛苦和创伤，一下子很难抚平，不可能马上化解。这让我认识到，有效的对话能让我们以新的角度看待冲突，并设身处地地想到村民的难处，他们总感觉没有受到公平的对待，特别是在面对或多或少掌握权力的一方。对话中，有些村民特别非常害怕由于自己的退让会带来更大的不公对待甚至灾难。只要想长期在乡村待下去，你就难免不会遇到这些问题和纠纷，选择逃避绝不是有效的办法，惹火上身也不是没有可能，因为乡村每天有可能处在这些看似微不足道的矛盾之中，包括土地的承包、宅基地和建房、有限的资源和上级划拨下来的利益分配等等。我们也曾参加一些乡村的政治对话，探讨乡村的未来和村民自身的权益，以及他们接下来的打算等一些实际问题。有些事情是可以在这种拉家常的方式得到解决的，不必总板着面孔一副公事公办的样子，或者凡事都要依靠行政和法律解决。乡

凋敝的乡村

村是个礼俗社会，传统社会就是这样解决问题的，以此有效避免小事闹大，大事闹出人命不可收拾的局面。沟通和协商会切实可行地消除壁垒和障碍。我非常赞同温和对话的组织者和协调人，这在乡村很重要，能让产生隔阂的双方坐下来，倾听彼此的声音，理解对方的内心。这里的村民都世世代代生活在一起，每个人都有不同的性格和差异化的秉性，也存在不同的需求和欲望，会在生产和生活中产生碰撞和摩擦，其实有些冲突也不一定会马上消除，可能会转化为一些有利的局面，也可能相反，但如果我们对这些有更深的认识，很多矛盾和冲突是可以避免的。据我们仔细观察，村民有很多办法来解决冲突，他们心平气和以后，也会找来中间人调解，但这个调解的人必须是公正的，否则会火上浇油、适得其反。有些人会对村民说，我们做的这些事，都是为你们好，这句话本身就有问题，我们在生活当中也经常会听到这句话，我们的父母也经常会这样说我们，其实就是居高临下地要让我们服从，根本没有和我们对话和协商的意思。我早年在工厂做工，也遇到过这样一个老师傅，他喜欢教训年轻人，甚至到了干涉别人的地步。经常振振有词地说，我这是为你好。我有一次实在忍不住了，就当面顶撞了他，我说我不要你对我好，我的父母这样说我，我都不会服从。因为你没有和我协商和对话，没有尊重我。在乡村也是这样，你不和村民沟通，总以为你做的所有的事，村民是会理解的，因为你认为做的是好事，村民肯定会理解和支持。这里面其实包含了一种统治和控制的意识，一味让对方服从很难产生有效的理解，是一种不平等的关系，这种关系妨碍了我们对村民的尊重。记得有一次我在四川美院讲课，一个学生问我，你是如何教育村民的，他们有时候不听话。他有这种想法我很惊讶。我说你凭什么教育村民，这显然不是一种对等的、相互尊重的关系。当一个陌生人闯到你的家里，要教育你，你能接受吗？就是这个道理。

艺术家介入乡村，必须寻找出一条与众不同的温和之路，成为乡村紧张关系的缓冲剂和调节剂，以其情感的创造力，调和化解、缓和并建立情感共同体，他不是一成不变的，也不是一种药方到处投放，而是随时随地倾听，去化解长期积累的矛盾和怨恨，去面对人们的灵魂，触动人们内心的情感，这才是乡村建设过程中最"艺术"的方式。

二、文化中的乡村

乡村被不同的文化所塑造、表述和想象。而此处的"乡村"既涉及观念、价值和意义，又与不同时代话语的实践方式、知识类型及文化主体的诉求相关联。具体而言，今日乡村被不同的文化价值所辐射。比如，传统的礼失求诸野，近现代的封建蒙昧，以及当代的牧歌田园；同时，也被不同的时代话语所笼罩，从经济层面的改革、发展到今日文化层面的介入及创新……而必须指出的是，文化中的乡村并非都是想象之物，它还在事实上造成了今日乡村社会关系的失序与重构，同时也使乡村的主体性变得更加模棱两可与更具争议性。

乡路漫漫

登斯楼也，则有去国怀乡，忧谗畏讥，满目萧然，感极而悲者也。

——范仲淹《岳阳楼记》

2013 年，由于我在山西许村率先做艺术乡建工作，在社会上取得一定的影响，经广东工业大学艺术与设计学院院长、著名学者方海先生鼎力举荐，广东工业大学陈新校长热情相邀，我来到广东工业大学主持城乡艺术建设研究所工作。前期以教学为主，主要是将自己的乡村建设工作经验用到环境艺术设计的教学中，但学校领导希望我在广东也做一个乡村建设的项目，以便结合教学实践。于是我就开始考察几个乡村，包括珠海斗门区莲洲镇，以及广州东边增城的几个乡村，都没有下决心做乡村建设。两年后，顺德区领导徐国元热情相邀，陈新校长也积极鼓励，开始我有疑虑，所以也就没抱多大希望。之前我没有去过顺德，只知道这个地区是个经济巨兽，家电王国，连续几年都是中国百强县之首。前几年的经济危机对东莞影响很大，但没有影响到顺德。因为东莞外来加工企业很多，国际市场一有风吹草动，马上就会受到影响。而顺德则岿然不动，因为这里大多是自主品牌，受外来的影响比较小。顺德充满活力，被称为年轻人创业的天堂，开工

厂做企业很合适, 相关配套政策也很完善。我几次从广州去深圳, 一路看到的大多是工厂和城镇, 几乎看不到乡村, 所以一开始我对去顺德也没抱多大希望, 总感觉那里已经没有乡村了。

2015 年 12 月下旬, 我终于动身去顺德考察乡村, 想看看那里到底还有没有乡村, 不知能否创造条件在那里做乡村建设。从广州坐车一个多小时到了顺德境内, 按约定先到了顺德杏坛镇的北水村。广东省工业设计协会会长胡启志在村头等我们, 一位在北水村挂职的年轻的书记接待了我, 并介绍了北水村的情况。我们先来到了村口, 广场广场还不小, 是解放以后建成的活动区域, 能看出这个村子昔日的繁华。有 "文革" 时修建的大礼堂, 虽然破败但还是能看出往日的规模。去镇上的公交车站在此, 有零星的村民在此等车。老礼堂对面新建起了一个体量巨大的农业银行。农行的旁边有一个菜市场, 来购物的村民不多，上午十点多菜市场就没有什么人了。广场对面不远，就可看见繁茂的榕树下有一座明代的拱形石桥，非常优美，提醒人们记住这个村落的历史。桥的台阶上坐着几位悠闲的老人。我们穿过石桥，进入北水，这是一个典型的岭南水乡，村落形态还基本保留下来了，不像其他的村落已经遭受不同程度的破坏。村落格局和体量很大，村中老民居也保留很多，但大多破旧不堪，人去楼空。河道污染严重。村中还有一排非常完整和优美的岭南粤式提耳房屋。这排老民居深藏在北水村村里，建筑价值珍贵。穿过一条老街，又可见两个河涌交汇处的优美的古桥，应该是清代所建。桥边有几栋老民居，这里是老村子的中心，有两家杂货店在此，村民在此买油盐酱醋生活用品。穿过古桥，有一座寺庙，庙里还有香火。走过寺庙不远处，就是北水村最大的尤家大祠堂，也是顺德地区最大的祠堂之一，被佛山认定为市级保护文物。但该建筑已经空闲搁置，失去了祠堂原有功能。解放后一直被作为村小学校使用，小学撤销后，一直废弃至今。因为年久失修，祠堂破败得很厉害。进门以后，看到了祠堂的原貌，院落很大，有些建筑已摇摇欲坠，亟需修复，但市里文保部门拿不出这么多经费来修复。看到如此体量和规模的祠堂，顿时感到尤家家族历史上一定很辉煌。事实果然如此，被称为"民国四大寇"的尤烈就在此出生长大。他早年随孙中山在日本加入同盟会，据说"中华民国"的国号就是孙中山和他商议后决定的。早前孙中山还到北水村来找过尤烈。听到此我肃然起敬，立马去了村中由一个小祠堂改建的辛亥革命元老"尤烈纪念馆"参观，我们这才完整地了解了尤烈详细的生平和不平凡的革命经历。从纪念馆左侧的小巷子进去不远处就是尤烈的祖宅，里面还住着一位尤烈的后人，昏暗的房间很小，墙上贴满了各个时代的印刷品，凌乱而破败。

2015 年 12 月，渠岩受顺德区政务委员徐国元邀请来顺德考察乡村
广工大校长陈新、艺术与设计学院执行院长胡飞来青田考察

后人也已是 80 岁左右的老人，干瘦矮小，热情的和我们打着招呼，手舞足蹈地说着我听不懂的方言，估计是讲述了尤烈的传奇故事。

第二天，我见到了顺德区农业局的相关领导，作为对口的主管单位，农业局从职能上管辖着全区的乡镇。他们早有打算，让我去顺德所辖的杏坛镇考察，因为顺德地区的现代化和工业化程度较高，许多乡镇已变成城市，真正意义上的乡村已经很少了，只有杏坛镇还保留了一些传统意义上的乡村。正是因为乡村多，他们的经济在顺德也是最落后的。我听了以后很感兴趣，首先拜会了杏坛镇政府及相关领导，向他们汇报了乡村建设的有关理论和许村经验。参加会议的有镇党委书记、镇长、分管乡村工作的相关负责人，以及几个村里的干部。我慷慨激昂地讲了两个多小时，感觉他们兴致不是很高，对艺术乡建工作也不大理解，也可能是我的理论和经验离他们的认知很远。

会议结束后，我就去他们推荐的杏坛镇著名水乡逢简村考察。逢简属杏坛镇，是顺德地区著名的水乡，也是镇政府最为自豪的成绩，明清时曾经辉煌过，商贾云集，有宋代石桥几座，梁氏、郭氏大宗祠坐落在此。据统计，逢简现存大小祠堂仍有 70 多家，大多为明代风格。其中，始建于明代，占地 2000 多平方米的刘氏宗祠便是佼佼者。当地引以为傲，作为乡村遗产，逢简首先被政府作为旅游被开发，几年下来，虽然投入不菲，但效果不甚明显难尽人意，旅游一直不温不火，口碑也是毁誉参半。我看到的却是一个和江南水乡雷同的旅游乡村，说乡村已经名不副实，有价值的区域都已被规划改造。整治后的效果可想而知，但从村落形态和建筑外观上讲，也和传统风貌大相径庭，逐渐丧失了原始自然和差异化的乡村，变成整齐划一规矩呆板的公园化休闲小区。乡村内核的缺失更大，从一个天地人神的乡村家园，变成了充斥着各类廉价商店的旅游市场。政府投入和社会开发的双管齐下，想法和初衷都是好的，但对乡村价值的判断出现误区和偏差。一般的乡村开发首先盯住基础建设，村容村貌是首先要做的，然而开发的结果却极为相似雷同，毫无新意地相互借鉴抄袭，反而没有自信和能力将自身的历史和优势发掘整理出来。你江南水乡有乌篷船游览我也有，你水乡民居挂满红灯笼我也不甘示弱。逢简的河涌主要游览街区，不但两岸民居门脸上挂红灯，就连水道两旁的大榕树上也挂满了一串串的红灯笼，恍如天天过年，夜夜笙歌。

逢简的建设和打造令人担忧，未来的命运也不容乐观，用现代化的方式改造被现代化裹挟的乡村，再为市场和商业服务，结果可想而知。一边是政府整治工程，渐渐使乡村消失；一边是居民无节制的商业改造，渐渐使家园变质。旧民居无节制的改造严重破坏了老街的历史风貌，随处可以看到拆掉老民居重建的旅馆客栈，其体量、风格与岭南水乡严重不符。单一经济体的无序开发，原住民的生活渐渐消退，乡村的文明属性和生活品质也被慢慢地蚕食。一路听到逢简的原住民抱怨颇多，虽然少数参与商业经营和出租房屋的村民得到了经济收益，但大多数没有在旅游开发中得到好处的村民意见很大。特别是现在还住在村里的村民抱怨更多，当然任何事情都不可能让每个人都满意，然而这么多村民抱怨那就不能忽视和充耳不闻。他们的抱怨大多针对生活不便，过多的游客严重影响了他们的日常生活，特别是周末和节假日，蜂拥而来的游客严重堵塞交通，甚至有时还要封路和交通管制，给村民的日常生活和出行外出造成不便和麻烦。

而作为乡村旅游目的地的逢简同样也让人不敢恭维。低端雷同的旅游产品和单一无趣的商业业态充斥着水乡的街头巷尾，两条商业街出售的产品雷同，一条街几乎都是卖双皮奶和和芝麻糊的，另一条街卖的则大多是从外地批发来的小商品，剩下的也是大同小异的餐饮小吃。只有少数村民在路边出售一些本地的农副产品。这些生态有机的农副产品反倒显得很接地气，有本地产的各类煲汤的干菜和鸡蛋花茶，也有各类晒干的鱼片和腌制的腊肠，还有一些新鲜应季的南方水果。可惜这些农副产品很少，也没有开发设计出很好的包装，所以感觉很可惜，没有商家在这上面下功夫。政府该监管的地方反而没有管理，也缺乏正确引导来提升品质。

长此以往，旅游市场也成问题，游客也会尽兴而来，败兴而归。令人惊奇的是，每年来逢简旅游的客人竟达到 20 多万。当然不是因为逢简这个村子资源有多宝贵，旅游产品做得有多好，而是因为广东地区的乡村旅游资源非常稀缺，城市人群也无从选择，特别是在广州周围一个小时左右路程范围内，几乎没有多少乡村旅游地可以选择。此外，另一个吸引外地游客的重要原因是顺德的美食，周边城市的游客很追捧这里的美食。一到周末，逢简的街道上都是城里来的私家车和旅游公司的大巴车，竟然还有香港过来的旅游大巴，据说香港开通了顺德水乡游的旅游项目，因为这里也是很多香港同胞的家乡，来家乡体验乡情美食是不错的选择，而且走水路顺德离香港不远。一到周末，吃饭的地方异常火爆，舒服的客栈民宿却很难寻觅，游客大多当天来回，很少在此留宿。吃上一顿美食，品尝当地小吃后抹嘴就走。乡村旅游和休闲项目也单调乏味，有些人到水中划船，有些人一窝蜂地在有限的景点前留影，村中镀金的假牌楼金光闪闪，不远处的尼姑庵拔地而起。逢简像一个很久被人遗忘的村姑，获得关注之后，立马被劣质化妆品涂抹得花枝招展，在游人面前不知所措地搔首弄姿。

渠岩陪同广东工业大
学校长陈新、艺术与
设计学院书记黄学茭
考察青田

　　我实在不忍心再看下去，一边是兴致勃勃的乡村干部滔滔不绝地
介绍逢简，一边是嘈杂的游客擦肩而过。当地干部也热情相约要我给
逢简的发展献计献策。我却惊恐万分，实在没有神丹妙药使逢简壮阳
回春。我只有礼貌地拒绝。让逢简重回到应有的乡村秩序难上加难，
就是硬回头，本地干部和村民也不一定会答应。我也毫不客气地表明
了我的态度，一针见血地指出其问题的症结所在，"逢简就像一个病
人吃了过度的激素，再也无法瘦下来了"。众人困惑不已。我原想用
一句狠话打消在此做事的念头，没想当地干部还是诚恳相求。他们问
我什么样的乡村你可以抢救，期待我在此地有所作为。

　　在农业局何允唐和叶彩洁两位局长陪同下，我们开始尽可能多地
考察杏坛镇所辖的一些乡村，如龙潭、古朗、马东、马宁。这些村落

渠岩团队在青田向徐
国元主席汇报工作

还都幸免于顺德城市化和工业化的飞速发展的影响，保留了较好的村
落形态和生态环境。因为这里水乡密布、河道纵横，属国家基本农田
保护地。我接连跑了几天，比较好的村庄也就是这几个。虽然还有不
少村子没有进去考察，但从旁边路过也能略知一二，大多遭到了早年
工业化的不同程度的破坏，或者被乡办工厂侵入，或者被私人企业开
发。沿途可以看到一些工业园区和工厂占用了乡村大片的土地，这里
虽然不像顺德其他乡镇一样工厂云集，但零星的塑料加工企业遍布整
个乡镇的各个角落。不少村庄渐渐被城镇所蚕食，富裕起来的农民也
毫不犹豫地将传统民居拆掉，改建成城市样貌的别墅，大多是模仿欧
式建筑。传统乡村一点一点消失殆尽，只有少量历史文化建筑和文物

遗址保存,或牌楼,或古桥,或祠堂,这些被文物部门明令保护的建筑,在城镇化发展的过程中幸免于难,但都非常尴尬地隐藏于被城镇化改造过的乡村中。我们所到这些村子,村里干部都会带我们参观这些文物保护的历史建筑,并如数家珍般地给外来者介绍。

何允唐局长又带我去了附近勒流镇的一个村子,我们转了半天没看到有任何村落的影子,在我看来,这俨然是一个车水马龙、高楼林立的城市。我正困惑不解,何局长说在行政编制上这就是村子,我说以前可能是,但现在完全看不出来是村子了。这就是一个现代化发展下新的城镇。何局长一脸困惑。我也困惑一脸。

接下来,我们到了杏坛镇最南端的马东、马宁两村。马东南临西江河马林水道,西江水发源于云贵高原。宽阔的江面从村子里流过缓缓汇入大海。这里是咏春拳的传承地,我们都知道李小龙的师父是叶问,但很少有人知道叶问的师傅是谁。叶问的的师父是陈华顺,陈华顺的家乡就在马东。所以,马东也是咏春拳的故乡。我在当地领导的陪同下来到了马东村,刚进村口就看见正在施工。村口建了一个大广场,被命名为"咏春拳文化广场",他们把练咏春拳的木桩拿出来作为符号,两个巨大超高的水泥桩矗立在村口作为门楼,成为咏春拳传承地的醒目招牌。我在这个村子看到了热火朝天的乡村改造运动,基层政府推动的"新农村建设"和"美丽乡村"计划,但普遍的做法还是以经济发展为目标,采用乡村村落整治和建筑翻新为手段的乡村改造,让人担忧。总之,经过几天的考察,我看到这些村子不是被现代化改造过了,就是正走在现代化改造的路上,无一幸免,政府和村民都别无选择。我当初的兴致也逐渐消退。

在顺德的最后一天,我们来到了古朗,听名字感觉很坚固厚重,

青田第一餐：在村民
瑞哥家做客

想象中应该愈老弥坚，我充满期待，进村以后非常吃惊，村落发展已
经无序和失控。村中心建有巨大的集市，但行人却在在拥挤的街道内
显得慌乱，集市热闹非凡充满活力，临近中午还是熙熙攘攘。杏坛镇
文宣办副主任刘伟杰在村口等待我们，他下午负责陪同我们在镇里所
管辖的村子参观，村长热情地接待了我们，首先让我们去村委会坐坐，
我实在不愿意再去麻烦他们。村委会都是千篇一律的空间环境，例行
公事的应酬，繁琐而敷衍，客套而尴尬。我说还是去看看村子吧。村
长带我们穿过脏乱的街道，来到一个明代的牌坊，看完以后，又走了
半天，周围的建筑都是近 20 年盖起来的，每个小楼都大同小异，有
些竟然完全一样。大多是村民致富后陆续盖起来的，二、三层居多，
外立面几乎都贴满了瓷砖，以白色为主，穿插和拼贴着一些流行的装
饰图案。粗鄙和简陋，草率而张扬，看得出来，每家试图在仅有的空
间里，把自己的房子面积最大限度地扩张出来。我们穿过几个街道，
路过两个水塘，这些水塘水质很糟糕。一个水塘的中间轰隆隆地冒着
一堆水泡，村长说这是农民承包的鱼塘，为了防止鱼缺氧而给鱼打氧。
穿过鱼塘没多久，我看到了一个花枝招展的巨大建筑，屋脊上新涂的
彩绘，有各类装饰飞禽走兽。村长说，这是我们最大的祠堂，据说祠
堂历史很久，但翻新后散发着庸俗的气息，完全没有宗教建筑所应有

的威严和肃穆。我们例行瞻仰一番。看得出来，他们拿得出手的就是
这几个孤零零的文物建筑。

我感觉到了事态的严重，乡村大多还是按遗产论来判断乡村价值，
不明白乡村是一个完整的文明概念，没有考虑乡村中历史的脉络和延
续的生活形态。孤零零地保存几个历史建筑，反而把乡村的完整性破
坏和割裂开了。他们认为这些建筑是有价值的，但事实上这些建筑体
现的不仅仅是其文物价值。他们大多又想用这类建筑来吸引外人的注
意，发展旅游经济，但又达不到这个效果；或者有了钱就投入到这些
建筑的改造中去，结果弄巧成拙，雪上加霜，陷入悖论和怪圈而无法
自拔。我告诉他们，这些建筑还是还原为它们本来的功能吧，不要对
之寄予过高的期望，它不能承载如此多的功能。你们要真想搞旅游，
还不如把村里的环境搞好，踏踏实实地做几个民宿，让人家来体会简
单纯朴的乡村生活，这比什么都强，真正找出具有优势的本地产品来
振兴经济和提高村民收入。

我们准备从古朗回顺德城区，几天的乡村考察使我兴意阑珊。陪
同我一起考察的刘伟杰看我有些失望，就小心翼翼地问我，老师你到
底想看什么样的村子。我看到他非常诚恳便不好推辞，就对他说我想
抢救一个你们都看不上的村子，一个在你们眼里毫无价值的村子，在
你们眼里或许是个破烂的村子，既不是历史古村落，也不是著名传统
村落。总之，不是文化遗产部门看得上的，没有所谓文物保护的建筑。
你们都认为没有什么价值的最好，因为你们认为有价值的，我不一定
认为是价值，我们的价值判断不同。再说你们认为有价值的村子，自
己就可以开发了，也用不着我了。我有一点私心，就是说，你们都认
为没有价值，到我手里做出价值，也显示出我的能力吧。我半开玩笑

地跟他说道，也想给他出个难题，这样我就可以不留遗憾地回广州了。刘伟杰若有所思后恍然大悟，我从他平静沉稳的表情中看出一丝不易察觉的微笑："我知道老师想要看什么样的村子了，走，跟我到我的家乡——青田村——看看吧，青田村就是你说的那样，落后和破烂，没人光顾和搭理，没准你会喜欢。"

我们一行人从古朗开车穿过两个村子，就进入纵横交错的水塘河道里七拐八拐，周围水塘里轰轰的氧气泵声让人昏昏欲睡。不一会就到了青田，我们走过村头的一座小桥进入村子，映入眼帘的是满池的荷花，沿着弯曲的小路，走到千石长街，一个完整风貌的岭南乡村尽收眼底。我大喜过望，兴奋地在村里小巷中穿来穿去，刘伟杰也看出了我的喜悦。青田属自然村，行政上隶属行政村龙潭，它有 400 多年的历史。青田村呈现出了特殊的岭南地域风貌，传统的线索清晰可见，历史的遗存有迹可循。它既是顺德文化的有机组成部分，又展现出水乡自有的独特魅力；既保留完整的村落物质形态，又延续了鲜活的乡村生活现场。小桥，流水、榕树、完整的水系围绕村庄。在这个平凡小水乡的背后，蕴藏着中华文明的神秘的密码。青田的世界既是易经的世界，也是血脉传承的殿堂，还是一个天人同构、天人感应的世界。青田建有一个完整的社会体系，民居、家宅、庙宇、书院，以及村中随处可见的土地信仰，构成了一幅完整的传统文明画卷，使人生不朽与乡村生活巧妙地合为一体。

我看到青田非常欣慰，没想到在经济如此发达的顺德地区，居然能保存下来这么传统的村落。刘伟杰告诉我，这个村子远离城镇，交通不便，所以一直没有受到政府和投资企业的关注，没有成为工业区，也没有被市场和地产开发包裹。

在乡村礼俗社会崩塌的今天，假如没有重新建立乡村道德秩序，只用经济发展的模式开发乡村旅游，以村民致富的方式来谋求发展，就算提高了村民的收入，但不从根本上解决乡村存留的问题和矛盾，不恢复传统乡村的道德伦理体系，这类急功近利的做法就会带来自我膨胀和物欲横流的后果。为了避免这种模式，必须寻找一种新的解决方案和乡村复兴的思路。有了这个想法以及具体的实践目标，我连夜做出了简单的青田建设路径和方案，然后就和镇政府开始了具体的交流与实施计划。镇政府非常重视，时任杏坛镇党委书记谢顺辉亲自挂帅，镇政府也配备了领导班子协调此事，广东工业大学陈新校长亲临青田考察走访，听取我们的汇报。我讲到了乡村复兴的意义和青田乡建的价值，很具体一点就是，乡村家园的价值自不必说，我们不希望顺德后代参观乡村要跑到其他地方。

广东工业大学艺术与设计学院书记刘琼辉在青田考察恢复中的桑基鱼塘

同舟共济

社会就是各种各样的活动和行动路线中的个体之间不断进行的协调。研究社会，就是要讲述众多的个体在象征性的常规里周而复始的交汇，这些象征性的常规体现了共同的形式以及无穷多样化的个体的意志。"互动"传递出这样一种感觉，即通过互动中的行动以及互动行动本身，个体的集合逐渐被融入一个不断发展的格局和线路中。

——[英]奈杰尔·拉波特 乔安娜·奥弗林
《社会文化人类学的关键概念》

我们总是习惯在自我认知的世界里思考与判断事物，带着习以为常的惯性来解决和需要面对的社会议题。长此以往，这种本质主义的观察方式会给我们的带来极大的认知盲点和行动障碍。所以，我们在具体的社会实践中，在面对社会实践中各种不同主体的相互关系时，必须充分尊重每个主体自由表达的声音和不同的观点，才会产生积极的互动和合理的反应，再由此协商出有效的议题和合理的结果；并在相互尊重、平等对话与沟通合作的基础上，为人类寻找出共同理想的现实生活与社会目标。

20世纪50年代，英国思想家以赛亚·伯林提出了一种价值多元

- 村民——在青田村生产和生活的村民
- 新乡贤——热爱家乡的青田官员和文人
- 村委会——青田村基层政权
- 榕树头乡村保育公益基金会——当地热爱公益事业的企业家
- 广东工业大学城乡艺术建设研究所——青田工作坊师生
- 杏坛镇政府——当地政府认可与支持
- 艺术家——热心乡村建设的公益艺术家与专家

主义的观念和理论，并以此将这种多元主义的主张视为自由价值的关键所在。伯林的多元主义信念成为他思想史研究与哲学论述的绝对核心。多元价值也是人类面对各种议题协商的前提条件和首要标准，在多元主体之间通过交流与协商，有效地达成共识和公平的合作基础，只有这样，不同主体之间才能在各自的信念、价值、利益甚至冲突之间寻找平衡点与共同价值。纵观人类历史，中国传统社会和与西方文明政体，都包含了以上观点和精神，也离不开"通情达理"和"相互认同"的同约理念，更离不开"诉诸人心"和"合乎情理"的普遍情感。所以，理想不仅仅存在于我们内心，存在于我们相互之间的彼此认同，也可以通过开放式的公开讨论，在各种不同价值体系的对话和沟通中达成共识。

在讨论乡村建设的平台上，在落实到各类具体实践的行动中，由于各个主体对这个问题存在着许多不同的想法和认知，有些人用经济

广东工业大学艺术与设计学院黄学荭书记代表学校祝贺榕树头基金会成立

资本市场理论来思考，有些人用行政治理的方法来判断，有些则用文化遗产保护主义来理解，有些则用迅速脱贫致富的解决之道；再加上各类参与乡建主体对乡村的认知局限与判断误区所造成的差异，都会给各主体之间的有效合作造成障碍和矛盾，甚至有时会出现很难化解或不可调和的地步，最后甚至不欢而散。这些不稳定的因素和现象，往往会动摇我们所倡导的公平和协商机制，也会与我们倡导的初衷背道而驰。这时候，适当的妥协就变得尤为重要，但前提是不能放弃基本的原则。在复杂多变的社会实践中，我们必须重新思考，从相对的"平等"起点出发，重新发起一种公平的对话机制，寻求有效的沟通方式、建立起相互协调的协商机制和沟通渠道。从这个积极策略和有效的路径来考虑，我们共同的乡建理想就可以在各个主体之间达成共识。我们从不否认会存在分歧和异议，这些争议和分歧也可能始终伴随着乡建实践的整个过程，但如果各方从公平协商开始对话和坦率交流，以致达成合作约定与共识，这对每一个主体形式和介入方式都会是有效的。既然要达到预期的目标，就必须尊重每个主体和个人的自由表达，认真地倾听哪怕是微不足道的声音，认可每个人的基本权利和义务，以及尊重他们在此的权益和地位。

在乡村在地实践中，由于不同的主体来自不同的社会阶层，各自都会带有不同文化背景和学科体系，每个主体都有着自己的理念和期待，他们采取的策略和手段不尽相同，由于来自或代表着不同阶层，他们在利益判断上也存在着分歧与想法。这种种差异和分歧，恰恰是彼此之间要面对和承认的多元事实，积极维系和链接彼此之间的关系纽带。除了当地村民，以及投身建设的艺术家和人文社科学者之外，在漫长的过程中还会有很多偶然与突发的因素产生，也随时会出现一些流动与混杂的不同主体，他们或者出于好奇，或者是工作原因，还有的由于其他原因所驱使，我们都要面对与评估，协商与对话，还要进行短暂的沟通或长期的合作。其中包括政府、企业、媒体、高校、志愿者等。多主体在共同参与过程中体现出不同的能动性，在相互对等的权力架构中，尝试进行平等的交流。互为主体的意义像是在交朋友。在乡村复兴当中，有你来我往的讨论，有统一达成共识，也有意见甚至抱怨，还有最终化解握手言欢。这都是人之常情，也是主体间性的动人之处。

大家怀揣着相同的社会理想，又带着不同的理念和行为习惯，都盼望着每个人心里对此事的理想和期待，这就是今天我们所要面对的现实。在这个纷乱的社会实践中，多主体之间不会主动寻求具体实践中的每一次默契，而是在矛盾出现的前提下发展出一种对话机制。只有这样，才能发挥和培育各主体的能动性，这些自觉的乡村行动者包括乡村志愿者、在地的村民、外地回乡的乡绅、基层的乡村管理者、民间团体和社会公益机构，也会逐渐适应和习惯他们以往不曾经历的体验。还有一个需要提醒的事实，即多主体决不是没有主体，不是毫无原则的和稀泥，不能将妥协退让变成消极因素，也不是各元素简单的集合和到场。我们只是提醒和提防任何一家主体的独大，并不是要让渡每一个主体的能动性，其目标是达成不同于以往的认知和建构一个以"多主体"为基础的的共同体。这是一个在具体实践中能达成的共同理念和自觉合作，也是极大地调动各方力量并整合各种资源的有效尝试。这种机制绝不会是纸上谈兵，遥不可及，而是在充分尊重各自的文化理想、浪漫情怀，以及富有生命力的创作中开始。这会重新构筑乡村建设中的权力结构和组织形态，探讨乡村实践中的有效推进和实践方法，在不断的失败和试错中获得宝贵的经验和理论，并尽量减少在脆弱的乡村中盲目建设的成本，避免以往乡村建设中大刀阔斧改造的风险。

2016 年初，我带领广东工业大学城乡艺术建设研究所的乡建团队进入青田，开始与榕树头村居保育公益基金会、顺德区杏坛镇政府、青田村民小组、青田坊慈善基金会、岭南乡村建设研究院等"多主体"合作的乡建"联动"实践。青田乡村复兴的实践开始启动。通过多主体的间性关系来协调解决乡村问题，在中国乡村历史上早已有之。"乡村社会中的纠纷处理，秩序维持的主体多元化，里长、乡约、保甲、亲族、宗族组织各类中见人、乡绅等多种主体承担包括诉状的受理在内的纠纷、诉讼处理的责任。"①

乡村建设中采用的"多主体联动"也就成为我的工作方法，这个

① ［日］中岛乐章：《明代乡村纠纷与秩序: 以徽州文书为例》，江苏人民出版社 2012 年，第 285 页。

方法即将在在青田实践中经受检验和验证。从 2015 年底来顺德考察，到 2016 年 3 月 19 日榕树头基金会的成立，除去春节假期也就不到两个月，能成立这个基金会速度还是很快的，这得益于当地早有这个打算，基础也非常好。我第二次来到顺德时，顺德领导徐国元约我谈乡村建设如何推进的具体路径。他们开始知道乡村重要，但如一团乱麻不知如何下手。搞乡镇企业发展经济他们驾轻就熟，乡村还没有完全进入他们的视野，但他们的嗅觉异常敏锐，感觉到乡村发展会成为一件未来的大事。对于如何发展？他们一筹莫展。他们也明白，不能用发展经济的方式对待乡村，发展模式已遇到瓶颈，也开始怀疑以经济增长考核政绩的模式，但惯性的乡村治理又无法破解现实危机。徐国元深知政府系统的优势和局限，他在体制内工作很多年，也清楚乡建之事不能完全依靠政府系统去做。他们做事是面对这些条件，审时度势地在夹缝中寻找解决方案。

徐国元知道这个系统的问题和特点，他像一个技艺精湛的技师，如果这台庞大的机器一时无法润滑启动，他就想方设法寻找能启动的一些部件，或者干脆另换思路发现外部其他的可能和机会，他很少有束手无策的时候，他会深思熟虑地积极找寻每一条通往理想的路径。社会资源能否成为乡建主力？如何操作？是先公益后经济，还是直接奔着经济发展去？我们开始了探讨和谋划。总结许村经验可以借鉴和参考。在政商关系好时，许村也都很难再做纵深的介入和建设，究其原因有二：一是在经济落后地区，政府官员就成为唯一可倚仗与信赖的垄断资源。有规律显示，越是经济落后的地区，想在政府机关做事和当官的人越多，因为单一的社会形态，不能成为实现多元价值的有效途径和平台。政府官员在掌控乡村建设的过程中，首先要考虑的是

杏坛镇政府，榕树头基金会和广东工业大学艺术与设计学院签订三方合作协议

官员政绩的风险性概率。在社会力量参与的乡建当中，这种评估风险的机制始终存在。因此，地方政府也无法在乡村经济发展的推进中成为主导，因为不能直接参与经济运作与商业经营。地方政府最多投入到有限的基础设施建设中，但也会在强力反复中遭受重大挫折以及风险。任何一个基础项目都要遭受政府管控机制的层层限制，所谓的"政治正确性"代替了复杂多变的社会现实，即使最后涉险过关艰难立项，但最终也几乎难逃"劣币淘汰良币"经济学规律，做出来的东西和理想已南辕北辙，甚至是面目全非。其次是经济落后地区社会资源甚少，地方微弱的经济团体和企业无法形成有效的社会力量，更无法成为乡村复兴的有效主体。再加上异常紧张和互不信任的政商关系，使社会推动的乡村建设举步维艰。

为了避免再走以上弯路，减少消耗，我们商讨的方法是双管齐下：政府主导这一前提是不能回避的，但社会资源的整合是非常必要的，最终通过社会投入来达到乡村的经济运转和有效发展。基本思路确定，一切通路都以此展开。一群怀抱理想与情怀的顺德企业家，于2016年3月19日在勒流的江义共同成立了"榕树头村居保育公益基金会"。徐国元为成立这个基金会做了大量的说服工作，他找来了一些热爱家乡和志同道合的企业家，而这个乡村保育性质的公益组织在顺德也是第一家。因为是第一次，民政局、工商部门和政府办的主管领导都不敢批。徐国元耐心地将成立基金会的道理讲给他们听，他们也对徐国元来推动这件事也抱有信心，最后得以通过。

成立大会在春雨中顺利进行，我也受邀见证了这一历史时刻。住建部负责乡村保护方面的领导也来了，省里相关领导和佛山市的相关领导也悉数到场，顺德区来祝贺的就更多了。广东工业大学艺术与设计学院的党委书记黄学菱也代表学校到场祝贺，顺德当地电视台的两位主持人主持了开幕式。开幕式还有顺德最具特色的咏春拳表演。借着基金会成立的东风，广东工业大学城乡艺术建设研究所、顺德杏坛镇政府和榕树头村居保育公益基金会三方签署了"杏坛镇青田村保护与建设合作协议书"，青田村的乡村建设项目正式启动。政府、社会公益组织和大学三方主体集结完成，青田乡建徐徐拉开帷幕。

我被榕树头基金会的这些企业家深深地感动，中国目前都很少有这样的群体，我必须要为他们画像，他们就是传统意义上的乡绅。传统社会里的乡绅在乡村发展中起到了非常重要的作用。"一个村庄有限的组织和活动，绝大部分取决于绅士——退职官员和拥有头衔的士子——提供的领导。经过科举训练，拥有特殊社会地位的人，经常积极地推动村庄的计划，包括灌溉和防洪工程、道路、桥梁、船渡的修建，解决地方争端，创办地方防卫组织等等。好不夸张的说，绅士是乡村组织的基石。没有绅士，村庄可以存在：但是没有绅士的村庄，很难有任何高度的有组织的村庄生活，或任何像样的有组织的活动。只要绅士有意维持其所在村庄秩序与繁荣，他们的领导和活动就会广泛地为他们的乡邻整体带来福祉。"①

杏坛镇政府是青田乡建实践的行政主管单位，在整个青田实践中起到了举足轻重的作用，它不仅仅是三个主要的合作方之一，还是作为最基层的管理方和具体项目的实施方。近年来，作为国家基层政权的重要组成部分，乡镇政府逐渐完善了乡村的治理能力，强化了国家行政权力在乡村社会的管理功能。"乡镇政府的正规划发展，正是美国学者舒（V. Shue）所谓的国家权力范围延伸的一个主要的手段和结果，在一般的印象中，乡镇政府的正规化，是经济改革以来小城镇发展的成果，视乎乡镇政府纯粹是一种顺应新的农村经济体制而演化出来的经济管理机构。从某个角度看，这样的印象反映了一定的社会现实，因为乡镇政府的正规化的一大部分内容就是行政管理机构的企业化。"②杏坛镇的党委和政府作为青田乡建的上级直接主管单位，起到了关键和决定性的作用，从前期给予我们绝对信任的的镇党委书记谢顺辉常委，到中途继任并给予我们巨大支持的镇党委书记柯宇威，都使我们感受到了作为主管的基层政府对青田乡村建设的重要性所在。柯书记年轻果敢富有活力，我们和他的缘分其实早在 2016 年就

---

① 萧公权：《中国乡村：论 19 世纪的帝国控制》，台北联经出版事业股份有限公司 2014 年，第 372 页。
② 王铭铭：《走在乡土上》，中国人民大学出版社 2006 年，第 131 页。

中国工程院院士孟建民在青田活动上发布"中国乡村文化活动日"

已建立，看来是巧合，实则为天意。2016年3月19号，榕树头村居保育公益基金会在勒流镇的江义村成立时，他就是勒流镇的书记，过了两年，他来到了杏坛当书记，我们很受鼓舞。这两年，他亲力亲为，每年大事小事都会来到青田，不论是为在青田各类活动站台，还是具体到落地青田的项目现场指导推进，他都会乐此不疲，事无巨细地过问各项工作的落实。自始至终关心青田建设的还有杏坛镇人大主席康永忠，他从早年任杏坛镇党委副书记开始到现在，虽职务变了但对青田的关心没有变；此外杏坛镇宣传文体办公室主任王传海，副主任刘伟杰，都对青田的发展投入了精力和热情。刘伟杰就是青田人，他对家乡的发展更是责无旁贷。龙潭村党委书记梁锦玱，也是自始至终关注和支持青田发展的基层干部，青田也是属他直接管辖，几年来，凡是有关青田的大事小事，他都会来到现场支持，特别是龙潭每年举行的端午"龙母诞"活动，他更是繁忙。欧阳国健作为杏坛镇的干部挂职到龙潭担任第一书记，对青田的工作也是非常操心，大到政策的执行和把关，小到每一件具体动作在青田落实，以及青田突发的一些纠纷和矛盾，他都第一时间赶到现场处理。有时候自己没有把握，他就会不耻下问地求教专家，也会给我打电话咨询。由于他的积极热情，避免了一些不必要的工作失误和差错。负责青田基础工程建设与维修老建筑落地的工作更加繁琐复杂，这个任务就落到了郭定洋头上，他是杏坛镇国土城建水利局副局长。青田的市政工程改造和老建筑修复项目，是属政府管辖和掌控的项目，包括前期评估管理、招标审核、工程实施以及工程完成后的验收工作，都由他具体负责，施工前后他都会在青田现场盯着，遇到突发事件就要及时处理。

我们在乡村做乡建工作的都知道，在一个陌生的地方要想推动一项活动和事物时，取得当地政府的认可和支持，寻求在地民间组织的合作，是绝对必要的前提和条件。在此我很感激顺德区相关部门，特别感激杏坛镇的各级主管与相关部门积极推进青田乡建工作，特别是做具体工作的同志们都很努力并认真负责，给我们这些不熟悉政府工作的艺术家和专业技术人员，把好政策关不至于犯错误。无论如何，政府部门采取的自上而下的行政体制，再加上政府逐渐收紧的管理措施，还有一些意识形态的考量与政策，都会给以灵活机动为特点的乡村建设，带来很多限制和约束。特别对艺术家来说，更加不能理解和适应，致使有些要求时间限制的活动与项目，由政府相关部门特有的条款限制，一时无法推进，这也并非是顺德地区特有的。遇到这种情况，政府管理人员也感到无奈，而杏坛镇的这些干部就会千方百计地为我们想办法，在不违反政策法规的前提下，机动灵活地处理和解决了很多实际问题。几年来，他们为我们的工作提供了很好的支持与服务，使各项工作有序进行。

　　广东工业大学艺术与设计学院和广东工业大学艺术城乡建设研究所，成为介入青田乡建重要的一支学术和艺术的力量。从大学到艺术设计学院都是鼎力支持，顺德当地政府也非常看重大学的专家资源和学术水准。陈新校长三番五次亲自到青田考察和指导工作，给广工乡建团队很大的信任和信心。艺术与设计学院的领导更是对青田乡建鼎力支持，学院党委书记黄学茭和院长方海，以及执行馆长胡飞都给予了巨大的支持和具体的帮助，特别是黄学茭书记从开始到她调走的几年时间，无数次来青田，要人给人，要物给物，并亲力亲为，想尽一切办法支持青田的工作。黄书记 2018 年调任校宣传部工作之后，也还分外惦记青田的乡建工作和进展，并积极推广青田乡建的经验，2019 年还亲自赴京参加了在中华世纪坛举办的《中国艺术乡建建设展》。方海院长也将青田艺术乡村实践作为学院的重点工作，给予支持，并从学术上给予提升，在社会上求得关注。在方海院长亲自挂帅和努力下，广东工业大学艺术与设计学院成功申请到了 2016 年度国家艺术基金"历史文化名村保护规划创意设计人才培养"项目，邀请众多专家学者在青田授课，培养了一批有志于乡村建设的学生以及相关规划创意与设计人才。几年来胡飞院长也从教学资源和师资力量上，不断地给予青田乡建有力的支持。艺术家介入青田实践的团队中，部分艺术家本身又是广东工业大学艺术与设计学院的教师，另一部分则是来自社会各方的艺术家。这些艺术家基本上都有跨界的丰富经验和跨学科的多重身份。

　　岭南乡村建设研究院在青田乡建开始不久就应运而生，它也是否

青田村民自治组织
"青田坊慈善会"在
青田发布活动

坛镇政府、广东工业大学艺术与设计学院以及榕树头村居保育公益基金会三方合作的乡建机构，集学术研究、专业服务、乡建实践三位一体。这个机构具体行使着青田乡建团队的大部分工作，并积极地将青田乡建的经验与社会分享，特别是对顺德地区的乡村建设提供学术辅导和技术咨询，并为社会各界的乡村建设经验分享、乡镇之间的经验交流以及助学研学方面提供专业支持。岭南乡建院主要由陈碧云负责日常的工作，落实青田的各项工作推进，处理顺德区和杏坛镇政府之间的许多协调沟通工作。

政府、社会以及大学的资源和条件都整合好了，只等青田村民的认可与参与，这是最难也最关键的一环，是异常艰苦和漫长的一个过程。这是所有的乡村建设者都必须面临的考验。我早已做好长期作战的准备。青田村民的参与与否，是青田乡建成败的重要标准和关键所在，青田村民是乡村复兴的过程中最重要的力量，他们才是乡村的真正主体。尽管有些村民的想法与艺术家的理想有吻合之处，但也有很多差异与不同，村民普遍关心的还是经济收入的增长与生活水平的提高，开始并不是特别关注乡村精神层面的升华和礼俗文明的复苏；另外，村落环境的改变和生活质量提升也是他们所关注的。他们亟待解决的问题是脱贫致富，希望通过快速经济增长来改变自己的困境。外来者看重的则是整治生态环境，还以绿水青山，并希望以此作为村民致富的资本和前提条件。其实村民们和艺术家的关注点之间并没有实质性的矛盾，但不能操之过急，要有个循序渐进的发展过程，有些矛盾和差异也会在推进的过程中缩小和化解。总之，乡建必须从长计议，否则会事倍功半，做出一锅夹生饭。

虽说艺术家是乡村外来的介入者，但也不能将艺术家的主体性完全让渡给村民。当下村民的价值取向依旧受资本和权力的影响，如果主体性仅仅只是建立在功利判断之上，乡村复兴可能会陷入一轮新的困境。我们既要提升当地村民的经济水平，又要让村民接受乡村复兴的完整理念，同时还能让他们保持耐心并积极参与其中。同时外来者的主观意识也不能有占上风的想法，不能使之成为居高临下的扶贫帮困项目，更不能使乡村沦落为千篇一律的观光旅游村。任重道远，必须让村民真正作为主体，主动地参与到乡村复兴之中，让这些与地方最为亲密的人们在此过程中发挥出更大的作用，促使青田村民与其他外来者之间达成平衡，这些都是我们在接下来的实践中必须面对和解决的问题。

青田有一批可爱的村民，他们非常热爱自己的家乡，也在坚守着自己的家园。他们有的在青田务农，也有的在附近乡镇工作，但都怀着对家乡的赤诚之心。我记得第二次到青田，就遇到了几位热心的青田村民。当时的村级领导正面临交替，我在龙潭行政村梁书记的陪同下来到青田，这些村民给我留下很深的印象。虽然当时语言不通，交流不多并且也有障碍，但从他们的态度和表情上，我感受到他们对我们乡建团队的期待和认可。我对今天的乡村有很深的了解，也有在山西许村十年的经验，什么困难我都会想到，什么问题我都能面对。

我到青田认识的第一位村民是刘瑞庆，大家尊称他"瑞哥"，还有麦哥和允平，他们三人在青田乡建中起到了积极的作用，我称他们为青田"三剑客"。初次见瑞哥就如沐春风，感到他和蔼可亲。由于语言障碍，并没有交流太多，只感觉在村子里还有这么几位热心的村民实属难得；同时我也抱着审慎的态度想继续了解他们。因我常年在乡村，见到过很多老乡，虽大多还保留淳朴的品性，但也遇到过各色各样的人等。在今天的乡村，真正热爱家乡公共事务的农民已经不多，有些村里的事务和公共活动，动员村民参与非常困难，有些地方必须要给村民报酬，即便是自己家乡的事也得如此。我见得多了，也往往就不抱很大的希望。随着在青田的常驻，对瑞哥他们的了解逐渐增多，慢慢地我才改变了看法。记得在青田的第一顿饭就是在瑞哥家吃的，瑞嫂和瑞哥一样质朴坦诚，热情待人，勤勉持家，是典型的广东妇女。瑞哥生活美满，一双儿女也已成家立业，儿子远在福建做生意，常年不在家里，女儿嫁得不远，在顺德城区大良做生意。那天正值女儿女婿一家人回娘家，还带了一个漂亮的小外孙。看得出瑞哥一家和谐美满，其乐融融。瑞哥并没有像其他农民一样，投奔城里的儿女安度晚年。随着慢慢地了解，我发现瑞哥肯定不愿意在陌生的城里过单调乏味的日子，青田是他生于斯长于斯的地方，有很多他牵挂的东西。他曾经做过青田的村长，当然那时这里称生产组长，习惯上还存有关心公共事务的兴趣以及从事族群慈善活动的热情。青田唯一的生产活动就是

青田村民刘丽洁在青
藜讲堂发言

养鱼，由于人多塘少，青田的鱼塘是通过招标来获得承包权的。瑞哥
已 60 多岁，也就没有承包鱼塘，但他每天还是很忙碌。每天早晨起来，
瑞哥拿着渔网，在门口的河涌里上撒网。瑞哥撒网技术娴熟，基本上
每网不会落空，早年我在青田时，跟他学了一阵子撒网捕鱼，由于技
术不过关，经常颗粒无收。由于村里河涌污染严重，瑞哥捕上来的鱼
基本不吃，而是留给自家养的几只大乌龟吃。瑞哥运气不错，经常能
在河涌里捕到红色的锦鲤鱼，这时他会立马送到我们住所的水池里养
起来供大家观赏。我不在青田时，经常会收到瑞哥的微信。瑞哥会在
村外水质干净的河涌里，打上几尾野鱼，说是给我留着吃，我想他是
盼我回青田了。后来瑞哥负责桑基鱼塘的打理。我观察到，瑞哥对鱼

塘养殖非常丰富的经验，特别是自家后面的鱼塘更新后，现在是清澈见底，水质发生了根本的变化，红鲤鱼在鱼草里欢快地游弋。这都归功于瑞哥的辛勤打理和细心的呵护。来青田的人看到这种变化都惊奇不已。乡村建设中的面子工程太多了，没有多少从乡村生态入手改变乡村环境的案例，因为这要几年的时间才能见效。瑞哥像传统乡村里的秀才，每天还练习书法。他写字练书法完全为了修身养性，通过书法沉淀自身的浮躁之气，实属难得。瑞哥不但习书法，兴致来了也会诗兴大发，前面说到的"青田八景"就出自他的手笔；最近又有感而发写出了一首新诗，并获得顺德区乡村振兴诗歌比赛大奖。他在新诗中抒发了对家乡赞美之情之外，还描述了青田发生的变化，同时也没忘展望家乡的未来。有诗为证："青田撷胜：苍苔僻壤蕴乡愁，名不经传画静幽。左右二楼如鹤立，东西九巷似龙游。一枝独享知音醉，八景同辉美誉酬。范式蓝图临福地，古村今日再风流。"瑞哥他们在青田家乡的坚守非常重要，他和麦哥、允平几人真诚地热爱自己的家乡，并想让自己的家乡焕发活力和魅力，他们积极参加乡建团队组织和发起的活动，从不抱怨和计较。千万别小看这些事，体现的也不仅仅是热爱家乡这么简单，而是他们从心里深深地认同我们对青田的投入和建设。我看得出来，他们是怀着感激之情，欢迎和认可我们外来者的在青田的实践。许多时候，他们还会经常力排众议，对一些早期不理解，甚至几年以后还不理解的少数村民，做了很多解释的工作。为此瑞哥也会遭遇一些村民的冷遭热讽，也会有委屈，但他都看得很淡，不太计较个人得失，一笑置之，该干什么还会去做，作为一个普通村民实属不易。这几位村民的的可贵之处就是坦然淡定，没有私心，一切都会从容面对。麦哥气定神闲，生性乐观，看似外表平静如水，波澜不惊，但为人极其真诚善良，古道热肠。公共活动随叫随到，默默去做；虽然他不在村里住，遇事也都奋勇当先。刘允平性格耿直，热情似火，嫉恶如仇，遇到不平之事敢于挺身而出，敢于担当，在他的微笑中能看出坚毅的神情与真诚的内心。遇到有些不解或困扰的事情，他会给我打电话商议，并积极寻找解决的办法。这几位村民，撑起了青田乡村村民优秀的品质与精神。

艺术家在青田乡建中的引领作用外，学者专家团队也起到了非常重要的作用。特别是对艺术家产生影响的社会科学的思想资源和跨学科的方法，有效地弥补了艺术家由于局限于单一学科造成的障碍和不足。除了北京大学人文社会科学研究院给予我们长期的支持之外，北京大学社会学系教学科研实践基地于2019年11月16日在青田挂牌。针对乡建中不同阶段性和不同项目中出现的知识短板和学科局限，我们邀请相关学科的国内外专家提供资源和帮助。几年中，我们先后邀请了多批次的国内外优秀的社会学家、人类学家、历史学家、文化研究学者、艺术评论家、艺术史论专家、建筑与规划专家，他们都给青田的乡村建设和文化艺术项目提供了很好的智力支持，并收到了很好的效果。

多主体在地实践的联动机制，是我在长期乡建工作中总结出来的经验和方法。事实证明，这个方法在乡村实践中是有效的，它可以避免任何一个单一主体一家独大的问题，也可以有效地避免艺术家群体出现精英主义的问题。"对话、竞争、妥协、合作和集体行动是多元共治中的五个核心机制，其中合作是最重要的机制之一，在此我们重点讨论经过对话、竞争、妥协后形成的合作机制。随着民主政治、联邦主义、分权、政治参与、社会资本、文化等概念的介入，国家与社

渠岩与青田年轻
村民座谈

会的差异乃至对抗的零和博弈已经过时。一方面，改革开放和市场经济的飞速发展加剧了财富的不断积累和社会两极不断分化，社会冲突和矛盾日显突出；与此同时，在体制转轨、政府改革和社会转型的进程中，政府自身面临全面的职能转变和转型，国家与社会关系格局也面临重新建构，而公共需求不断增长与各级政府公共服务供给严重不足等矛盾加速了政社合作的进程。"①在面对乡村复杂的社会实践中，多主体协商和联动，已成为今天乡村建设中不可忽略的方法与策略。这是一个民主的过程，各个主体都能有效地动起来，乡村也就会回到一个良性的机制上来，从而避免了当年梁漱溟先生在乡村中所遇到的尴尬："乡村运动，村民不动"。几年青田的乡村实践证明，这是一个行之有效的方式，在这个良性的互动机制中，乡村有序地向前发展和迈进。谁说了都不算，但谁说了又都算，谁有道理谁就说了算。这其中当然要有对话、讨论，甚至争得面红耳赤，但都是为了一个目的，就是让青田往好的方向发展。为此我也做了很多妥协。青田的主体是很多的，不只是我前面说的几大主体，还有在做一些具体事情时会突

---

① 王名等：《社会共治：多元主体共同治理的实践探索与制度创新》，中国行政管理基金项目，国家社科基金重大项目"反腐败法治化与科学的权力结构和运行机制研究"（编号：14ZDA016）成果。

北京大学人文社会科学研究院常务副院长渠敬东教授来青田考察

然之间出现一些主体。具体来说有村民、村委、龙潭行政村领导、青田第一书记、榕树头基金会、艺术家团队、文化遗产保护的主管单位、政府中标的施工单位、外来投资的商人、新乡贤代表等。每一件事就会有相应的几位主体代表出来协商，一旦主体缺位，协商缺失，就会出现问题，有时矛盾还会激化，带来一些意想不到的麻烦。

比如，在青田基础建设改造项目的实施中，千石长街的路灯选择就一度出现了僵持不下的尴尬局面。施工队选择了一款恶俗的欧陆式路灯，我感觉与传统村落的环境不协调，所以就从审美的角度考虑，认为把50公分高的低矮路灯布在石板街和荷花塘之间比较好。为此我专门跑了一趟中山灯具城，选择了一款比较满意的地灯。但负责监理工程的青田队委代表死活不同意，他反对的理由是地灯太矮，怕照不到路面，一定要用高出地面3米左右的欧陆款路灯。我很无奈，但也妥协并接受了村民的意见。人家就喜欢这款，我必须接受。同样的妥协也会发生在他们身上，对一些建设问题会为我做出妥协，这我也很清楚。比如有一次，青田第一书记欧阳国健来找我，说要在青田的显要位置建立统一配置的党建公园，我也找不出直接反对的理由，因为这是基层党组织的任务和工作，人家是要接受上级考核的。但我跟欧阳书记说，党建公园不是不能建，但建在石板路上会影响青田村落

渠岩为榕树头基金
会捐赠版画作品

的景观，你可以建在村里的其他地方，他也妥协了，就没有在村中显
要的位置建政治宣传的设施。我后面也会说到，顺德区的文物保护部
门及施工单位，在维修青田碉楼的过程中，维修方案既没有给我看，
也没有征求村民的意见，而是搞了一个仿古建筑方案。我们都不知道
这事。他们搭了一个严密的防护网就开始干了，施工快完成了被村民
发现叫停，经过几方协商，文保单位的施工方妥协整改，最后取得了
相对满意的结果。

　　由于介入青田建设的几方主体的文化差异巨大，在乡建的价值判
断上也出现了很多偏差和误区，在这方面我做了大量的启蒙和宣传工
作，有时也要耐心等待人们的觉醒和进步。另外，我们必须充分尊重
村民的意见和建议，在具体实施的过程中，这方面带来的问题和矛盾
非常大，但不可否认的一点是，乡建必须在对话和协商中推进工作。
经过几年的尝试，青田乡建多主体之间形成了良好的对话和协商机制，
以及互信和协调机制。这是一个漫长的过程，沟通、交流、协商、磨

合乃至妥协，都成为各主体之间在乡建过程中所要经历和考验的过程。中国人自古缺少公共集体生活，乡村更加如此。社会组织在民间活动以西方最多，他们已形成长期的公民社会传统，中国传统组织则以家族宗族形式出现和凝聚，普遍缺少公共意识，也缺乏公共协商与团结精神，被称为"一盘散沙"也不为过。"乡镇地方之事，由地方官以命令行之，大家听从没有话说；或有一二领导做主，亦可行得通。一旦地方官好意召集众人，以问题付之公议解决，往往就议论歧出，商量不到一处，事情反而办不动。此时再下命令，他们亦不愿听了。总之，或者受人支配做一个顺民；或者让他做主，众人都依他的。独于彼此商量大家合作，他却不会。凡此种种，例证甚多。时论所讥'一盘散沙'，没有三人以上的团体，没有五分钟的'热气'大抵如此。"[①]

总之，"事情好办，伙计难搭"，国人有这传统，随着时代的发展虽有所改观，但长期形成的民族气质和文化特征仍然存在。就这点而言，南方比北方要好很多，受外来文化影响，现代意识增强，社会组织与团体众多，公民意识与社会活力相对更强。我们必须知难而上，因为乡建主体越多，事情会越复杂，到头来会各行其是，相互扯皮。好在青田地处市场最开放与经济最繁荣的珠江三角洲，有历史和地域长期形成和培育的社会基础，也有很多非常活跃和成熟的社会与民间组织，当地政府也相对也比较开放，少有束缚。这都是得天独厚的乡建优势和条件，后来的实践和事实证明果然如此。虽然我在青田也遇到了许多问题和矛盾，但现实就是如此，中国并没有一个"无问题的乡村"，也不存在"无矛盾的乡建"。中国的乡村文化与现实困境，

① 梁漱溟：《中国文化要义》，上海人民出版社 2005 年，第 61 页。

没有任何时代会像今天这般纠结和矛盾。如何重拾失落的历史，如何再链接久远的文明，便成为今天亟需解决的问题。如何让乡村不再只是冰冷的躯壳，而是重新恢复成为充满人情味的共同体，重新确立人的主体性，保护人的核心价值，激发对生命的尊重，都是我们在当下及今后发展过程中必然要考虑的。这条路注定曲折而漫长，艰难而反复，我们有信心，任重而道远，唯其如此才能使乡村实现文明复苏以及继续它的前世今生。

青田范式

《青田范式》——中国乡村文明的复兴路径：是建立在对青田乡村地方性知识尊重的基础上，强调地方性（特例）的青田范式（经验），将以地方性成为主线。这九条包括乡村的历史、政治、经济、信仰、礼俗、教育、环境、农作、民艺、审美等各个方面，并成为完整体系进入青田，每条再以具体的线索作为基础元素展开，作为地方性传统来和时代衔接，并形成新的文化价值与社会形态，建立丰富多彩的"乡村共同体"社会，以期使乡村走出困境并有效解决现实问题。

青田是广东的一个普通乡村，在强势的工业化冲击和城市化裹挟中幸免于难。青田呈现出特殊的地域风貌和独有的乡村形态，传统线索清晰可见，历史遗存有迹可循。它既是岭南文化的有机组成部分，又展现出水乡特有的独特魅力。既保留了完整的村落物质形态，也延续了鲜活的生活现场，呈现了完整的乡村形态与文明秩序。青田同样也遭遇了现代化发展的蚕食和影响，乡村伦理和秩序也遭到了不同程度的瓦解和破坏。

我们从青田可以接续依稀可辨的历史线索，点燃奄奄一息的文明余烬，与多主体的在地社会实践中，尝试重现中华精神文明的乡村现

2017 年 3 月 19
日，渠岩在青田
发布"青田范式"

场。青田实践将采用文艺复兴的方式，找回失落的文明。当代艺术具
有超强的时代引导性和广泛的文化辐射性，为乡村注入精神和灵魂，
使传统文化中富有生命力的部分得以激活。具有灵魂和生命力的创意，
不但可以提升本地的文化价值，还可以有效地带动与延伸相关的文化
产业链，并将民俗文化保护、文化旅游、有机农业、休闲度假等一系
列经济产业联系起来。重要的是，我们还要在乡村经济发展的同时，
恢复长期被社会改造破坏和疏离的乡村伦理与道德秩序，恢复家序礼
教和文明礼仪，并使之与时代衔接，构建完美的乡村社会。

　　通过青田多维的透视角度，找到中国社会转型的很多关节点。青
田地处珠江三角洲，是中国最发达的地区，市场经济繁荣，而乡村文
化传统又有大量遗存，两者之间的关系乃至张力，是观察中国社会变
迁最好的视角，能激发出很多重要的理论问题。青田的乡村复兴，不

中国乡村复兴的文明路径

只是具有保护这个特定村落的意义，也不仅仅是发展乡村经济和保护乡村物质遗产的价值，而是通过具体的乡村实践，考察和印证中国文明现代化转型这一完整课题的理论意义。

我们在对青田地方性知识尊重的基础上，在追寻青田文化脉络的线索中，在思考与今日社会链接的前提下，做出了"青田范式"的思考和建构，希望以此来构建中国乡村文明的复兴路径。这九条"青田范式"绝不是凭空想象，也不是无中生有，它们是建立在青田的内生逻辑之中。它们分别是"人与神的关系""人与环境的关系""人与人的关系""人与家的关系""人与农作的关系""人与物的关系""人与富裕的关系""人与灵魂的关系""人与圣贤的关系"。都可在青田村找出清晰可辨的历史线索和文化遗存，这将是一个完整和充满活力的乡村发展图景，而不是单一经济功能的商业发展逻辑。

与其空喊不绝于耳的"文明复兴"口号，不如青田"连接文脉"来得更实际可行。所谓"文艺复兴"并不仅仅是文学艺术的繁荣，是通过"连接文脉"接触民族最本质的文明核心；是人的主体性确立，保护人的核心价值以及对生命的尊重。我们将通过长期的深耕和实践，以期恢复和接续"地方文脉"，实现对乡村文明的全面复归，解决今日乡村的社会危机与现实困境。同时，这青田九条范式，也可以为今日中国乡村建设实践提供借鉴和参考。虽然中国民族众多，地域差异很大，任何模式都不能简单生搬硬套，都要尊重不同的在地知识和历史经验，但这些经验是可以相互通约，内生的逻辑和共同的文脉可以相互借鉴。有些乡村遗存丰富，有些地方文脉缺欠，有些恢复以来容易，有些则无法接续。

我们必须清醒认识到，任何外部文化群体中的行为主体都会带着自己先入为主的价值判断，并携有自身的文化身份和对乡村的认知态度介入到乡村社会之中，从而形成了关于乡村社会的多重表述。所以介入青田，我们首先开始了在青田学习的一个过程，必须保持一个谦虚的态度来了解青田的特殊性存在，尽快洗刷被常识化或刻板化了的对乡村认知。更需警惕的是，我们往往会有意无意地携带对现代化的不满，别有风味地酝酿出一种或几种对乡村社会危机的自我想象。而这种发自主观愤懑的想象常常会遮蔽掉乡村的历史真相和多种文化可能性存在，漠视了对于青田地方性知识的尊重以及青田乡村的特殊性。并随之也会漠视青田自身逻辑中的能动性与创生力。如果艺术家和社会介入者不能收敛和克服保守和妄自尊大的态度，不但无法切入到青田社会民众的心灵世界，也无法让艺术家社会介入的初衷落实到当地社会。另外，还要注意到青

刘氏大宗祠

青藜书院

关帝神厅

田社会在变化的历史事实中自我转型和调配能力，以及与不同权力主体之间关系的暧昧与多样，从而避免将青田社会简单地放置到一个与变化的世界势不两立，或是与假想的敌人永不妥协的对立公式中。

任何理论都要经过实践检验才能彰显价值，但至少我们在长期的乡村实践中发现了这些深层的危机和所要面对的核心问题，以及自身在乡村实践中积累的经验教训。我们也知道，理论建起来容易，实践起来将会非常困难。未来的青田实践我们也无法预测，乡村百年顽疾很难短期治愈，会为我们的实践带来巨大风险和不确定因素，但至少我们找到了今日乡村真正存在的问题和合理的解决办法。重要的是，我们从青田当地村民、基层干部、企业家和志同道合的朋友中看到了希望，看到了他们对自己家乡由衷的热爱之情，对日渐消逝家园的深切忧虑，以及对家乡复兴的热切期盼和无私奉献。这将给我们巨大的力量和勇气一起前行。我们不会考虑成败得失，也不会退缩抱怨。因为我们已经别无选择，乡村也没有多少时间再等待我们。结果并不重要，就是失败，也有价值，也会给后继实践者提供思想资源和经验参考，以便后继者能继续前行。

刘家祠堂——人与灵魂的关系——（宗族凝聚）

"礼失求诸野"，"宗祠"振兴的意义是衔接传统习俗和族群凝聚。

风水家园

和谐青田

乡村的显性价值体现在祠堂。通过对青田"刘氏宗祠"的修复振兴，可以重新唤醒地方传统的习俗延续，经过当代性的转换，使宗祠能与今天的生活连接。今日宗祠复兴是借助传统文化，解决由于乡村凋敝造成的族群关系危机，并将其积极融入时代中。重新凝聚族群并唤起族人，对青田发展将产生重要影响。

青藜书院——人与圣贤的关系——（耕读传家）

青藜书院是青田村塾，是青田传统乡村教育的重要遗存，也是中国传统乡村特有的教育组织，对传统乡村的人才培养起过重要作用。我们将在原址上恢复青藜书院的教育功能，并以此作为青田乡学的现场，成为对外文化与思想交流的平台，形成青田特有的文化影响力，再对青田村民产生文化辐射作用，书院即为"文脉"传续的平台，成为与现实社会衔接的现场。

关帝庙堂——人与神的关系——（忠义礼信）

关公是中国社会重要的信仰偶像，民间祭拜"武圣"是出于对忠义仁勇之敬畏。关帝在广东为南财神，与岭南商业文化发达相关联。青田为刘姓，又可衔接刘关张兄弟情义之"文脉"，形成特殊的青田元素。青田村中有关帝庙，每家也都供奉关帝，关帝香火延续至今。我们要在青田使关帝信仰与时代衔接，强调关帝在乡村社会中的公共关怀。

村落布局——人与环境的关系——（自然风水）

青田地属岭南，气候温热，水系环抱，沿村落环绕的河流水系完整。"风水塘"坐落村中，世代护佑青田子孙，形成了安详紧凑、多彩优

青田家园

桑基鱼塘

渔业丰收

美的岭南水乡特色，成就了青田独特自然风貌与村落形态。也塑造了青田村独有的生活体系。为了修复和完善遭到现代性破坏的青田村落，我们将依据"水系之力"，治理环境，修复和完善乡村自然风貌和人居环境。

礼俗社会——人与人的关系——（乡规民约）

乡村中隐形价值就是礼俗。礼俗社会崩解，是今日社会道德溃败的原因。传统社会的乡村伦理和社会秩序，是在不断进行的家礼实践中得到申明与强化的，并逐渐构成乡村社会最为核心的价值观和文化

传统。要解决社会道德危机，必须从重建礼俗社会开始。也是治疗由
治理术下的制约性和惩罚性带来的社会病症。只有在青田重建礼俗，
培育美德，美好家园才能成为现实。

老宅修复——人与家的关系——（血脉信仰）

老宅涉及信仰，既是香火延续的空间，也是血脉传承的殿堂，是
家族文明的灵魂所在，血脉由它来承载。叶落归根是归到家，归到老
宅，人之所由来的生命根基和支撑平台也是老宅。没有家就不成家乡，
也就没有乡愁，老宅在乡村非常重要。在青田修复老宅，印证刘氏一
族血脉的神圣——将子孙的现实的生命，与遥远的灵化的生命相连接，
构成一条生生不息的生命之河。

造船作坊

桑基鱼塘——人与农作的关系——（生态永续）

桑基鱼塘的生产方式，构成了青田传统的农业生态循环。由于近代乡村功能化和追求高效率的生产方式，破坏了传统自然循环的生态系统。在青田重建"桑基鱼塘博物馆"，不仅是对生态农业的重视，也是链接传统文脉，它超越了生产性并上升为一种乡村文化，以此与时代相衔接，进入更大的社会空间，形成文化辐射力和良性互动，并有助于青田的各项产业发展。

物产工坊——人与物的关系——（民艺工造）

乡村本来是多彩的生活体系，有传统百工的繁荣。进入现代化以来，乡村只剩农业，成为计划经济的一环。乡村自民艺消亡后，人也断绝了敬天惜物之心。我们将把青田老蚕屋改建成"物产工坊"，修复百工，不只是手工生产孵化平台，也是乡村复活的重要环节。恢复乡村多彩的本性，使乡村获得活力，与现代设计和生产相融合，就可以发展出新型的乡村产业。

经济互助——人与富裕的关系——（丰衣足食）

乡村经济的成功与否，是村民生活和生存的基本保证。经济成功村民才能丰衣足食、安居乐业。发展经济是乡村获得持续活力重要的物质基础。我们在青田帮助村民建立经济互助组和产业协会，青田创造出文化影响，即可开发出自己的产业品牌和当地乡村文创产品，从而创造出"小乡村，大产业"的奇迹。

顺风近水

风水之法，得水为上，藏风次之。

——《葬书》"内篇"

人类社会的良好运行，需得知晓与自然共感及共存的机制，以让万物与人类生活实现共鸣永续。青田理想的水系布局，形成了安详紧凑、多彩优美的岭南水乡特色，成就了独特的自然风貌与村落形态，护佑着青田的子孙后代，也构成青田村独有的生活体系。而为修复和完善遭到现代性破坏的青田，必须依据"水系之力"来修复环境，重建家园。

青田水系被珠江支系环抱，"风水塘"坐落村中，而青田所特有的风水属性，影响着在地人的生存状态与命运。风水的深邃就在于其有着细密的法则与规定，并以某种特殊的方式被系统量化。这种法则与量化，并不以失去面对自然事物的直观判断为代价。而从自然中观照出的诸种图式，最大限度地与我们的期望值相符。这是一种面对自然形态的图式与验证的叙事，也是我们修复和完善遭到现代性破坏的青田村落的重要依据。在"青田范式"下，我们遵从神性秩序、生态规律和自然法则，修复和完善乡村自然风貌和人居环境，建立起良好的"人与自然"的关系，精心恢复青田村落民俗风貌，一切规划与建筑上的设计和布局都将根据文化历史、环境构造、物质社会、消费审美和心理感受等进行考虑。其中文化方面的考虑是尊重所在地的历史文脉，构造方面的考虑涉及对环境的最佳利用以及对传统遗留记忆的有效维护。

"玉带环村"之说即指青田开村之风水设计。当年的两位先祖太公带领族人开凿出一条人工水渠河道环绕整个村庄，环村的河道上铺设了四条独木桥通往村外，晚上将这四条木桥收起，将村庄同外界断开。太公的确为青田的子孙后代寻找和建立了一块风水宝地，一个藏风得水和舒适宜居的风水家园。所以，青田以水系构成的村落布局，是青田家园的珍贵遗产。"水质的好坏直接影响着生态环境的好坏，所以风水作为一种环境观，很强调水质的作用。风水中强调'得水'，所得之水不仅在水流形状（即河床）上要屈曲环抱，有利于聚气，而且水质上也要求色碧、味甘、气香，这样才有助于优美自然环境的形成。"[1]青田有水而得气，靠水而昌运。青田河涌犹如五爪金龙，象征地位显赫，时运亨通。所以，必须借水系之力，以及完善乡村的自然风貌及人居环境来恢复美好家园。

我们首先开始了长达一年的青田历史和文化调查。我带领广东工业大学城乡艺术建设研究所团队，并组织社会学与人类学、建筑与乡村保护的专家学者进驻青田。中央民族大学民族与社会学学院的博士研究生刘姝曼火线加入了我们的乡建团队，她的专业是艺术人类学，准备在青田做博士论文的调查和写作。我也是她的田野导师。她的人

---

① 刘沛林：《风水：中国人的环境观》，上海三联书店 2004 年，第 152 页。

类学方面的知识和训练，恰好弥补了相关领域的不足。在刘姝曼的带领下，团队先期开始了对青田的历史变迁、民俗信仰、生产生活等方面的调查。广东工业大学艺术与设计学院环艺系的师生在村落脉络溯源、建筑民居梳理等方面做了详细周密的调查分析，制作、描画了大量的图纸。环艺系的王萍、胡林辉、任光培、徐茵、唐娇、刘婷婷、朱凯、陈晨等老师带领学生参加了前期调查工作。只有在此基础上，我们才能做出切实可行和行之有效的的救助方案。

今日乡村建设最大的困境和难题，来自于长期的社会改造破坏和单一的乡村治理方法，始终沿用现代化的发展主义逻辑和城市标准来建设乡村。"让农村变为城市"就成为大多数建设乡村的标准化思路和格式化处方。正是此类以城市化为发展目标的治理术，给乡村社会带来了诸多难解的问题和后遗症。乡村建设的核心价值是"安居乐业"。要让村民安生舒适地住在乡村，而不是强行让村民上楼，住上模仿城市粗制滥造的所谓"农民新村"。中国当前新农村建设和美丽乡村建设的误区比比皆是，完全不尊重各地的民俗与地域文化，一刀切地规划与设计，形式上千篇一律、功能上单调乏味、审美上庸俗低级。这种普遍的做法，不但野蛮地抹杀了长期形成的差异化格局，也粗暴地破坏了乡村自然形态，而且还使乡村成为对城市简单而拙劣的模仿。以地产圈地为目的的"生态园和养生园"遍地开花，平庸的设计及粗制滥造的建设，雷同的商业业态与乏味的市场噱头，使质朴不失乡野浪漫的乡村变成了趣味趋同的旅游景点，从而造成了公共财政投入的极大浪费，以及自然资源和历史文化的严重破坏。

另外，乡村旅游的热潮也吸引了对乡村充满想象的城市人群，越来越多的城市规划师与建筑师对乡村进行操刀设计，然而他们根本没

青田
范式

乡建团队在测量
青藜书院

有理解乡村在中国文化中的意义，也不知道乡村和城市的差异之所在，更不知道乡村在中国文化中的特殊意义与重要作用。"在中国的社会体系中，城乡对立是个尤为重要的特征。这种城乡间的对立历史悠久，在最古老的文献资料中都可得到佐证。相较于后期，这种对立性在古代无疑表现得尤为典型。"[1]葛兰言所指的是中国传统社会中城乡的对立和互补关系，也是构成城乡特征的主要原因。其所指的是城乡差异化特点，而不是指今天城乡关系中不可调和的对立和矛盾。我们在这里先不谈城乡之间的政治与文化的差异，而是谈谈城乡自然与空间的区别。今天的规划师与建筑师不仅没有对传统文化深刻的理解，也没有起码的乡村生活的体验与经验，也没有认真深入地研究乡村的自然属性与空间特点。他们习惯了在西方现代教育框架下实施的城市规划与设计，而对突如其来的乡村规划根本就没有做好准备，甚至以现代化发展主义的眼光审视乡村，认为乡村就是落后于城市的，最起码从景观和功能上如此。一贯为城市服务的规划院和设计院，由于城市建设的需求饱和与发展局限，由他们肆意挥洒的空间越来越少，他们纷纷主动或者被动地涌向广袤的乡村。这些设计师欣喜若狂，准备在乡村这个广阔的天地大干一场。他们常常是接到乡村规划项目后便匆匆操刀上马，用以往城市规划的套路改造乡村，在极其有限的时间内，仓促地设计出他们一厢情愿的乡村规划。这种城市模板的规划设计，铲掉了乡村传统自然形态与的空间尺度，抹去了乡民心中的田园牧歌。因为，他们从不进行实地的考察及村民访谈，不知道当地历史文脉和由此形成的文化脉络，无法做到对乡土传统、地方社会及民风人心的

---

① [法]葛兰言：《中国人的宗教信仰》，贵州人民出版社 2010 年，第 1 页。

尊重。这种规划很难保护乡村的文化价值，让村民精神家园回归。当地的主管干部不断地向我抱怨各类城市规划设计单位做法和作品，并认为千篇一律的程式化规划破坏了乡村。甚至很多是相互拷贝的设计模板和大同小异的设计图纸。一些地区的乡村都由所管辖的省、地、市不同级别的规划院操刀，他们掌握着具有国家资质的规划权与设计权，依靠行政权力与领导指令垄断了乡村规划。一位乡镇领导告诉我，碍于面子和体制下的规划指令，规划院在几年内为他们设计出了好几个版本的乡村规划书，他只能无奈地把这些大同小异的规划书扔进抽屉里。他办公室里有好几本这类规划书，而规划院做出来的乡村规划根本就无法落地实施，如果强行落地就是破坏乡村。规划院首先会按照城市的法则和规范来进行乡村规划，将历史上形成并尊重乡村自然环境的道路，改造成功能性道路，完全不顾地域性和差异化原则，将原来弯曲优美的道路取直荡平。再将上百年历史生长的树木和植被砍伐铲除，然后栽种上整齐划一的树种，美其名曰为"规划设计"。

在我国现行的城乡规划法律体系中，凡是涉及乡村规划的国家法律法规只能参照《村庄和集镇规划建设管理条例》和《村镇规划编制办法》（试行）来执行。按照这两个文件的指导，村庄规划一般应参照村镇规划的相关内容进行编制。但在实际的操作过程中，各地通常都是按照村镇规划的标准来执行。言下之意，就是参照城镇规划的各项指标及要求，包括市政管道、道路桥梁、市政设施、消防道路、景观环境等功能性的指标，还包括对土地使用的计划和管控。但问题是，如果仅遵守这样的空间治理条例，饱含历史和文化的村落可能会丧失独特的性格。因为中国传统村落基本上都是按照风水原理来布置建造的山水家园。村民也相信，只有好的风水才会护佑好家园及子孙的生

乡建团队在
走访村民

活。对此，"青田范式"不厌其烦地与当地主管部门反复交涉，出于
尊重青田村落自然与人文风貌及风水布局的原则，我们多次修改原来
的空间规划设计，小心翼翼地进行修复、维护，力图从乡村风水之道、
社会伦理之道和村民生活之道中探索乡村重建的空间法则。

　　"青田计划"是新时期乡村建设的转型，尝试以"去规划改造"
的方式对乡村社会进行文化重建。这里的"去规划化"包含对"乡村
规划与改造"的批评性反思，从而杜绝脱离乡土社会文化脉络与主体
诉求的"乡村建设"。另外，我之所以反复提出在乡村"去规划改造"，
是基于对资本景观技术与一体化官僚审美意识形态的杜绝与批评。乡
村建设应该被视为深嵌在地方社会中的一套观念体系、行为习惯、情

感模式与社会实践，链接当地历史以及当地人的信仰世界，情感世界和审美世界。这即是说，乡土文化生态、社会秩序、传统文明精神与"在地"主体尊严的修复才是艺术乡建之核心。另外，"去规划化"同时也包含超越学科分类和取消权力命名的意图，将重点放在"多主体"的在地实践上，以乡村文化主体精神与传统文明复兴为要旨，在复杂的互动过程中进行多边对话，在动态的协商中调整行动策略。正是在这个意义上，"规划设计"才能在乡建过程中扮演一种基于人心人性普同价值的角色，而这一普同价值的表达，附着并体现在当地社会和文化机体中，在当代社会语境中的功能、意义的实践过程里。所以，"去规划化"的乡建实则是一场基于当代中国乡土文化修复的多主体实践，它是社会、文化与感知觉"三位一体"的整体实践。不论是作为一名艺术工作者、知识分子还是地方精英，都需要积极地渗入到当地人的文化知识体系之中，尊重乡土文明和历史文脉，重视地方人表达情感的媒介，以及与陌生世界建立沟通的渴望，了解他们对待虚无与存在的方式，即对"人神"、"人人"以及"人物"的沟通与想象，基于这种"多主体"联动的在地实践，才不会剥夺或取消地方主体在时空、话语和资本层面上的自主性。

艺术乡建就是运用当代思想的启蒙，找回失落的民俗，再续历史的文脉，激活乡村的肌体，链接村民的情感，让古老文明焕发出新的生机，使自然环境恢复其原有的灵气。当代艺术具有超强的时代引导性和广泛的文化辐射性，艺术创意就是"生产力"这一概念已经为国际社会普遍认同。艺术创意元素一旦渗透到传统生活中，就等于为其注入精神和灵魂，使传统文化中富有生命力的部分得以激活。一旦乡村的文化在传统的土壤里复苏，就可以使其产生无限的生命力与创造力,不但可以提升本地的文化价值,还可以有效地带动与延伸相关的文化产业链,并将民俗文化保护、文化旅游、有机农业、休闲度假等一系列经济产业联系起来,二者互相带动,互为发展,形成乡村文化和经济发展的产业体系。在这个体系中,艺术是源头,创意是核心。而在文明复兴的过程中,增加文化价值成果的相关拓展则是关键所在。只有这样,才能是乡村取得更大的社会效益和经济效益。

我们在青田文化保护和乡村复兴方面有考虑如下:

(1)青田村落改造是一个系统工程,规划必须避免陷入新一轮"保护性破坏"的漩涡中。因此,我们必须遵循整体保护原则,坚持有机换代、逐渐更新以及循序渐进的温和措施,使青田整体慢慢复苏,并在这个过程中,保持村落的历史可读性和永续经营性,很多乡村就是缺少这种整体过程的延续性与完整性,开始想法不错,做着做着就变味了,就走样了,就失控了,今天一个想法,明天一个想法,前后之间也没有联续性和延续性。由于我们体制的原因,领导意志往往会在过程中左右其命运和结果,领导们的认知局限也会使乡村建设走入歧途。很多乡镇基层领导的任职时间受限,而乡村建设又不是一个项目工程可以见效,一蹴而就可以解决,一般都会需要几年甚至几十年才能看出效果,所以,能在青田一如既往地坚持,和一成不变地延续我们的计划才是关键所在。

(2)突出特色,保护原真。对本村有价值的和标志性的公共建筑进行重点保护修缮,比如村落风水、神殿庙宇、祠堂书院、民居家宅等。拆除一些不协调建筑,恢复村落的原生环境,保持它的历史可读性以及"原汁原味"的历史沧桑感。在修复的过程中,要尊重历史,一定不能破坏建筑和街道的轮廓线和外立面。

乡建团队师生在
整理村落档案

（3）修复有特色的古村风貌，作为乡村鲜活的历史风貌和文明传承的延续。保持乡村村民的自然生活状态，以及当地居民具有的传统社会风尚和淳朴厚道的自然秉性，不能斩断历史的线索和割裂村民生活的形态。这才是成功的村落修复发展模式。

（4）严格控制开发性建设。为了保持青田村落的景观价值和文化意义，在青田村落内不应建设新的建设项目和旅游设施，不能破坏原汁原味的自然和历史形态，否则就会大大损毁它的民俗特色和文化价值。对游览道路系统以及必要的服务设施要做好详细规划。如果没有科学的规划和治理，一味盲目地开发使用，只能加速古村落的消亡。

（5）以自然村落的肌理为主调恢复纯朴乡村的绿色风貌。要紧紧抓住青田村特有的水系河冲、水村相依的特色，继续加大对村庄的绿化，使之成为乡村的绿色背景。

我们充分尊重青田的历史遗存、水系文脉和地形地貌，保留青田原来的风格和神韵。既尊重传统文脉，又具有现代化生活方式的体验。仿佛穿越时空隧道，让我们回到几百年前的久远乡村，在那个人人都住在自然里的年代，村民和自然一起呼吸，与大地一起日出而作日入而息。左邻右舍相互融洽亲密无间。白天一起耕塘捕鱼，晚上伴着篝火起舞。不过，如果那时水乡的居民就能享受到如今日青田村这样的现代化的生活设施、淋浴、自来水、抽水马桶、空调、电冰箱和互联网，那他们是真的走进时光隧道了。

我们在对青田进行充分调查研究的基础上，拿出了完整的青田乡村复兴计划，比如青田村四大功能区域——四大区域将全面展示青田的"风土""风物""风俗""风情""风貌"。尊重青田的生产与生活、饮食与起居、服饰与礼仪、民俗与禁忌、婚丧与节庆、宗教与信仰。

（1）青田民艺坊：青田工坊、民艺工造、手工木坊、有机农场；

（2）青田社区休闲中心：关公大帝雕塑、（关帝庙前或荷花塘畔）晴耕雨读书院、榕树书屋、钟楼咖啡、荷塘茶屋；

（3）青田自然生态（桑基鱼塘）博物馆：以整个青田为单位，作为自然生态博物馆的概念营造，村东两块水塘作为营造桑基鱼塘的地点，如果青田需要提出定位和介入规划，建设"青田自然生态博物馆"，青田作为杏坛完整保留的传统村落，其独特性是有珍贵价值的。博物馆内容可分为以下两个部分：

a）东北两个水塘恢复桑基鱼塘景观

b）"看蚕馆"两个水塘之间空地建立开放的蚕桑养殖展示与互

动空间

（4）乡村当代艺术区及文创基地，在东南区老厂房内改造完成：
乡村创客

青田村落自然修复与保育

在"青田范式"下，我们力图借助"自然法则"，遵从神性秩序、生态规律，修复和完善乡村自然风貌和人居环境，建立起良好的"人与自然"的关系。

（1）青田的石板路是从历史的岁月中走来的。我们洗刷掉它上面的尘土和污垢，掩埋掉杂乱无章的水电管道，让它再走向未来。青田因水而得名，村落因水而获得滋润和灵秀。青田水系河流的清污治理是当务之急。疏通河道，水塘去污，饲养锦鲤，营造清洁环境氛围，充分彰显青田水乡魅力与独特价值。

（2）我们对遗留的老民居及危房进行及时的抢救措施，这样既能保留青田传统民居的魅力和风采，又能将这种传统民居的内部空间、卫生设施和使用功能与今日现代化的生活相通。这就是活化青田传统建筑与民居的最佳方式。这也是国际公认和一致推崇的抢救老建筑的有效方式。

（3）青田将在艺术修复中恢复昔日的精彩，并使之融进当代的生活之中。自然修复后的青田既保留了传统乡村独有的优美，又能适应时代倡导的生活方式。青田将开发文创经济，发展特色村落。作为一种具有非凡景观形态和文化内涵的乡村人文景观，青田具有独特的文化魅力和自然氛围。这种魅力可以激活当代人的情感体验。

（4）绿色青田为标志的青田乡村，也必然会成为新的创业方式与追求热点。我们要用青田勾起人们的"乡恋"，并有效利用这种"思乡"情结，提升和凝聚青田的人气，做好青田的"地景复兴"。通过"青田地景"的复兴，建设全新的青田经济发展模式。

（5）发展经济是乡村能获得持续活力重要的物质基础，也可有效地提高村民的经济收入。只有寻找出一条乡村经济创新的全新模式，才能避免陷入单一和同质化的旅游开发模式。在接续传统文脉的基础上，注重人文关怀、倡导绿色、环保贴近自然环境的文创空间和"乡村创客基地"，突出青田乡建的文化高度与艺术气质，即可形成独特的产业品牌和经济发展模式。

青田社区营造计划

"青田计划"不仅要保育村落生物多样性的自然遗产、保存乡村文化及信仰体系，建立多主体联动的"情感共同体"，同时也要在青田完整乡村复兴的过程中，以灵活的方式推动社区营造工作。而社区营造的当务之急是重塑被社会改造和市场经济所击垮的乡村民风、邻里和睦互助，以及逐渐淡去的礼俗社会。

（1）乡村中隐形价值就是礼俗。礼俗社会崩解，是今日社会道德溃败的原因。传统社会的乡村伦理和礼俗秩序，是在不断进行的家礼实践中得到申明与强化，并逐渐构成乡村社会最为核心的价值观和文化传统。要解决社会道德危机，必须从重建礼俗社会开始。

（2）毁坏不是一日之事，建设也不能一蹴而就。青田脆弱的社区价值不宜大刀阔斧之力。用温暖乡村的手段，影响和带动青田社区礼俗社会的恢复。"水到渠成"，达到无为而治。采用"垂拱而治"的方式重建礼俗社会，而决不能再采用自上而下的行政治理和简单启

青田范式

青田村总平面图

北

5m 10m　20m

青田总平面图

02 青田村现状空间分析与总结

3.现状建筑整体评估与分析

3.4 建筑使用现状

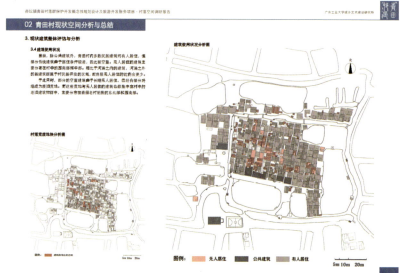

建筑使用现状分析图

村落荒废地块分析图

图例：　无人居住　　公共建筑　　有人居住

5m 10m　20m

青田建筑调查

14

02　青田村现状空间分析与总结

6. 村落环境景观分析

村落的原景由古朴的青石板街、古色古香的建筑群、茂密的树木、静谧的河涌组成，这是一幅朴实的乡村环境景象。

园田湖，古时滩水从西往东，"排水排水"，对分布在从水边流来市区住，"排水排水"，古时湖五十年变迁，五十年沧海，但碧绿着沿涌的发展，村民的物质生活也日趋丰裕起来，使村民们对于鱼涌污水绿意越绿了河涌的规制景显瑞。呈现了富饶青浓、河涌清澈等景观。

村落景观分析图

27　青田环境景观分析

02　青田村现状空间分析与总结

4. 重要公共建筑空间调形态分析

4.5 塔楼

(1) 房屋架构形式
总规的建筑材料是青砖混凝土物组成，单调体息简单受建筑的重力。

(2) 建筑室内布局
室内有制态为别制，一共有5层楼，底座的面积最大，越往上面积越为缩小，成倒梯形。

(3) 建筑材料
塔楼高五层，从下到上来梅塔下，成倒梯形使用的梯楼平围围无比。塔楼下半部分又切盖混凝，低座部分约为灰土，上半部分普青石砖砌成，中部结合的材料为保门的水平。

(4) 建筑影势
塔楼的属于窗得连建筑、界曾村朴，建筑立面颜色不一的青砖与红墙是且为取不异的装饰。

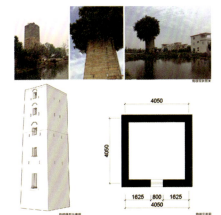

塔楼保型示意图

4050
4050
1625　800　1625
4050

构楼平面图

23　青田公共建筑空间
形态分析图

02　青田村现状空间分析与总结

5. 典型民居建筑空间调形态分析

5.1 三卷四号

(1) 房屋架构形式
编建房为治砖架风围堆结合台架的建筑，承素结构为特特。

(2) 建筑室内布局
建筑室内楼多得缝楼分隔成两层楼般，建筑分为3层，东西两侧分别设置上下楼的楼梯房层的中等处是了贝后面形的走道走。

(3) 建筑材料
建筑材料为治砖时期的青砖各与现代的红砖加草混合而成。

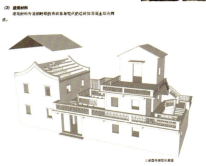

三卷四号保型示意图

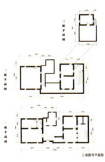

三卷四号平面图

24　青田民居建筑空间
形态分析图

蒙教化的方式。

（3）青田社区是一个相对完整的社会结构体系。人们能够通过青田社区发现乡村社会中存在的各种社会现象，能够从乡村社会生活中听到青田村民最真实的意愿。持续的地区参与是自然保育及乡村社区发展的重要元素。借助"青田范式"下的相关举措和行动，与村民建立的互信关系，使青田成为有序发展、社区和谐的典范。

（4）青田社区的主体力量：青田村民是乡村社区产生、存在的前提，是乡村社区的主人和青田发展的推动者。青田社区的建设必须与村民生活密切相关。我们一切复兴工作的前提，就是把广大村民的根本利益做为建设青田社区的出发点和落脚点。尊重青田村民的主体地位，积极调动青田村民发展社区的积极性和主动性，将青田社区建设成为村民满意的理想家园。

（5）青田社区的多功能属性：中国乡村大多具有多重属性并存的格局。青田复兴也要逐步组织强化社区在乡村自治中的积极作用，充分依靠村民的积极性和力量，维护本社区的治安秩序与乡村社会稳定。

（6）以家庭为核心的乡村社区：青田要强调家庭凝聚力和能动性，乡村家庭不仅担负着生育、赡养、消费、文化娱乐等项功能，而且还是乡村组织的主要构成单位以及生产单元。

（7）乡村社区中血缘、邻里、地缘关系发挥着基础性作用。血亲、姻亲以及由于世世代代血亲姻亲关系形成的复杂网路，是乡村社会关系的核心和联系纽带。同时，邻里关系也是乡村社区中重要的人际关系。虽然在现代乡村中，原本紧紧地以血缘关系为核心的格局正在变得多元化、理性化，亲属之间关系的亲疏越来越取决于他们在生产经营中相互之间合作的有效和互惠的维持。但是，尊重地方传统，发挥宗族血缘的社区凝聚力，是建立良好的社区关系的有力保证。

青田当代艺术计划

（1）当代艺术活化地域和社区的特殊功能也越来越多地被社会认可。当代艺术在国际上的先锋性和创造性毋庸置疑，它既能链接在地知识并建构起新的文化体系，还能迅速地搭建先锋文化的平台和吸引社会影响力，并获得社会高度关注和认同。

（2）敏锐的当代艺术家还能果敢地逆城市化，回到乡村的文化母体之中，通过乡村实践将艺术还给自然和社区，创造出一片崭新的天地并推动当代文化的发展。我们力求在中国乡村创造的文化奇迹，比如，已成为中国新文化和新艺术坐标的"国际水乡艺术节"。用参与式艺术激活乡村的秘诀，结合当代艺术和传统地域节庆的文化模式就会在"青田水乡"隆重登场，并开出璀璨之花。基于此，我们将在每届艺术节上策划出围绕"水"的不同文化主题，来诠释艺术无界的才华与先锋的创造力。

辞旧迎新

民间传统建筑的特色是承袭了传统制度与工法，匠师们欲仍保有创造的空间。这也许是传统承袭下不够严格，工匠传习不够严谨所造成的。但是这样的民间传统欲正是最理想的情况；可以可以一方面信守大的原则与基本的规范，同时也允许有创造力与想象力的工匠自由发挥。

——汉宝德《建筑母语：传统、地域与乡愁》

我们在长达一年的时间里，对青田进行了两个阶段的调查和研究，第一阶段是历史脉络和民俗文化的调查记录（隐性价值），第二阶段是村落形态和建筑遗存的勘测整理（显性价值）。在这两个方面完整调查研究和测量整理的基础上，才做出了完整的青田复兴计划书。进一步，又继续做各项具体的村落基础设施建设、历史建筑修复以及其他相关建设落地项目。

青田村落形态及建筑民居的发展分为三个阶段。第一阶段从明末开村时开始，早期的民居建筑是建于中界巷的九栋新楼，以后的建筑则环绕这几栋楼延伸发展，慢慢形成青田的聚落形态和格局。村民们相互为邻隔巷而居，九条小巷被当地人称作"九龙在位"，青田村落格局基本形成并延续至今。第二阶段为清代至民国时期，这个时期青田的发展和建设相对比较快，持续时间周期也很漫长，新建的建筑比较多，建造方式和材料也比较丰富，村民大多采用青砖和红砖砌筑民宅。这阶段社会安定，人口增长也比较快，由此带来孩童读书的强烈需求，青田村民集资建设了青藜书舍、传经家塾，以及关帝神厅、东西两座碉楼等公共建筑。随着建筑物的增加，青田村落布局基本成型。一直延续到民国末年。第三阶段为1949年中华人民共和国成立至今，这个阶段村落的发展变化很大，由于乡村的社会结构变迁、所有制的改变，以及人口数量的继续增加和经济水平的提升，民居要求增加居住面积的需求进一步扩大，原来的村落形态和居住空间急速扩张，村民的居住范围从原本的九条巷开始向村落周边及河涌外围拓展。由于不受老街巷空间的限制，这一时期的民居建筑无论从尺度上、还是从材料上都有了新的变化，建筑材料在原来的青砖和红砖材料基础上，又大面积地增加和使用毛坯做外墙装饰立面。随着生活方式的进一步发展和改变，受到时代风尚的影响，建筑的内部布局和结构也随之发生了改变，开始朝现代化简约风格发展。我们今天可以看到青田延展到河涌外围的新建筑，大多为现代风格的欧式小洋楼。

到了20世纪90年代，岭南一带的民居建筑风格又有了很大的变化，随着经济的快速发展，村民们掀起了新一轮翻建民居的高潮，只要经济好转，村民们必然会盖新房。由于原有的宅基地不能扩大，乡民就在有限的空间里追求建筑面积的最大化，往高处发展，楼层逐渐加高，如果没有高度的限制，他们还会往高了盖。基于这种现象，政府对民居建筑的高度也及时做出了限制，村民一看高度受限，又牺牲院落空间来进一步增加建筑面积。所以，我们就会看到拥挤不堪的乡村聚落形态：楼挨楼，房挨房，建筑与建筑之间没有喘息的空间，传说里的"握手楼"

青田传统民居

在这里随处可见。这也是相互攀比的作用，也有炫富的心态在作祟。你盖得大，我比你还大，也不是住不开，先盖了再说，很多新盖的楼房都空置着。传说一个绝非是笑话的故事，一户村民盖好了一栋四层新楼常年没有人住，子女们一年到头都在城市忙活，平时根本就不回来，只有过年回来住几天，平常只有老妈一人在家里住，一天下暴雨，老妈要上四层楼关闭所有的窗户，老太太艰难地爬上爬下，半天的折腾才把所有的窗户关好，结果雨停了，她还要再上下楼打开窗户，折腾完以后，老太太累得一病不起。这个时期民居的建筑风格也更加时尚化，不但居住面积互相攀比往大了盖，风格也是相互模仿跟风，同质化现象非常严重，追求不伦不类的所谓西洋风格，这种西洋化的风格是经过改良和演化出来的，反而形成了一种俗不可耐的样式与风格，几乎完全抛弃了岭南当地传统民居建筑的风格和样式。特别是最近普遍流行在楼房外墙贴上各种拼贴的花色瓷砖，其中以红色、粉红色图案为多，这种民居样式与风格占据了乡村建筑的百分之九十多。很难看清这些建筑的发展和演变脉络，它既摆脱了传统建筑的束缚，也不像西方各个时期的建筑风格，外墙红色瓷砖的图案很接近阿拉伯装饰风格，更加重了这种四不像的感觉。青田的民居也不例外，新建的民居几乎都是这种风格。一些村民告诉我这种样式很流行，又经济实惠，而且别人都这么贴，你不贴感觉你很不时尚，很落后。一些瓷砖厂家也趁机投其所好，在推广这种风格上起了很大的作用。他们把瓷砖图案组合起来卖，既省钱又省力，远看以为是一个个小瓷砖拼贴而成。我这才看出其中的"奥秘"。瓷砖厂家的产品扩大了生产，赢得了村民的追捧以及的建材市场的青睐，但也极大地造成了建筑风格的同质化和低俗化。青田也不例外，新建筑逐渐取代传统建筑，传统村落形态也慢慢消失，未经翻修和重新建造的老民居越来越少。总的来说，青田九巷里的老民居还相对多一些，一个可能的原因是因为原宅基地空间很小，发展空间有限，原住民无法大兴木土盖大楼。早几年能批下来宅基地的，就在河涌外起高楼，没有新批宅基地的就暂时打消了这个念头。而有条件的干脆到镇里和大良城区买了新房，老宅基本也就荒废了。所以，九巷年久失修的老宅民居最多。当代中国的乡土建筑遭受了外来文化的巨大冲击和影响，许多乡村被世界各地涌入的种种样式和风格迅速改变，却抛弃了属于我们民族的最质朴，也是最有气质的乡土建筑风格。乡村里的新建筑匆忙导入，它们既草率又抄袭，既没有触发乡村创新，阻断了建筑的差异性、灵活性和个体性，也失去了传统乡村的多样性、亲密性和丰富性的特点，毫不彰显当地人的感情和生活。这不仅是青田乡土建筑的现状，更折射出中国乡村面临的整体困境。

我在"青田范式"里，专门倡导"老宅修复"这个方向。老宅在乡村里非常重要，这既不是盲目地留恋与怀旧传统民居的美学魅力，也不是一味地强调修旧如旧之类建筑修复的相关技术问题，更不是乡土建筑的遗产保护话题。在乡村中，老宅具有非常重要的文化价值。乡村里的祖宅老屋承载着家庭的神圣性，没有家就不成家乡，也就没有了乡愁，老宅的修复是重建家园的重要一环和具体实践。老宅不仅体现出人与生活的相依，更折射出人与家的亲密。老宅是乡土建筑的缩影和具体的载体体现。区别于整齐美观和华丽考究的城市建筑，老宅从建造上依托的是各地丰富多彩的地理环境和变化多彩的生活需求，从而呈现出拙朴而多姿的建筑风貌。村民们的衣食住行、生老病死、香火延续，都离不开自己的老宅祖屋，离不开散发着泥土芬芳的乡土社会。老宅不仅是血脉传承的殿堂、个体的生命根基和支撑平台，同时也是家族关系的灵魂所在，从而成为承载国人信仰的神圣空间。早期有过乡村生活经验的国人均有独特的体验和切身的感受，每家的中厅，都会长期供奉祖先的牌位，不论是节庆忌日的祭奠，还是日常生活中的祈祷，都在老宅中进行，在一些地方尤为重要的是每年农历除夕祭祖仪式。大年三十这天，每家的主人清早起身，客居外乡的儿孙和已出嫁的女儿也不缺席，每家由尊长首先参拜，随后全家老少依序祭拜，家长念祭语后向家中祖先祷告，恭请祖先回家接受祭品。然后家中族人先后向祖先点香敬拜，请求祖先的祖荫护佑后代族人。可见老宅不仅仅有居住功能，还是祭拜祖先神灵的重要场所，对于国人的信仰延续尤为重要。我将它比作相当于西方人的礼拜堂，这个独特空间使人产生敬畏和超越。而随着代表宗族延续的老宅祖屋被功能化的楼房公寓所取代，承载民族精神的圣地空间也烟消云散，村民赖以生存的日常生活伦理和乡村的传统生活方式也正遭遇着消亡。此外，在青田修复老宅，还能够帮助我们理解当地刘氏一族血脉的关联性和

家族成员间的等级性，理解当地宗族的延续。

中国传统乡土民居的精妙之处在于，它蕴藏着细密的法则和有意味的规定。而这些才是修复和完善青田社会空间的重要依据。此外，我们还在不破坏建筑外观基础上，实施了满足当代生活需求的功能空间改造，以实现传统心灵与当代生活的重续。我刚进入青田时，看到这个破败的小村子问题很多，空心化严重，村中多数是老人和孩子，仅有的几处公共建筑被废弃甚至坍塌。多数民居年久失修，村民进城后也长期不回来，民居老宅破败不堪。面临很多需要解决的问题，经常有媒体会问我，你认为乡村问题最重要的方面是什么？我会不假思索地说所有的问题都重要。但我心里也在想，事情还是要一件件地去做。先从哪件事开始做很重要，乡村理论说得太玄别人听不懂，事情做得太小又没价值，所以会陷入两难的境地。能通过一个具体的，能立马看到效果的事情去做，会收到事半功倍的效果。今天更是如此，"急功近利"和"立竿见影"已经成为今日乡村建设的基本方法与要求。如此这般，就养成了今日做事的普遍风格和风气。

我在青田采用长短线结合的方式，一边高屋建瓴，有理论建构，一边也有落地实施，让当地人看到效果，才能使他们树立信心，看到希望，了解阶段性的成果，支持我们更好的走下去。乡村的显性价值——物质遗产的保护利用，才能立竿见影，马上可以看到效果。艺术家做乡村建设还有一个优势就是可以自己动手，不但具有审美水平，还具备动手的能力。面对青田千疮百孔的乡土老宅，决不能用伤筋动骨式的大拆大建，必须在充分尊重当地文脉和地域传统的前提下，进行改造和重建青田的老宅民居。这些改造项目一定要放在"青田范式"的理念下进行思考，建立在保护乡土文化的基础上，在不破坏青田现有村落建筑形态的前提下，用艺术的方式对其进行适度的修缮与改建。总之，老宅的修复要体现出人人、人神以及家与环境之间复杂和动态的融洽关系。

在青田老宅民居的修复和改造中，我们选择了几个废弃的民居作为改造的示范。前面提到，修复和完善传统民居细密的法则与规定，为遭到现代性破坏的青田民居提供了重要的依据。保护乡村由家族维系的共同体完整性、神圣性和秩序感。在修复形式上，我们力求保持与建筑年代相吻合的历史痕迹，同时也实现了功能的提升，在不破坏建筑外观形态的基础上实施空间改造，满足现代化的生活需求。如此一来，既保留了青田传统建筑的风貌，又增加了现代的生活功能，让这些闲置的、废弃的老屋得以复苏。在改造的过程中，也让村民看到作为乡村文化基本载体的老民居其价值所在，在不改变民宅原有制式的前提下实现历史与现代的融合，实现传统心灵与当地智慧的接续。

我们要在修复这些老宅民居的过程中，让村民看到活生生的改造和修复案例，让村民认识老宅的价值，在抢救和修复过程中感受老宅更新的措施。以此触动他们并给予启发和觉醒。能让村民直接感受到被他们弃之不顾的老宅民居的蜕变更新的过程，这也能遏制老屋消逝的势头。所以，老宅和祖屋的修复是青田乡建很重要的一项工作，也是我提出的"青田范式"里极其重要的一环。老宅修复也将直接体现村民的自觉和参与程度，要慢慢影响他们对老宅价值的理解，才能反映出他们对家园的珍惜。青田的一街一巷、一院一舍、一砖一瓦、一草一木，都将在修复中恢复昔日的精彩，重新显露和焕发出被历史和岁月滋润的灵气与神韵，充分体现出自然和现代感的融合与交融，营造出现代人所接受和喜爱的生活空间与情感元素，并使之融进当代的生活之中，呈现出优雅舒适的田园生活和温馨浪漫的乡村氛围。我们将竭尽全力地保留每一个历史记忆与时间的印记，让不同时代的痕迹和气息在青田融汇共生，各自诉说自己的故事，展现不同的优雅浪漫。

自古以来，村民建新房就是天经地义的事情，对美好生活的向往是每个村民的理想，也是国家的大政方针所系。谁都无权干涉。问题是，推到所有老房的方式不可取，老宅承载着传统建筑中最大的价值。"青田老宅修复"计划开始启动，首期对三栋空置的老宅进行修复改造，并彻底转换成新的空间。在坚持修旧如旧、最少改动的原则下，为老民居注入新的使用功能。第一批完成修复和改造的三座民居中，千石长街中间的民居和村西头的民居是青田村民的老宅，其中的两层建筑是青田老蚕房的原址，均为闲置院落。这三座老建筑修复遵循两个基本原则：建筑内部的改造尽量满足现代生活的功能需要，外部遵循原有建筑外貌样式。从外观来看，千石长街上的老民居完整地保留了历史的风貌，室内大堂保留了祭祀空间，破败失修的铁门被改为传统木门，增加和弥补了传统民居最有魅力的部分。二楼阳台处增加围栏及木质的室外桌椅，供室外休闲使用。原大门右面有一个丁香树及少数灌木丛的小花坛，我让施工队又在左边也增加了对称的小花坛。老宅的外墙里面完全没有新的变化，只是把两层楼的窗户全部改成黑色断桥铝玻璃窗。将西院民宅原有的外院围墙拆除，改成绿植围墙装点院落。从使用功能来说，千石街民居在沿袭之前的一层会客和二楼住宿功能的基础上，一层西侧增设了中式茶室、东侧厨房和院内绿植景观。老蚕房原本为青田大队的会议室，现在依旧做会议和办公之用。老蚕房二层北侧增加了一个小会客厅，背面是整墙的落地玻璃窗，视野很开阔，能看到青田老街巷比较完整的民居建筑。老蚕房的主要空间为会议室，

夜幕中的西院

西院景观

室内构造极为简洁，遵从了原有的建筑格局，甚至内墙面都没有粉刷，只增设了木质推拉门隔断。这里没有强烈的色差，也没有繁缛的装饰，墙面、水泥地面和房顶均维持原貌，家具陈设等就地取材，追求自然原色。该空间注重功能使用和满足会议条件，建筑内外穿插岭南建筑与装饰元素，体现出自然、朴实、简约的公共空间所应有的风格。

西院二层则按照民宿的标准改造，改造后承担了乡建团队和外来客人餐饮和住宿的职能。三座建筑的外立面并没有做太大的改动，基本保持原样，修旧如旧。但是内部空间与设置都被重新改造和调整。材料上，基本使用青田现有的传统建筑材料；形式上，追求与建筑历史年代相吻合的痕迹，对传统特色的装饰图案和建筑构件纹饰等予以重点利用；功能上，在不破坏建筑外观形态的基础上，进行内部改造以满足现代人的生活需求。三个老建筑的改造完成，使这些闲置的和废弃的老屋得以复活。让村民看到作为乡村生活基本载体的老民居的价值，认识到为了建新房，拆掉老房并非唯一途径。在不改变民宅外观及结构的前提下温柔地改造室内空间，增加或更新原有的空间及功能，使老宅焕发青春，使生活焕然一新。

我们团队具体负责这三个院落设计的是空间设计师郭建华。他是艺术家出身，没有建筑专业的束缚和局限，具有丰富的老建筑和老民居改造的经验，并能在现场灵活处理施工过程中的所有难题。老民居改造不同于建新房，设计师将不能图纸交给施工方就完事交差。我们的设计师要对老宅改后的结果负责，要有完整的计划和考量，这等同于一个经验丰富的老中医，给长期积劳成疾病入膏肓的病人治病，既不能做一次性的手术，又不能只下一剂猛药来解决问题。首先要能准确地诊断把脉，再对症下药细心调理，然后再反复协调阴阳气理，使病人逐渐恢复健康。身体是个有机整体，必须审时度势全盘调理修复，不能操之过急。郭建华还有丰富的现场把控和监理水平，修复老房子事无巨细，一不小心就会失之毫厘，谬以千里，设计师的想法在施工过程中易被施工工人更改。如果不去现场把控，效果会大打折扣。刘姝曼博士在青田的现场采访了郭建华老师，让他谈了青田这几个老宅的改造经验，郭老师详细介绍了他对这几个老宅的设计和施工体会："我们先说千石长街这处老宅吧，这是三层楼的一处民居，朝南包括一个不大的院子，以前有两个门，正门原来是铁门，我现在把它改成了木门，侧门就直接用路色的瓷砖花格取代了，这样既有乡土风格，又有岭南的地域符号，墙壁是红砖砌成的，我们又在裸露的砖墙上重刷了白漆；以前门口光秃秃的，现在又增设了花坛，这样门口也美观了。二楼的卧室雕花木门是从古玩旧货市场收回来的，原来的窗户改成了黑框断桥铝窗，为了保证安全，又在阳台处增加了黑色钢管围栏。和这座建筑东边连接的是原村里的老蚕房，属村里的公共建筑，我们也要把它改造成会议室，我们在老蚕房的西墙上凿了一扇门出来，这两个房子就通了。老蚕房内部保留原有的砖混结构，室内墙壁几乎没动，水泥地面，瓦顶，原来什么样，现在还是什么样。外墙也没变，只增设了黑框玻璃铝窗，并且增加了大理石窗围。会议室和办公区增加了推拉木门作为隔断，所有的家具装饰都采用了更贴近乡村的朴素色彩。室内的老风扇都是当年生产队时期原有的，质量非常好，现在依然可以使用，所以我们没有拆掉，希望维持它原有的功能。当然，夏天可能比较闷热，所以也增加了空调。村西头的这座院子原来是有围墙的，现在拆掉了，没拆之前里面全是垃圾，外面朝南的铁门也换成了竹子的折叠门，这样会更接近原来的乡土建筑风格。这座院子大小适中，按照民宿标准，我把一楼设计成餐厅，外面有休闲的吧台和小院，二楼改造成五间客房，原有一个房间外面有阳台，现在合围成了室内房间，周边窗户均选用的是满洲窗。这三座建筑的外立面都没有做太大的改动，但室内空间及设置都被重新改造和调整过。我们要在不改变民宅原始制式的前提下，把现代生活的需要连接到老房子的内部空间里。我们现在进行的改造和再建的建筑项目，一定要放在'青田范式'的框架下进行设计思考，一定要建立在保护村貌建筑文化积淀痕迹的基础上，在不破坏青田现有的村落建筑形态的前提下，进行适度的修缮和改建，绝不能以商业业态及现代生活形式为借口破坏现有状态，况且这些当代生活方式与青田乡村形态并不矛盾。总之，这里是'青田乡村'，不是'青田新村'"。①

青田首期的三个老宅改造初见成效，为青田村以及岭南地区的村落改造开了一个好头，也为乡村建筑与民居的更新改造起到了一个引领作用，初步达到了很好的示范效应。青田村民感受到改造老宅不一定要推倒重建，还有其他的可能，不但老房子能"修旧如旧"，并且拆下来的建筑材料还能"废物利用"。旧材料能天衣无缝地和新材料对接融合，毫无违和感，这的确出乎他们的预料。他们本以为老的材料是要全部扔掉的，不值得留念，他们从来没有想过，这些老物件上沉淀着的历史价值与时间记忆，以及其上所承载的几代人朝夕相处的情感因素，还能得到很好的保留。老屋活化，旧料新生，是乡村民居和老宅改造的主流，我们做乡村建设的应该大力提倡和积极引导。原因是乡村改造不应该把大片村落推倒重建，不顾乡村的前世今生和前

---

① 刘姝曼：《家园的冒险：艺术介入下顺德乡村建设的民族志研究》，江苏人民出版社 2019 年，第 82 页。

恢复岭南风格的窗户

因后果地肆意乱来。一个个老建筑的修复改造，既要尊重左邻右舍的
方寸尺度和房前屋后的空间距离，又要链接村落的历史脉络和家族习
惯的传承，所以要倍加珍惜并小心翼翼，绝不可大刀阔斧地任意胡来。
乡村建筑的再生改造与营建，也是中国乡土建筑的优秀传统和乡民的
聪明智慧，由于村民早期建房受各种条件限制，交通也不方便，只能
依山就势、因地取材，充分利用周围和当地的材料来建房子，也会反
复使用原油的建筑材料加以利用组合，为新的建筑和空间使用。善于
利用旧屋拆除的石材和青砖，重新筑建乡居，使老料获得新生，也是
在不破坏原有空间的基础上实现有机更替，让新居拥有历史的痕迹与
家族记忆。尽管先民是在物质贫乏的时代，在节省建材的基础上进行
民居的设计营造，蕴含的是可循环再生、可持续的自然循环及环保理念。

　　由于"青田范式"乡建理论出台并在当地持续发酵，以及这三个
老宅民居改造的成功，再加上乡建团队的准确推广与传播，默默无闻
的水乡青田，顿时声名鹊起，一跃成为了顺德、乃至佛山地区乡村建

设的排头兵和典型案例。一直无人问津的青田也成为了顺德地区村镇干部参观学习的榜样。与以往青田"人烟稀少车马稀"备受冷落的场面相比，青田迅速赢得了社会和媒体关注的目光。乡建团队的工作人员也备受鼓舞，开始每天接待慕名而来的参观者，和络绎不绝的探访者。这三个改造好的民居老宅，也给青田村民造成了很大的影响和震动。首先是这两个老宅的房东，两家村民先后都已到附近城镇安家定居，他们也非常好奇我们把他们的房子改造成什么样。当然，他们一开始对我们团队就比较信任，房子租给乡建团队既可以收租金，又可以阻止老屋继续破败。他们本身对老宅维修没有过多的要求和限制，只有一些不同程度的建议和要求，比如千石长街这一家的村民就要求我们在大厅保留神龛的位置。我们完全尊重和采纳了他的建议，保留了这个家族原有的神圣空间。这三处房子改造好以后，大部分村民都很喜欢和惊喜老房子的华丽转身，原来破旧不堪的老房子，经过我们的改造和修复焕然一新，有价值保留的部分都保留了，我们还在传统的房间里引入一些时尚的元素。这是他们万万没有想到的。我的改造工作也得到平时住在城镇里的村民，以及周末回来的年轻人的喜欢。这种影响开始潜移默化地发酵，村民开始了他们自己修复改造老宅的风潮。但也有的村民暂时不能接受，由于原有的意识一时转不过来，总感觉费这么大的劲、花这么多的钱，结果还是一个旧房子。这些人更愿意彻底推倒重建，要建房子就要焕然一新，认为这样不伦不类的修修补补实在是劳民伤财、得不偿失。当然，任何新的事物都要有一个接受的过程，在潜移默化的过程中经受一定时间的考验，我们还要尝试作出更多的改造方案和案例，给村民以更多的选择。这将是一个漫长的过程，万事开头难，但我们总算走出了第一步，有了一个良好的开端。

青田
范式

重建家园

乡村社区的图景里包含着机械团结或礼俗社会的传统的、公共的村庄生活的额"牧歌观念",以及由独立的城市化和"人为"的协作基础所推动的这种观念的发展兴替。

——[英]奈杰尔·拉波特 乔安娜·奥佛林
《社会文化人类学的关键概念》

青田乡建作为新时期艺术乡村建设的转型之作,与以往的乡村建设有所不同。它反对大拆大建,希望用艺术修复的方式促进乡村建设,是在不破坏传统建筑与民居的基础上,建设新乡村。保留村落原有的肌理和风貌,充分尊重在地环境,谨慎使用外来元素,实现空间及生活意义的新建构:不仅要保留村落多样性的文化遗产,还要保存乡村原有的生活样式。"青田范式"的理念在于, 在关怀乡土环境、呈现历史架构的同时,通过尊重大环境和谨慎使用当地元素,实现老宅空间的新意义。通过保存乡村文化及信仰体系,建立多主体联动的"情感共同体",重塑被市场经济所击垮而逐渐淡去的礼俗社会。这是一种"因地制宜"的建设和修复方式。

"艺术修复"旨在探索一种与生活具有更深层次关系的艺术形态

的确立。这是一种更积极的艺术理念,是让艺术回到它原初的形态——站在文化建构的源头,参与到生活形态的建构中。文明的源头是一种生活方式与样式,而不是理论与思想。我们从神的迷信中走出,便又跌入物的迷信之中。我们是想要后退一步,从社会走入心灵,让世界与生命重新显现出它的魅力。历史上,我们每次的回眸,实质是在前行。

经过乡建团队一年多的努力,青田乡建的初步成果得到了村民的认同,也得到了社会和当地政府的关注。2017年10月6日,佛山市长朱伟到访青田,对"青田范式"理论体系和青田乡建实践十分认同,他认为青田是全市乡村振兴的典范,并提出由市财政支持2000万元用于青田的公共建设和乡村保育。杏坛镇政府负责项目统筹和实施,榕树头基金会提供技术咨询。青田队委与村民沟通和释疑,在多方努力下,包括污水处理、河涌清淤、文物修复、石板路修复在内的系统工程,于2019年1月开工建设,目前已施工完成。经过这一轮的基础设施改造,青田的村落面貌和村民的生活环境得到了很大的改善。

在具体的实施过程中,青田村落修复工程按照政府的招标采购计划如期进行,体制内的施工规范和开工程序要求一个也不能少。政府的招标法规制度经过长期实施与检验相对完善,经常会帮助我们调整和弥补失误和漏洞。但在实施过程中,人为因素还是会产生干扰,有些地方的施工项目结果不尽人意,甚至会出现劣币淘汰良币的现象。究其原因,除政策法规上的僵化外,现实操作层面的不可预见性也经常会阻碍我们的工作。在招投标过程中,施工单位为了中标恶意降价,肆意破坏规则的现象时有发生。他们通常的做法是,以接近成本价甚至低于成本价的价格先拿下此项工程,等打跑了所有竞争对手后开始施工,施工一半后再和甲方谈条件追加预算,说自己估价不足会亏本,

渠岩和村民商讨修复
河床方案

如果不追加预算就停工，给甲方留下半吊子工程和别人无法收拾的烂摊子。

在通过当地政府部门主持的招标后，我们以"专家"身份协助施工单位，先对九条街巷和石板路进行道路整理，安装下水系统。需补充说明的是，一般传统村落是没有地下下水系统的，有的也只是明渠排水。但此次下水系统的安装，是青田水系的治理工作的重中之重。据村民回忆，他们小时候河涌里面的水清澈见底，鱼虾很多，既可以洗菜做饭，又可以下河游泳。而现在，青田村内外河涌淤泥堵塞严重，生活垃圾漂浮其上。但困难的是青田水网错综复杂，对外又连接河涌江海，青田水系治理是个庞大复杂的系统和整体工程。故不能采取头痛医头、脚痛医脚般的局部整治方法，而是要在村头水源处建立分水闸，慢慢地分段治理好水系。另外，在整修河床的工程实施中，我们还要强调施工队不能像建大江大河一样做河床堤坝工程，而是要尽可能地保留河床河堤中生长的水杉树和榕树，还要尽可能地使用原地的

铺设排污管道

旧石材垒砌。如此，才会保持河涌原貌及其建立于其上的社会生活。

青田在修复民国遗存的历史建筑东西两座碉楼时，就出现了类似的问题和困境。东西碉楼是青田村在民国时为保护家园抵御外人侵犯所建，已成为守护青田的象征和青田村重要的历史景观。在我还没有回到青田时，刘伟杰就给我发信息，说为了抵御台风的侵袭，排除隐患，文物修复单位在修复碉楼时将修剪西碉楼内的两棵榕树，而我回到青田之后，又看到修复后的东碉楼多了一圈灰瓦屋檐，甚是难看。

文物的保护与修复，国家有非常完善的法律法规，也有相对丰富的修复案例，但恣意破坏文物的实践时有发生。具有国家修复文物资质的单位，在修复过程中破坏文物的现象也屡见不鲜，修复结果常让世人捧腹并笑掉大牙。匪夷所思的结果为何时常发生？让我们先从国际通行的修复文物规范说起：一是保护历史环境下存在的历史建筑与遗存，任何建筑和遗存都不会是单独存在的。遗存的建筑物都会和环境形成一种不可分割的相互依存关系。历史文化遗产的环境保护更加重要，包括周围与之相关联的地形地貌、山水田园，以及相互关联的历史遗迹与空间关系。二是在保护和修复历史文化遗产与建筑遗存的过程中，必须保持原有遗存的历史风貌，包括建筑的历史样式、尺度、时间的印记和色彩、材料的沧桑质感等，都不可随意被改变甚至恣意涂改，更不能张冠李戴、南辕北辙。原封不动的保存和修旧如旧的修复，是联合国提倡的保护历史文物的标准。特别是"修旧如旧"是国际上公认的保护文化遗产和历史建筑与遗存的标准。对于长期遭受破坏和残缺的古建筑，更要谨慎对待，不可胆大妄为肆意涂抹，特别是在修复工作者和从业者水平参差不齐的情况下。如果非要恢复增加原有被毁掉的的部分及历史原貌，但材料上要有区分，以增加大众对不同时代和时间的辨识度。而在没有把握的情况下，最好不要随意改变早期的建筑原貌。举世闻名的断臂维纳斯，就是因为其残缺的美所具有魅力，如果增加胳膊可能就会非常别扭，后人也试图想做这方面的尝试，但都没有成功。

还有一种就是中国传统的修复方法。在中国文化传统里，根本就没有建筑修复之说，一般都是推倒重建，叫"去旧迎新"或"总把新桃换旧符"。中国历史建筑大多是砖木结构，保持不了长久。以寺庙和祠堂等公共建筑为例，到了一定的年代，这些建筑或毁于战火，或天长日久自然垮塌。修复就是彻底翻建，没有修旧如旧一说。这也是中国人修复老房子的文化传统。在原地基上彻底铲平，丢弃所有的旧砖瓦和老木梁，全部换新，但还会沿用老样式。现在乡村建房子连老样式和老工艺都被抛弃了，直接按流行的样式建房子。所以郑振满在乡村的工作方法是，进村找庙，进庙看碑。进村找庙的意义在此省略，进庙看碑就是看这个庙是那个年代建的，重建了几次，而不是通过庙的建筑和材料年份来判

修复千石长街

断该庙的历史年份。这也是中国人对待建筑修复的态度。

　　说回到东西碉楼的修复改造工程。刘伟杰度假没结束就匆匆返回，他在镇文宣办工作，又是青田人，也就理所当然地负责这项修复工作。他做人谦逊，做事低调，又有修养为人很温和，他一边协调区文物局的工作，同时还要督办施工单位的具体施工。我向他表示了对修复东碉楼方案的不同意见和看法，他一脸无辜和无奈地向我详细说明了整个碉楼整修改造方案的实施过程。原来事情没有这么简单，青田两个碉楼属区级保护单位，理所当然地属于区文物局管辖，顺德区所有的文保项目都属于他们立项和审批，否则就不能使用这笔经费来维修，而东碉楼修复方案就由他们主持审定通过，这是文物法规所限，谁也无法更改和变动。负责审批的专家也是文物部门审定邀请的，专家们之间自身也存在两种不同意见，一种是按国际规范"修旧如旧"的方法，尊重历史风貌，修复中保留原真。另一种是"去旧换新"的方法，不注意保留历史价值与以往的痕迹，直接恢复到最早的样式，但风貌全无，变成一个老式的新建筑。第二种意见占了上风并通过实施。刘伟杰说我们的修复方案区文物局不能通过，我感觉很费解和吃惊：为什么国际认可的文物修复方法在我们这里不能实施和执行？我也就理解了为什么中国的许多文物建筑，花了钱后修复得面目全非、惨不忍睹。为什么这些荒诞的政策法规不废除和修改，这里面有没有权力和利益作祟，我不得而知，但你一听他们把这种荒谬的规定能解释得头头是道，其合理性又不容质疑，真是咬碎了牙往肚里咽，没有任何办法可以改变。西边碉楼修复的规定更有意思，西碉楼由于历史原因有些倾斜，因为两边都是水塘，天长日久肯定会地基下沉产生楼体往一边倾斜，倾斜的碉楼内还生长了两棵大榕树，非常美观好看，算"青田八景"之一。如果文物部门修复，按照他们的法规就要把碉楼扶正，不扶正就不能叫修复，就通不过他们专家验收，专家只验收直立起来的碉楼，不验收继续倾斜的碉楼，感觉像没有维修。原来如此，他们的标准就是要看到是新建的效果。对待这个问题，我是毫无办法，因为超出了我的理解和认知，我一头雾水，不知所措。在此我要百分之百地佩服青田村委会管事的几个村委和一些村民，他们太了不起了，我都服了。村民们就是不同意将碉楼扶正，结果就不批准使用维修经费。村民说不需要经费，他们也不主张把碉楼扶正，而是要保护原貌，村民的觉悟和意识恰恰符合文物修复的法则。按这些专家的说法，意大利的比萨塔早就应该扶正了，但是扶正了，那还叫比萨塔吗？我跟刘伟杰说，我和村民的意见一致，文保部门和专家站在我们的反面。我有点想不通，其实这些困境也不能完全怪主管部门和文保专家，是不合理的规章制度制约和扭曲了事物本来的面目。真是无奈和无语。我还是不甘心看到这种荒诞的结果在青田呈现。我告诉刘伟杰，我和村民的意见是要他们把坡屋顶塔盖去掉，立刻停止碉楼外立面的打磨和清理，保留所有的历史印记，或者让他们把屋盖子放到碉楼里面去，反正外面不能看到，顶部必须恢复原状。东碉楼完全可以不修，因为塔基和结构未有任何危险和隐患。刘伟杰还是一脸无奈，他最后说道，我把你的意见如实向区文物局反映，让他们组织专家和维修施工队伍来青田和村民座谈协商，我也只能暂时接受这个结果。

我真要由衷地感谢青田村民，特别是高度负责任的几位村委，他们坚定不移地守护着青田。青田是他们的家园，他们对自己家乡的文化遗存有发言权，而上级文物部门的主管以及文保专家，终于放下架子来到了青田，他们不再也不敢继续高高在上了，因为过不了村民这一关。否则他们的修复工程无法验收通过。迫于压力，他们也必须耐心倾听来自村民的意见。最后，村民提出了修改建议，也是我提前和村民交换意见后，不得已而为之的补救方案，拆掉他们加盖的大屋顶，这一点没有任何商量。不管这些文保专家找了多少依据和理由，最后还是逃脱不了破坏历史建筑的责任，当然在现实的层面他们也不会承担打着文物保护旗号所造成的后果。工程过后，刘伟杰给我打电话，让我和青田几位村委一起去现场检查验收。遭到的破坏肯定是无法挽回了，而只能再尽可能地在减少破坏的基础上，修复好这座屹立多年并守护青田的老碉楼。我们踏着碉楼内修复好的木质楼梯爬到楼顶，拆掉斜屋顶的楼顶可以站几十个人，碉楼顶的四周用新砖砌成了长城烽火台的样式，高低之间错落形成防御的功能，让我哭笑不得，这也是不得已而为之的结果了。原来楼顶由于历史形成的独特魅力已荡然无存，这座碉楼楼基没有任何问题，完全不需要花这么大的投资来修复改造它，而改造的恰恰是宝贵的历史和时间浸透及留存下来的价值。记忆从此被中断，岁月形成的包浆也荡然无存，真是欲哭无泪，竟然在我们的眼皮底下打着文物保护的旗号被毁掉，并且是堂而皇之并合理合法地实施。我们在碉楼顶看到了施工完成的效果后，就更加证实了他们当初兴师动众大修碉楼的理由根本不成立。他们在包裹严密的施工安全网内偷偷加盖了大屋顶，被我们质疑后他们还强词夺理地解释说必须加盖屋顶，目的是为了防水。因为楼内重新修正了基层楼梯，不加盖屋顶雨水会灌到楼内，时间长了每层的隔板和楼梯会被毁坏。村民提出的整改方案非常智慧，在碉楼顶部做成低于外墙的平台，四周留出出水口即可。他们采纳了建议，效果非常好。观者在下面或远处都无法看到碉楼的内顶，同时也能有效解决楼顶的出水问题。事实证明，有效解决和修复这座碉楼年久失修的问题并不难，也不会把技术问题和审美问题绝然对立化，关键是其他因素干扰太多，反而把简单的问题复杂化，把专业的问题行政化。

在地方政府实施青田改造的过程中，这种小题大做的事情时有发生，防不胜防。我通过青田建设才知道，没有一个强有力的专家团队监管，最后政府投了资金，经过这些大大小小的施工队的介入改造，十有八九就破坏了乡村，破坏了原有的村落格局与历史风貌。他们会有各种冠冕堂皇的理由与说辞，让你感觉既是合理合法又是有理有据，让你既同情又理解，但结果都是破坏。青田的荷花塘是村里重要的风水遗存，作为朱雀布局，优雅而温润地坐落在青田村显要的位置，世

修复历史建筑——
碉楼

代呵护着青田的村民。荷花塘非常完美，北部完整地与千石长街契合，南面呈椭圆弧形包围，和北边的直线形成对比，清柔婉约，沿着弧形的水塘边是大榕树环抱的蜿蜒小路，背面弧形的塘壁长满了路边的榕树根。年长日久，老树根爬满了池塘的石壁，从北往南望去，像一幅巨大的浮雕画卷，没有任何人工雕琢的痕迹，图案是经过百年岁月自然孕育而成，巧夺天工。早年村里在荷花塘的东面修了一个小厕所，简陋而粗糙，厕所伸进荷花塘里排除粪便污水，近期村落整治，将厕所移到东面不远的另一个水塘边。其实最简单的办法就是把老厕所拆除，恢复荷花塘的完整性并解决了污染问题。但负责村里改造项目的有关部门，非要在原有基础上加盖水上走廊步道，理由是观赏荷花方便，主管单位让施工方设计好了方案准备施工了，才找我看看。我看了非常愤怒，极力阻止他们将要实施的方案。他们试图说服我，还拿出村民的意见来证明其合理性。我说荷花塘是青田的风水塘，不能做任何破坏和改动，否则会坏了风水，这对青田很不妥。其次说要观赏荷花也不难，在水塘周围都可以看到荷花，如果要改造利用旧厕所也好，我给你们方案，根本不要花这么多钱，几乎不要做大的工程来。只要把老厕所围墙拆除，厕所就变成伸向水塘中的平台水榭，周围栏杆可以沿用水塘旁的旧石板，从南边延伸过来围成半圈，再围到北边接起来，连接到北边水塘边的围栏，自然完美。我们为什么不这样做呢？可能只有一个理由，不要花什么费用了。我不知道他们为什么不采纳这么好的方案。

按下葫芦浮起瓢，一波未平一波又起。2020 年 4 月疫情期间，顺德已复工，我在北京躲避疫情，乡建团队正好在陪客人在青田参观，突然看到在荷花塘铺设灯光线路，就感觉很诧异，感觉不对劲，一打听才知道还是镇政府指派的施工队继续在青田施工，听说还是原来那个被我制止在荷花塘加盖观景桥的施工队，这回更不靠谱，他们不但负责荷花塘清淤以及重新栽种荷花的工程，而且还在荷花塘周围铺设照明亮化工程。施工方说征求过渠岩老师的意见，他们就马上发来图片。我一看他们发过来的照片目瞪口呆，他们还是按照乡村旅游的套路搞灯光美容，我根本不知道此时，也不知道他们擅自做主灯光美化荷花塘，照片上显示施工队已经在铺设照明线路，荷花塘四周将要放置 LED 串灯。我首先告诉他们我根本不知道此事，也决不会让他们在荷花塘铺设这种景观美化工程。又一个先斩后奏，他们知道我不在青田，就赶紧施工。第二天，负责监管青田工程的镇城建局负责人给我发信息，说他们在做荷花塘的改造，有小小的亮化工程在里面，他们也和村民沟通了一下，村民们也觉得这样做比较好一点点。他可能已经听说我已经知道此事并反对他这样做。他才想起和我沟通，先对外说已经和我沟通过了才施工的，现在知道绕不过去了，才又主动说要征求我的意见。我马上表态，青田不能这样搞亮化，这是很多旅游村恶俗的做法，把乡村搞得花花绿绿，青田本来就不是做旅游村的，你们为什么还要这样搞？也不征求我的意见。既然我要对青田乡建负责，你们也要提前告诉我吧。这位负责人很诚恳地给我留言说：完全没有不尊重我的意思，也是很注意在和我沟通的，只是村民想改善一下路灯照明，我们就在荷花塘做了这个装饰灯光。他说取消也很简单，拆掉就行了。我说青田之所有有魅力，就是因为保持了它的历史风貌和原汁原味。我想多说几句，因为他们的习惯思维和做法的确不妥，很多乡村就是以这样建设和打造的名义给破坏的。你们没有很好的监管，出了问题都推给施工单位，这也不是第一次了。这位负责人负责表示

渠岩和村委们讨
论维修措施

很委屈，说他们施工队在投标方案里有这个亮化方案和内容，也约了
村委看了一下，可能大家有点误会，他们还是很听我的建议的。并表
示我说拆就拆掉。态度也还算诚恳。我也想多说几句，以避免再出现
类似的事件发生。我说你们既然将我作为青田建设的专家，那这些基
本建设的事情要首先征求我的意见，你们反而拿着自己的改造方案先
征求村民的意见，村民有时也不好判断，毕竟他们也不是很专业。那
既然这样做，还要我这个专家顾问干什么。你们先搞出来了，我要是
不同意，好像我反对村民的决议，搞得我好被动。我们都有责任守护
好自己的家园，如果青田以建设的名义毁在我们手里，那子孙后代都
会埋怨我们的，我是外地人，你们都是顺德人，要对家乡负责，施工
队也不能为了挣点钱，做这些没用的东西，施工队可能还会抱怨我耽
误他们挣钱了，有时反而起到破坏作用，这就不好了。这位负责人可
能感觉我说话重了，他不同意我的意见和批评，他也说为了晴天的施
工和建设尽心尽力，听到我批评他，他也很难受，工作也不好做，既

要尊重村民的意见，也要尊重专家的意见。其实我也很理解他们，基层工作人员都很辛苦，但很多乡村就是在过度地建设和开发中被破坏掉的啊，他们当然不会意识到，当然也会感觉到委屈，想法都是好的，结果都是不尽人意的，问题出在哪里，他们可能反思的很少，我也想把话说多一些说中一些，能给他们一些警醒，这也是我的苦衷所在。

这就造成了这么一个怪圈，一旦上级都来关注乡村，各个部门都可以拿钱来修建实施，区里做一个，镇里做一个，村里也不甘寂寞再来几个，各自为政互不协商。大把的投资和工程款消耗掉不说，乱七八糟的新建筑就把乡村搞得面目全非。青田两个书院整修算是没有大的破坏性修复的问题，由于我们事先和施工队沟通协商，在尽可能地保留原建筑历史风貌的基础上，将建筑基础构成危险的部分大修，比如有明显裂痕的墙壁和漏雨的屋顶，屋顶要把瓦揭开，木梁损坏的或被白蚁腐蚀过的要换掉，其余部分尽量让他们修旧如旧，尽可能完整地保留历史风貌和年代记忆。两个书院整修后的功能使用，我们也做了长时间的调查后再做出判断，以免犯历史错误和常识笑话。我们原以为书院就是乡村传统教学的场所，承担教育的功能，这种理解显然有偏差。由于青田没有一般意义上的祠堂，刘氏大宗祠在三公里远的大社村，重的祭祖活动都要去大社，但同时我们也看到两个书院的正厅有他们两兄弟祖先的牌位，平时也没有祭祖的活动在书院里举行，只有村里的年轻人结婚，新婚夫妻要来书院"上大字"，也就是告慰祖先的仪式。我们开始想将这两个书院整修后，变成乡村讲堂和乡村图书馆，只恢复其教育功能。2018 年 5 月 18 日，我们在青田举行了"青田论坛"，邀请了国内外一批重要的文化学者，特别是华南学派几位重要的历史人类学家，其中有中山大学历史系的刘志伟教授。

刘教授在华南乡村，特别是岭南乡村做过几十年的社会调查与研究，他的经验对我们解读顺德乡村的历史文化帮助非常大。他在青田现场就给我们做了很多有益和重要的指导和帮助，并且明确地说青藜书院和传经家塾就是祠堂。我们在青田做了一年多的历史与文化调查，也没有听村民说这两个书院就是祠堂，甚至兼具祠堂的功能的说法都没有。我曾经问过瑞哥这件事，他也没听祖辈人说过这两个书院就是祠堂。我看到两个书院里各有两位祖先的牌位，但没有明显的祠堂设施及祭祖功能，所以还是有所疑虑。

2019年元宵节，我受厦门大学历史系教授郑振满的邀请，参加他在家乡福建莆田举办的工作坊，我特意问他青田书院的属性及功能定位，他也明确地告诉我青田的两个书院就是祠堂。如果我们把这两个书院改造成普通的教育空间，那就会贻笑大方。明确了定位以后，就知道如何处理这两个空间了，我对青藜书院的修复改造就有了明确的想法。书院中间正厅必须作为祠堂保留下来，原来村里说你们可以随意改造，只是把祖先牌位留下，以及东墙留下给青年人结婚"上大字"使用。但侧面偏房我们将作为青藜村民讲堂和茶室使用，因原来这间房子是作为青藜书院孩子们上学的饭堂使用。我把当初的土灶台完整地保留了下来，去掉长期造成的污垢，也修补了破损的部分，再加建上作为茶室的功能，使其保持传统建筑及空间的魅力，又具备非常温馨舒适的环境和效果。我们打算将这个空间作为"青藜讲堂"使用，村民可在这里举行各类讲座，村委们也可以在这里开会；有亲属和远道而来的客人来访，村民也可以在这里接待他们，谈天说地，聊聊家常。"传经家塾"也是按照这个思路来修复改造，正厅保留其祠堂的祭祖功能，南墙作为新婚夫妇"上大字"使用。传经家塾东侧面的房间比

乡建团队在清理垃圾
村民们加入清扫家园的行动

青藜书院要大很多，分两个房间，南面小房间也是私塾所使用的厨房，也保留了完整的灶台。我们也将这个空间做成喝茶的地方，北边大房间改造成青田图书馆"晴耕雨读"，让青田的村民有个阅览读书的地方。特别是周末年轻人带着孩子回来，也就有个学习的去处了。我们也马上准备在此筹备"青田艺术公共教育项目"，让我们的研究生负责艺术义务教育，回乡的孩子就可以在此学习艺术和各种乡村手工和民艺。

三、乡村中的艺术

"乡村"在此作为艺术行动的主体和
艺术行为发生的主场而在。在"乡村"
这块文化空间中生长与发生的历史记
忆、文化传统、诸神崇拜、日常生活
与情景发生的艺术，便是以"乡村"
这一复合并生长着的文化空间，以
及在地的村民为文化主体之审美互动
行为和情感表达来体现。简言之，凡
具有促进乡村意义网络中人神、人人
与人物情感沟通，以及日常生活交流
与世界意义流动的文化行为或审美实
践，都可被视作乡村中的艺术。

青田论坛

批评家作为一个炼金术士，演习神秘的艺术，将现存无用的素材转化成闪光的、永恒的真理金丹，或观察、诠释导致这种魔幻变形的历史过程——不管我们怎样对待这个形象，它都无法投合我们界定一位作者为批评家时心里通常浮现的任何一种现象。

——［美］汉娜·阿伦特《启迪：本雅明文选》

如前所述，为了避免乡村建设中可能存在的因单一主体权力过大而产生的问题，我们在青田艺术乡建中采用多主体联动的模式。青田艺术乡建与其他艺术乡村活动的重要区别在于，我们始终秉承"多主体联动"与"跨学科整合"的乡建实践方式，有效地避免了艺术家自身存在的知识短板和学科限制，在青田乡建中少走了很多弯路，并获得了其它学科的助力和支持。

早在 2016 年 7 月 28 日，北京大学人文社会科学研究院就主办了一场"乡村建设及其艺术实践"的学术研讨会。来自不同领域的学者和艺术家出席了研讨会，包括历史学家、社会学家、人类学家、艺术批评家、建筑规划方面的专家学者等，民国乡村建设先驱梁漱溟的嫡孙梁钦东先生也受邀参加了会议。会议的议题有"艺术家能为乡土重建做些什么？""中国乡村社会及现代变迁""乡村建设中艺术实践的机遇与难题""中国传统社会的构造及其伦理形态""现代中国乡村的变迁及重建的可能性"等。与会学者对以上议题进行了深入的讨论。北京大学人文社会科学研究院也对此次会议做了报道：

> 在中国社会的现代转型中，乡村付出了沉重的代价。费孝通先生在《乡土重建》中曾指出，一旦城乡经济与文化上的传统连带发生断裂，乡土性的地方自治单位便遭到了全面破坏，洪流冲洗下的中国乡村，自然逃脱不掉溃败的命运。溯至上个世纪 30 年代，以梁漱溟先生等为代表的知识精英，担负起立国化民之精神，深入挖掘传统资源，展开轰轰烈烈的乡村建设运动，将中国知识人的命运与中国乡村的命运紧密结合在了一起。

> 时至今日，中国乡村的危机非但没有缓解，反而随着政治运动以及资本侵蚀，陷入到空壳化、原始化的险境之中，陷入到荒漠与冷漠的生态与世态之中。中国文明的根在乡村，若失去了乡村的源头活水，社会安全和伦理秩序势必面临严重的威胁。因此，当今无论是城乡建设的困境或是社区营造的难题，都不仅仅是物质形态的问题，而是关涉到文化主体性之存续的文明本体问题。

> 艺术介入乡村的实践，即是重新探索城乡建设与社区营造的各种可能性，以此实现对文明传统的再追索及当下社会的再修复。艺术介入乡村的实践，即是借助艺术形态重建人与人、人与自然、人与祖先、人与神圣世界的关联。艺术介入乡村的实践，焦点不是艺术本身，也无关审美范畴，

青田
范式

而是通过恢复乡村的礼俗秩序和伦理精神，激发普通人的主体性和参与感，绵续中国人内心深处的敬畏和温暖。①

早期在太行山上举办的"许村论坛"对以后的许村乡建帮助很大，所以转战到青田这里，我也想在这里做一个"青田论坛"，也是想吸引和调动更多的专家学者资源，来共同关注青田的乡村建设。我的想法得到了北京大学人文社会科学研究院常务副院长渠敬东教授的鼎力支持。时间确定好了，他就开始联系专家学者，并把活动主题调整为"中国南方乡村的变迁与重建：顺德乡村考察活动"。青田这边马上开始为活动忙碌起来，基金会和乡建团队开始向有关部门做活动申报。由于近年来上级的管控越来越严，有关部门甚至对"论坛"二字都极为敏感，谁都不想犯错误，谁也不愿意承担责任。当地政府对这次活动提出了三点要求：严禁使用"论坛"二字，不准使用繁体字，不能邀请外国专家。这些突然而来的规定使准备了近一个月的团队措手不及，会议的相关视觉设计提前一个多月就开始做了，海报招贴、会议手册、会议现场、文化衫都已经准备。笔记本等都要面临修改。有关"青田论坛"的微信公众号也已向社会推出，大家都非常激动和期待，会议筹备团队的小伙伴们也干劲十足，紧锣密鼓地有序推进各项工作。这三点规定一下来，把我们搞得措手不及，我非常气愤。陈碧云也接到了杏坛镇政府的通知，说必须撤掉标有"青田论坛"主题的微信公众号，我拒绝撤换。陈碧云又用岭南乡建院的微信号，重做了一版没有"青田论坛"字样的活动消息，总算抵挡了过去，但平面设计部分全部要调整修改。我实在不愿意放弃"青田论坛"这一品牌，就将这四

---

① 微信号，文研小编 北京大学人文社会科学研究院 2016-8-30。

南方乡村的变迁与重
建——青田论坛开幕

个字和此次会议的 Logo 组合在一起，作为标志使用，打了个擦边球。果然一直延续使用到会议结束，领导们也许没看见，也许看见了也没发现出什么篓子，眼开眼闭也就过去了。其实，本次论坛能顺利实施，杏坛镇政府及相关部门非常支持，但我至今也搞不明白，为什么他们对"论坛"二字谈虎色变。就像当年我在许村发布"许村宣言"，当地政府有关领导也非常害怕，紧急叫停我要发布的媒体消息。乡建团队也很纠结和矛盾，基层政府也不容易，不想给他们添麻烦，其实大家也都明白是怎么回事，就是现在的条条框框太多，谁都不敢越雷池一步。谨慎总比冒失好，不会犯错误，也会减少许多不必要的审批程序。折腾了两个回合以后，活动总算如期举行。

2018 年 5 月 18-24 日，由北京大学人文社会科学研究院、广东工业大学艺术与设计学院、顺德区杏坛镇人民政府以及榕树头村居保育公益基金会联合主办的首届"青田论坛"暨顺德乡村考察活动顺利举办。此次论坛和考察活动，汇集了国内外社会学、人类学、历史学、艺术学以及乡村问题研究专家等重要学者，围绕着"中国南方乡村的变迁与重建"的主题展开讨论。青田地处珠江三角洲，这是中国最发达的地区之一，市场经济繁荣，而乡村文化传统又有大量遗存，两者之间的关系乃至张力，为观察中国社会变迁提供了最好的视角，并能激发出对于很多重要的理论问题的思考。学者们从青田乡建实践的审视和思考出发，探讨更广泛意义上的乡村问题，也为"青田乡建"提供了重要的理论和思想资源。

参加论坛和考察活动的专家学者有：

邓小南　北京大学历史学系教授、北京大学人文社会
　　　　科学研究院院长

渠敬东　北京大学社会学系教授、北京大学人文社会
　　　　科学研究院常务副院长

科大卫　香港中文大学历史系教授

王铭铭　北京大学社会学系教授

赵世瑜　北京大学历史系教授

张　静　北京大学社会学系主任、教授

郑振满　厦门大学历史系教授

周飞舟　北京大学社会学系教授

刘志伟　中山大学历史学系主任、教授

赵　刚　台湾东海大学社会学系教授

孙　歌　北京第二外国语学院日语学院教授

宋怡明　美国哈佛大学费正清中国研究中心主任

李人庆　中国社会科学院农村问题研究中心研究员

方　海　广东工业大学艺术与设计学院院长、教授

顾　伊　加拿大多伦多大学艺术史系教授

王瑞芸　中国艺术研究院美术研究所研究员

王长百　广东工业大学城乡艺术建设研究所研究员

渠　岩　艺术家、广东工业大学城乡艺术建设研究所
　　　　　所长、教授

本次会议和考察活动，对于我们在青田一线的乡建者来说，也是一次宝贵的学习机会。几天密集的活动，既要办论坛，又要下乡考察，所以我们就要有充分的心理准备，来的都是有水平的学者，他们不但会对乡村作出精准的解读，也可能会对我们的乡建工作提出不同的看法甚至批评，而这都将成为我们今后艺术乡建工作的宝贵资源和养料。这也是我要举办此次活动的初衷，我怀着忐忑和兴奋的心情，等待着这些专家学者的到来。会议和考察活动如期开始，这些学者个个都才高八斗、学富五车。青田一下子集聚了这么多人，真是应验了一句话"山不在高，有仙则名，水不在深，有龙则灵"。他们大多对岭南乡村有深入的研究经验，又能深入浅出地给我们团队讲解，为我们的乡建实践提供了深层次的问题剖析，也能提出切实可行的宝贵建议。我们乡建团队收获很大，对乡村的认识也更加清晰，行动也更加自信，目标也更加明确。专家学者们从各自学科的角度，对乡村的历史和文化做出了独到的见解和深刻的分析，也对今日乡村在现代化的变革面前要如何应对，做出了深入的分析。并对我们在青田的乡建实践，提出了许多建设性的指导和有益的建议，使我们对乡村的历史和内涵又有了深一步的了解。

五月的青田骄阳似火，夏天来得比往年都早，许多北方来的学者和专家经受住了酷热天气的考验，特别是科大卫教授已经 70 多岁高龄，也不辞劳苦和大家一起在顺德各个乡村考察奔波。"华南学派"的几位著名学者都来到了青田，他们同时借鉴人类学和民俗学的田野

中国南方乡村的变迁与重建

北京大学人文社会科学研究院院长邓小南教授做主题发言

调查方法，对华南乡村做过长期的系统性调查与研究，关注的视角包括历史人类学、区域社会史等，同时涉及一些海外中国社会史、民间信仰研究等。在以传统文献考据法盛行的史学界，他们创造性地提出了一种全新的研究方式，在国内外学术界产生了很大的影响。他们在调查研究中积累了宝贵的经验。比如，我们对厦门大学郑振满教授"进村找庙，进庙看碑"的趣事早有耳闻，他会通过寺庙与碑文推导出与之相连的周围村落的历史和年代，以及由此构成的关联和成因。这次在青田的"传经家塾"内，我们就当场领教了他对碑文的相关解读，真是出神入化。由于这次青田论坛和郑老师结缘，2019年元宵节，我还有幸受邀参加了郑振满老师在他的家乡福建莆田举办的"民俗工作坊"，进一步加深了对他治学的了解，此行受益匪浅。华南学派还有一位重要的学者陈春声教授，我们也早有耳闻，遗憾他没有参加此次活动。但在开幕当天晚上，在杏坛镇政府为欢迎专家学者举行的欢迎宴会上，他风尘仆仆地从广州赶来与各位专家学者见面，其中有很多也都是他的老朋友，我们终于一睹他的风采。此时他已是中山大学的党委书记，因公务繁忙不能继续参会。我们广东工业大学的党委副书

记陈良友和艺术与设计学院的党委书记黄学茭也参加了会议和欢迎宴
会。中山大学历史人类系主任刘志伟教授也是"华南学派"的代表人物。
刘老师是广东江门人，和顺德一江之隔，非常熟悉岭南文化和民俗，
他也有亲戚住在附近的龙潭，而龙潭对他早期的乡村研究也有很大的
启发。他对河涌边的一块石头如何演化成一个祭坛，祭坛又如何演变
成一座寺庙做了精彩的描述，既生动又有趣，让人耳目一新。到青田
时他的腿有伤，但坚持拄着拐杖参加了考察活动。

　　邓小南老师在北大文研院第一次给我们召开"乡村建设及其艺术
实践"的学术研讨会时我们就已熟悉，她非常肯定我早前在许村做的
乡村实践，她当时说的一句话我至今还记忆犹新，说我和渠敬东教授
这两个"渠"走到一起也是一个难得的事情，因为姓渠的人在中国非
常少。后来徐国元主席接着这句话说，两个"渠"又能汇到顺德的江
河里就更有意义了。这虽是后话，但我们也感觉很荣幸。邓老师是我
国宋史研究的著名学者，2009年我有幸和邓小南老师夫妇到过福建古
田考察，邓老师的先生就是林耀华的儿子。古田是著名人类学家林耀
华先生的故乡，而人类学经典名著《金翼》写的就是古田。我们在古
田一起度过了难忘的时光。她这次能来到青田参加活动，我们都很兴
奋，她热情地鼓励我们的工作，并提出了很好的建议，对我们的帮助
很大。很难得的是，邓老师给我们提出了一些非常具体的建议，这对
指导我们做具体工作非常有效。她说你们做乡村建设不能操之过急，
也不要一开始就把目标定得太高，要用一种渗透、弥漫的方式，比较
从容，也会比较有效，哪怕从引导村民能有一种积极、健康、和谐的
生活方式开始，从一些基础性的工作开始做。仅仅是迎合村民让他们
满意是不够的，要让他们知道什么是有价值的，什么是我们传统里优

秀的东西，什么值得保留。

渠敬东教授是此次活动的关键人物。他很早就被艺术家介入乡村建设的行动所感动，在北大文研院还在筹备之时，就组织召开了"乡村建设及其艺术实践"的学术研讨会。他对艺术家们给予了极大的鼓励和学术上的支持。他说话富有激情和感染力，为人谦虚做事果断，有着极高的学术素养。早在 2016 年，他就亲自来过青田考察，并对我们乡建团队给予了宝贵的学术指导和理论帮助。2017 年 7 月底，他又亲自驾车翻越太行山来到许村，参加第四届许村国际艺术节，并在许村艺术节期间做了"山水与家园"的专题演讲。渠敬东对青田的实践给予了很大的支持，在他积极的努力和协调下，北京大学社会学系的社会实践基地在青田挂牌，此次他又第三次来到青田主持挂牌仪式，并在青田做了"理解乡村，建设乡村"的主题演讲。北京第二外国语学院的孙歌老师给我留下的印象非常深刻，第一次见她是在北大文研院，当时看到她就感觉是一个和蔼可亲的学者，到青田之后近距离的接触多了，才知道她的学养深厚，但又生动有趣。她对艺术也有深刻独到的见解，回北京后我冒昧地提出请她给我的文集《限界的目光》写序，她二话没说就爽快地答应了。她对我真的很信任，在没到看我的书稿时就愿意支持我。

科大卫先生年事已高，非常受学界尊敬，我们也对他仰慕已久，论坛上他的第一个发言就对我特别有启发。他大概的意思是说，在乡村谁说了算，谁认为乡村有价值，答案不是我们外来的人，而是村民。老人对青田里的事情充满了好奇，走到哪里都想看看，这可能也和他的学科素养以及工作习惯有关。我记得我们一起参观正在装修的青田学院时，二楼还没装修好，实际上还是个工地，老人居然好奇地跑到阁楼上往下探头。我当时很担心，怕现场万一有什么安全隐患可能伤到他，他却全然不在意，像个孩童一样可爱。王瑞芸是中国艺术研究院美术研究所的研究员，是艺术界熟知的评论家，同时也在美国洛杉矶居住，常年来往于美国和中国之间做学术交流以及研究工作。她也是研究杜尚的专家，她写的《杜尚传》和翻译的《杜尚访谈录》，在中国艺术圈产生了广泛的影响。她写的中篇小说《姑父》被选入 2005 年中国最佳中篇小说排行榜，并获得《北京文学》"中篇小说奖"。她为人正直善良，谦和低调，我和她相互熟知但始终没有谋面。机会终于来了，2016 年 10 月 8 日，我受美国加州州立大学北岭分校王美钦教授的邀请，参加在美国加州 Pepperdine 大学召开的"2016 全美中国年会"（2016 American Association of Chinese Studies Conference）。王美钦近年来一直在做"通过艺术文化生产重建中国乡村"的相关研究。她也是美国学术界颇有成就的年轻学者，也关注了我的艺术实践多年，并多次去山西许村和广东青田做考察研究。会议期间，王美钦也邀请了王瑞芸参加她主持的中国艺术单元的活动，我这才第一次和王瑞芸见面。我知道她旅居洛杉矶 20 年之久，借此机会能够见面，开始彼此都很客气，她很认真地听我介绍自己的相关工作，我看她非常感兴趣，就送给他一本我写的书《艺术乡建：许村重塑启示录》。她回去后没多久就给我发信息，激动之情溢于言表，看来是我的工作触动了她。之后，我们就频繁地用微信交流，她也对我十年的乡建工作给予了积极的肯定和认可。又过了几天，她在《艺术国际》上发表了一篇文章，谈了中国当代艺术界以及批评圈当下存在的问题，质问中国当代艺术存在着明显的症结但为何大家视而不见，盲人瞎马般地找不到解决问题答案和出路，一直跳不出现代主义的审美怪圈。

王瑞芸百思不得其解，中国有这几个具有人文关怀的艺术家，他们多年的艺术实践，能代表中国当代艺术走出目前困境的努力和成果。那为什么中国艺术批评界对此视而不见并集体失语，还在喋喋不休地说中国找不到肩负转型的艺术家，真是笑话。王瑞芸很着急也很气愤，立马写了一篇文章提出质疑。美国学者隔着这么远的距离都可以找到，关键在于态度和视野，美国华裔学者王美钦几年前有就高度的敏感和责任感，几次回到中国，到我们的乡村实践现场做研究，并且已经把这些案例和经验介绍到国际上了。我心里很清楚，其实也众所周知，中国当代艺术界早已被资本绑架，批评界也好不哪去，甚至雪上加霜，既被资本绑架又被权力绑架，批评家热衷于建立自己的权力话语。而我们做的事情是没有市场效应的，也没有艺术机构给批评家钱，让他们写相关的文章。只有王南溟等少数有良知和敏感度的批评家，一直不遗余力地在关注我及我的艺术实践，但毕竟声音微弱，势单力薄。当然现在好了很多，随着乡村不断地受到社会的关注，关心我们的人也比以往多了很多，这是后话。我们再回到2016年，王瑞芸在她的文章《什么样的艺术可以落实人文关怀》中说道：

当代艺术的鼻祖杜尚说，他最好的作品是"其乐融融"的感觉时，他只其乐融融了他自己。可是我们中国的艺术家渠岩，竟能让他的"作品"使得一个村里的人都"其乐融融"起来，在我看来，他这个作品比杜尚的那个还要高些。杜尚的"作品"是独善其身的"小乘"，渠岩的作品是"普度众生"的"大乘"。若西方当代艺术理论旗手丹托先生今天也能站在这里，一定也会大大地对这作品点个赞吧：多么"正味儿"的当代艺术，甚至与许多装神弄鬼的美国当代作品比，也好出太多太多了。

渠岩这个含金量十足的当代艺术作品，让人兴奋，同时也让人升出困惑：首先，我注意到，美钦作为一个身在美国学术环境中的中国当代艺术研究者，她选择介绍给西方人的，是渠岩们的这类作品，却从不选用具有毕加索那样"原创性"的中国当代画家，为什么？仅因为是个人趣味？还是她要找真正具备当代性审美的中国作品，才肯介绍给西方？（能确定的是，她跟我一样，完全不在意格林伯格的艺术理论，因为那东西在西方已经过时了整整半个世纪。）

其次，我这些年在国内的美术界走动，也有机会开会，也有机会看许多展览，其中好像并不曾把渠岩们的作品包括进去，是我正好错过了？还是他们的确没有在中国的当代艺术界成为"主流"？至少，我不曾在批评界看到过对这类真正具备当代性审美作品的热议，并就此把它们拿来做成扭转中国艺术审美性转换的契机。好奇怪的，在中国，不是人人都急着要学习西方，甚至赶超西方吗？可渠岩们在中国艺术局面中，倒更像一支"游击队"，不是"正规军"，为什么？

情况好像是，一方面，中国存在着很优秀的当代艺术家，存在着一流的当代艺术作品；另一方面，中国美术界一直在互相抱怨，说艺术家浅薄，说批评家失语，整个中国都在焦虑：艺术在中国折腾来折腾去，死活进不了世界先进。[1]

王瑞芸一边肯定我做的事情有意义，同时也对我长期在乡村充满忧虑，我知道她对我产生了深深的关切和同情，她是担忧我会陷入到许多复杂琐碎的日常事务里去，如果重复做乡村建设可能会影响我的艺术创作，可能会失去一个优秀的艺术家。这也不是没有道理，所以在艺术与

---

[1] 王瑞芸：《什么样的艺术可以落实人文关怀》，《艺术国际》网站，2016年10月23日。

非艺术之间的判断和界定，还需要一个长期的实践才能做出，或者要等若干年以后。我还是那句话，是不是艺术不重要，有没有价值才重要。

人类学家王铭铭教授是我一直关注的著名学者，他出版和发表了大量人类学方面的专著和理论文章，很早以前就看过他写的《在乡土上》，对我的乡村实践很有启发。从北大论坛的讨论到青田考察的相处，感受到他渊博的学识和人格魅力，他谈吐风趣幽默，讲话既慢条斯理又逻辑清晰。在青田学院，他指着一棵百年榕树说出"万物有灵"的道理，信手拈来中回味无穷。他也给我们的实践提出了很多建议。王铭铭教授不像一些老师对艺术乡建的做法比较担心，他们怕破坏了青田整个传统留存下来的氛围。王铭铭强调传统也要带有现代的因素，不要将传统和现代两元对立，让我们大胆地尝试将当代艺术融入到乡村建设中来。

我们摘取了与会专家学者在"青田论坛"上的发言：

邓小南（北京大学历史学系教授、北京大学人文社会科学研究院院长）：

我们这次会的主题是讲中国南方农村的变迁与重建，实际上我想这个"变迁"其实是一个中性的词吧。我们通常在历史学上讲变迁都是在比较积极的意义上的，但是现在我们面对的这种乡村的变迁可能是方向还不太明确的一种"变迁"。那么在这种前提之下要怎么重建乡村，我想"建设"这两个字虽然现在被提的很多，但是大家都看的很清，真正的建设实际上是一个长期的、持续的、艰苦努力的过程。那像我们这样的一些人，其实不能仅仅认为自己是这个过程的一个旁观者，一个远远的观察者，实际上我们每一个人也都应该是一个积极的、认真的参与者。我想这个乡村的重建最重要的还不在于能不能做

专家学者们在
青田走访

一些旅游的景点或者说是不是能有一个外观上的改善，跟这个比起来
更艰巨的大概是人文的建设，怎么能够激活乡村的内在的动力，怎么
能够调度它的这些内含的这些因素，然后让我们的一些积极的理念被
乡村的广大民众积极地吸收。而且这样一种理念在乡村村民的积极参
之下，走出一条新的乡村建设的路。

科大卫（香港中文大学历史系教授）：

从外来者的角度观察，中国的南方不可以一概而论，广西是南方，
海南岛也是南方，但它们是完全不同的。所以，是没有"南方乡村"
这个概念的。我们这里讲的"南方乡村"应该指的是珠江三角洲。珠
江三角洲是一个从明代中期以来逐渐形成的区域，这个变化最主要的
是从1500到1800年的这段时间。虽然当地很多的历史传说都讲到宋
代，但关于这点不能太相信。而从明中期到乾隆后期的这段时间内的
变化我们大概了解。不仅是珠江三角洲，包括整个系统，都可以一直
往回走，走到江西，走到安徽（徽州）那一带，基本上是一个非常完
整的地区。在这段时间之内，人们就把拜祭祖先这一件事变成乡绅这

一群体的核心活动。

但从我们外来者的角度来看，有一个小的提议：我认为，把眼光放到旅游上是不对的，旅游不是给我家人做的事情，我没家就做不了旅游。顺德这么多人在外面打工，我回来难道是为了旅游么？不，我是为了回家。什么是回家，因为我祖先神主牌位就放在这里，不管我走到哪里，我不一定每年回来，可能一辈子只回来两三次，但是一进去祖先的祠堂，我一进去就知道要跪下来。顺德这么多人在外面，其他人还可以做旅游，但是假如放弃祭祀祖先，那是放弃了最大的努力。

乡村对祖先的概念，与村民每年在祠堂上、地方上、神灵上做种种的事情，与学者的看法之间有着明显的矛盾。五四运动以来，学者都喜欢把村民的这种行为称为"迷信"。这个是我们的不对。如果拿掉这套思想和观念，乡村的人没话跟你说。他们所有可以说的话都是通过那一套体系去讲的，我们应该尊重他们这一套表达。所以，不是我们进来让乡村怎么变，而是要了解乡村里面的动力在哪。这就是我小小的建议。我认为，讲到岭南的乡村一定要注重我们的传统正是祖先、祠堂，这个是我们的核心。

渠敬东（北京大学社会学系教授、北京大学人文社会科学研究院常务副院长）：

我想说的是，为什么来青田。第一个原因，也是最重要的，如果从艺术的角度来讲，渠老师的这个实验或者说作品确实是一个可观看的。我不觉得它是个范例，而是认为这是一个个案。第二个原因，我觉得跟历史学家以及社会学家从不同面向上没有尽头地去体会一个村庄，或者是一个村庄和别的村庄形成的整体系统的奥秘，这种探求可能是没有止境的。学问和我们做实际工作的魅力就在于此，而不是在于我们很早就能找到一个确定的道路。如果我们很早就能找到一个确定的道路，我认为渠老师的作品是一个不太好的作品，这在中国现在的形态下应该是一个不太容易完成的作品才对。这就像我们学者来做研究一样，像赵老师郑老师，他越做一个区域或一个村庄越觉得自己知道的东西很少，这一点我觉得是一个态度。

我们知道从民国以来就有搞乡建的案例，但很多时候都无疾而终。有的人比如晏阳初就觉得中国人应该变成世界的人，每一个农民都应该培育出一个独立的个体，最后又怎么样；梁先生也未必成功，他从社会学的角度出发，来去理解农村，构建农村，更何况其他的各种方式。我一直觉得办一件事别总想着成功，我们需要理解的事情太多，尤其是在文化断裂、整个社会断裂的情况下。正因为这一点，我觉得才应该回头去学学前辈们。我读费先生的书，体会特别深，这两天郑老师总是说费先生告诉他的一句话："我们的学问不是只在图书馆做"。这句话好好体会是非常有力量的。我读费先生的书，我一直觉得民族志是一个学术态度而不是学术方法，民族志的前提告诉我们，我们不能对一件事进行轻易地判断，所以我们得花百分之二百的努力去把我们所要研究的对象一层一层地描画出来，这是一个非常非常谨慎谦虚的态度，但这才是一个中国的"士"的态度。这两年重读费先生的书就觉得特别亲近，因为他是一层一层地描画这个开弦弓村的事。我读林耀华先生的书，因为他讲的是自己老家的生活，所以他把自己对生命的感受融在里面，你会发现，原来这些最基本的人，他们不是以一个个体的方式来生活。林先生讲得很清楚，个人的生命既有他的祖先也有他的自身，所以这是一个连带的系统，在这种意义上去理解的话，

参观传经家塾

他怎么不能每一次非常郑重认真地处理好每一个仪式，因为这个关乎他长久的、可以无限延长的生命。我觉得知识分子体会不到这一点，我们今天连前辈的书都不读，如何能体会到这个。所以我觉得老百姓可能教给我们很多。我一直觉得中国现代化历程把这个都掩埋掉了，当然不只是老百姓，还有以前的士大夫，那些作品都需要不断细致地再读、再体会。所以从这个角度来讲，我觉得前辈的东西虽然不一定做的百分之百完美，但是能够让我们带入到那种对各种事情丰富的、复杂的理解当中。所以，我觉得青田没那么简单，也许它有无数的水的系统，信仰的系统，祖先祭祀崇拜、宗祠的系统，还有产业系统，以及对外贸易交往的系统等等不断地叠加，产生变异。我觉得也许学者的工作是要切开每一点去理解辨析中间的过程，当然在这个意义上青田就不是青田了，而是某种意义上中国现代变迁的线索。

宋怡明（美国哈佛大学费正清中国研究中心主任）：

顺德确实是一个本土风俗很浓厚的地方，问题在于全中国没有一个地方不是本土风俗浓厚的。如果你认为这个是顺德的特点你就完蛋了，实际上这个根本不是顺德的特点，而且如果你说顺德有这个特点，就等于说没有任何精神流失。在这一方面我是补充科老师的说法。所以要进一步详细地了解这个地方的特色，历史特色。昨天一个很深刻的感觉是，一整天跑来跑去看不到真正带有顺德特色的东西，昨晚我跟一个同行的老师讨论看到的东西，我们认为昨天的行程缺少两个东西，一个是水上生活，这里的民间信仰是怎么发展起来的，都是跟水上生活有关系的。

再者就是科老师刚刚说的，顺德相当一部分人口在外面，要么在香港，要么在海外做华侨，这个才是顺德比较独特的一个文化。你如果真的要从观光客的角度来讲，这个就是你要发挥的一个因素，不然的话人家难以找到这个地方的特色。这个也是郑振满老师经常说的很多做地方文化、地方工作、地方文史者经常写地方历史，他们要写的是一个中国通史的地方版本，中国历史有什么东西，我们在这个地方就有。当然从历史学的角度来讲这是非常不理想的，但是我也觉得，现在中国每个地方都在尽力发展旅游业，到最后游客会觉得中国通史的地方版本，我已经看够了，我不需要再去另外找一个中国通史的地方版本，所以一定要很努力地去找这个地方的特色，这不是一般的特色，这是通过很详细的研究才明白的特色。第二点我觉得最明显的就是那个黄士俊，我到了多少地方、多少博物馆、多少展览馆，知道这个地方考科举的人很多，我何必再去瞻仰一个地方的进士、地方的举人，实际上你这里考进士的比那里的多还是少我都无所谓，你瞻仰这个地方的读书人考了科举，我不会感兴趣的。我觉得昨天最有意思的就是黄萧养的故事，就像是科老师说的，他会把整个这里的历史改变了。

王铭铭（北京大学社会学系教授）：

我是学人类学的，老师最早教给我的东西说，顺德是一个自梳女流传的地方，顺德这个地方还有古代母系社会的遗风。今天早上我看到青田的村史，里面有相当长的一段关于村里自梳女的介绍，大概意思是清末到民国这一段自梳女才流传的比较多，为什么是在这个阶段而不是像当时我的人类学老师们说的。厦门大学的林慧祥先生传下来的都是在追问说母系社会怎么过渡到父系社会，自梳女的这个传统如果说是从 19 世纪开始普及的话，他是不是跟刚才科老师想说的那个 1500 年以后的珠江三角洲的这些变化有关系。当然林慧祥的结论是，自梳女的确在解放前有很多，这地方恰恰除了宗祠之外还有另外一个以女性为中心的组织行为。我觉得如果要研究当地传统的话，这个也是需要注意的。我当然不是一个女性社会学家，但是这个是当地的情况，因为这个（青田村史）上面说得最详实的是有关自梳女的部分。

我们之所以对渠岩做的这件事情有很大的兴趣和关注，可能是因为我们心里有这样一个传统，这个传统跟 20 世纪上半叶的一批知识分子有关。尤其是考虑到五口通商口岸对中国农村的破坏，其中在这段过程当中，费孝通、林耀华所做的工作最多，一个从江苏的江村，一个从福建地区来谈当地人的生命是怎么样跟通商口岸构成关系，当地人是怎么样克服通商口岸给他们村庄带来的破坏。我想是有这样一个传统。

今天来青田到底是怀着一个什么样的目的，我想我们的前辈还是比较清楚的，我们到青田到底是为了建设美丽中国还是持有别的目的呢？但是具体来说，当时的问题意识，你看林耀华的《金翼》好像是在写一本小故事，实际上他的关怀就是我们刚才所说的这样一个很现实的问题，我的意思是说有一些前辈需要我们去关注。第二个是说，这些前辈提出形形色色的看法值得我们参考，我想最有名的看法就是费老在江村经济提出的当地的士绅、乡绅怎么样通过转变自己的知识使得他们引导了江村的工业化，把工业化视作是必须由外人引导的。他的姐姐费达生是《江村经济》最核心的内容，她怎么样到日本学缫丝业，然后引用这个来发展地方的工业。刚才科老师说得很对，当地人的变化是由他们自己决定的，费老也是这个看法，不仅是文化宗族的变化，工业的变化也有，现在比如说鱼塘等各种各样的变化，这些情况是需要与当年的看法形成对话的。

周飞舟（北京大学社会学系教授）：

一个开放的乡村系统，用政府的话说叫做城乡互动，其实党的十九大里面谈乡村振兴，这里面没有谈农民振兴。为什么没有谈建设社会主义新农村？其实振兴乡村的主要核心是乡村，要一起提，而不是只谈农村，这是我想谈的几点。第一，乡村一定要有各种要素的流动，这样才会有活力。我也不赞成到处发展旅游业，也特别反对单纯的资本下乡搞农业。其实我觉得这些都是资本想来乡村圈占和掠夺资源，其实对乡村没有什么好处。另外一方面，乡村不是封闭的，乡村主要的问题是政策和资本怎样进入乡村，而不是说不允许他们进入乡村。第二个问题特别简单，我就简单讲一下这个问题。其实我觉得我在做农民工的研究里面，最核心的问题就是农民工为什么不在那个地方买房子，最核心问题问来问去，其实就是刚才科老师讲的家的问题。我的家在哪里？我在哪里安家？这是第一个问题，家在哪里。第二个问题在哪里安家，第三个问题背后有一个中国人的基本伦理，即我的祖先和我以后的子孙要找我的地方在哪里？我觉得这对每一个农民工来说，都是一个长久的考虑，他考虑的不是他自己在哪里安家，或者他和他的老婆在哪里安家生活得会好一些，他考虑的是上面的祖宗和下面的世世代代。所以说他要考虑到自己将来要回到哪里，将来的孩子在哪里。从民间宗教和民间信仰的视角来看，我们看到祠堂，谈农民工对于家的概念和对家的理解，我觉得应该是连在一起的。

真正的乡村重建，其实是农民心中的"家"的重建，很多人把家理解得特别死板，其实我觉得中国人对家理解的是最灵活的。很多人觉得家是我们天天下班后回去的地方。其实不是这样的，"家"就是一个概念性的东西，它是一个根，并不是说家在那我就天天待在那。最后说一句，我就老想着费孝通的话，1990 年代后期，农民工浪潮刚

专家学者在马冈考察

兴起的时候，当时大概有几千万的农民工，他当时就说，上千万的农
民工太可怕了，对社会肯定是个巨大的威胁，有这么多人在不停地流
动，这是妻离子散，农民工总不跟自己的家人在一起，而常年在外，
这对社会稳定是一个特别大的危险。其实，在大规模的人口流动下，
中国社会已经保持了一个基本的格局，这个格局就是费先生当时提出
来的。他就谈，这就是中国人"家"的观念，管这叫做上有祖先，下
有子孙，就是为孩子而奋斗，为孩子买房结婚和彩礼而奋斗的这么一
个观念。所以，农民工在外地老老实实地干，"家"还在那牵挂着。
我对于村庄具体怎么重建没有特别在行，但是过去对城镇化人口流动
有过一点研究。我就提这一点建议，供大家参考。

刘志伟（中山大学历史学系主任、教授）：

顺德这个地方，包括我们现在所处的杏坛，它是一个水的社会，
水的社会不是说有很多水的问题。如果我30年前想来这里，骑自行
车是不可能的。作为水的社会，在村落空间的解释上是不一样的。所以，
我们要回到当地人的心灵、生活，要明白他们的生活经验，他们所感
受到的其实是水的生活经验。但是正因为这样，他们十分努力地把它
做成陆地社会、中国的社会、汉人的社会。我们是把他们要做出来的
作为出发点，还是通过观察他们的生活，了解他们的行为，包括他们
想问题的角度去理解这里的乡村到底是怎么样的呢？刚才几位老师说
的我也非常同意，但是要做到那一点，不是说我们帮他们出主意，而
是我们怎样去把握他们精神的、属于灵魂的世界。因为，你要让当地
人认为这是个家，不是把它变得多漂亮。我们一定要明白他们的精神
世界，他们是用什么方式满足精神生活的需要。所以，如果我们不能

在婚丧嫁娶等仪式中理解他们的意义，我们也就不可能真正了解乡村社会，那么我们出的主意也不见得在这里能营造出他们的家，因为我们面对现代化、工业化时，是不可能回避也是无法阻挡的。如果我们说把旧房子留下来就是重建乡村、保护乡村，那最后我们一定会失败。

现在的困难在于，珠江三角洲精神的世界，对生活和社会的理解，跟我们国家的政策是矛盾的，这就是我们最大的问题。我们能不能把对他们生活影响最大的这些神灵留住，或者说祖先能不能在他们的心中留住。而在生活中间，祖先仍然对他们来说仍有期待的意义。所以很多祠堂都变成了其它用途，通过其它用途才把祠堂留下来。那怎么才能走出这样的限制，我真的没想出任何办法。

郑振满（厦门大学历史系教授）：

乡村建设比较热门，很多地方都是由政府主导的，自然是比较外在的行为，当然现在也有一些企业家参与这个过程。很多不同力量进来，需要很多介入者合作，大家多一些沟通。不过今天政府是不到场的吧。刚刚听下来就有很多不同的前提。

昨天跑了一天，有很多不同感想，我认为渠岩先生做了很多工作。我觉得乡村振兴主要是用来处理土地流转这类的问题。村里有钱的村民盖了新房子，房子很漂亮，比别墅还好。老房子又不愿意拆，大家都不知怎么办。我比较关心的是房子多少钱，当地老百姓花不花得起这些钱。这是一个示范，让房子用起来，避免很多的社会冲突。我们那儿也是这样，很多村民不愿拆老房子，政府找我回去参与讨论，但是实际上政策有很多问题，地方政府也无法突破，比如户口不在乡下就没有宅基地，如果你是继承来的，虽然没有户口但是有婚嫁，就有非常复杂的审批程序。

青田在规划图上设计了两块，老居民和新居民以及村外的房子。文化层面的重建是更为重要的，建筑重建是相对简单的问题。如果没有限制，核心问题就是文化问题。楼后面有个破房子，房子后面有很多废弃的神祖牌，人走了，神祖牌就扔在里面。现在乡村进行的新农村建设，当然有政府支持，第一件事情是建祠堂。乡村的很多神祖牌在文革时都被破坏了，我们修复回来，而且都做得很漂亮。你说他们还回来拜，但是房子没修，说明这个慢慢地就淡化了，他们的后代就可能不会回来了。昨天还说村里有个名人是香港民政局的局长，可是他都不认，都不回来。这是中国农村近一百年来面临的基本问题，有些人会回来，有些不回来，一代代不回来，空心化就是这样形成的，大家都不回家。在传统的社会里，村民出去当了大官赚大钱，最后老家还在，还要回家。我想这是个复杂的历史过程。

赵刚（台湾东海大学社会学系教授）：

我们要在文化重建里要找到以人为本的东西。那么以人为本，这里面其实又有一定的悖论，以人为本就是说人是最大的，天地万物里最大的就是人。那么我觉得以人为本要在文化重建中找到它自身的脉络。这个脉络就是要把人放在更大的范围里。我觉得在社会学的脉络中城乡是不够，家国也是不够的。所以，我们需要把人放在"天地家国"这样非常西方的社会学脉络中，要有一种改革的概念和架构。

因为在西方的社会科学里，它不谈家；或者它谈论的时候就是带有否定和质疑，即对于活的和存在的一种批判。关于天地概念，那更加是没有的。我的意思就是：在这个新的时代里，我们如何重新判定

"人本"的涵义，这里面的人不是最大的，不应该那么的欲望化；我们应该更加地节制，更加具有敬畏之心。我认为节制和敬畏是很重要的元素，虽然它里面可能包含了粗糙的东西，但是节制和敬畏是要在乡村重建的过程中依然要看到人。我们应该要有这样的一种认知：假如人是一切事物的中心，那么我们要如何定义人。你们可能会觉得我谈论这个东西的时候非常傲慢，其实恰恰相反；所以将心比心，台湾的问题是我的问题，台湾的问题也是大陆的问题，也是全世界的问题。也就是说我们如何从乡村的立场，如何提出有别于无止境的欲望和以西方为目标的发展模式；我们应该找到自己平坦的人生。我说的关键词其实就是节制、敬畏：节制我们的欲望，敬畏高于我们、大于我们的东西，包括我们的祖先、天、地，甚至是我们的国家与民族。在这种状态之下，我觉得人的重建是非常重要的，乡村的重建也是非常重要的。在这种前提下，乡村的重建就远远不仅是空间、礼俗或者社会组织这样的层面，而是更加牵涉到我们如何做为一个人立足在当代的时空之下。那么我提出的问题，其实答案目前也是空白的。因为现在的人与坐落于天地家国的古代人是不一样的，现在的人面临着这样一个问题：在资本主义工业化、城市化、资讯化还有人工智能等这些新的条件下，我们如何去判断人。

赵世瑜（北京大学历史系教授）：

人们通常认为历史学者只关注故纸堆里的东西，但近二三十年学生直接下乡，我们也有种自觉的意识来改变之前的做法。我在关注新的历史话题的同时，还在考虑其对当今社会有何意义，不只是讨论历史上的意义。生活在这里的老百姓、外来的学者，以及振兴乡村战略的最高领导人，都非常关心乡村的未来，关心乡村的前景。我遇到很多持对立想法的人，他们认为我说的都好都对，都很理想化，但是这个趋势是不可逆转的，不管是乐观还是悲观，结果是一样的。他们认为城市化进程，导致乡村空心化，最后成片地消失，不只是文化、房子、生态，一切都会消失。所以我们的想法是逆历史潮流而动，他们可能同情，也可能反对。面对各个层级的人，无论是政府官员学术界、基层干部还是老百姓，假如我们觉得乡村有药可救，就要帮助他们理解延续的乡村应该是什么样的。

我没有乡下生活的经验，很早离开老家，早一批移民到大城市，即使问父亲也只是传说，像这里的珠玑巷，这么一讲，家里也没有族谱和祠堂，就是无根人群。根据东南西北的经验，北方比华南更惨烈。山西太原晋祠，当地老百姓说得义愤填膺，那时对寺庙的破坏只是把神像砸了而已，现在是把整个神庙都推了，直接消失。我们感到深深的无力感。但非常感动的是，老人家在推倒的村庄边上，搭建起了临时建筑式的板棚，另起名字做文化中心。不要认为祠堂变文化中心就完蛋了，不是的，借着这个牌还能保留下一点点。文化中心的柜子里拿出当年一摞摞的契约文书，有些中年人也在跟着做，小企业老板也会做，让我觉得不是完全没有希望。现代旅游在乡村振兴中要扮演什么样的角色，任何情况都是不断变化的，开始东边的人跑到云南去，都很旅游化商业化。但将我们住的地方旅游化大家都不满意。

张静（北京大学社会学系主任、教授）：

我只是从我的角度来讲，没办法给直接的建议。第一个呢，就是如何看待现代乡村中的困境，这与我们现在做的事有关。有一种说法认为，乡村出现了许多的问题，最主要的是由于以经济为主导的政策导致的困境。我觉得这说对了一半，还有一半没有从这里面揭示出来，但这是我们恰恰不能够忽略的。我举一个例子，比如说我们现在盖这个房子，然后我们希望，村民能够学习模仿，从中受到启发，从而保护他们传统房屋的这种格局和审美。但是这么做的时候，我们发现不得不先改变他们的生活方式，才能使得他们在这样的房间里面生活起来。我的意思是说，所有的房间格局，其实是他们生活方式的外形，就像一个人穿什么衣服感觉到是非常舒适和美的。当然，这个不是最重要的，最重要的是他们的生活方式，比如说农民的邻里关系，农民的父代和子代之间的关系，农民以水为基础的生活特点。

我们不能否认一些不可避免的变化，不管这个变化我们是否喜欢，或者是不是我们期待的。我们没办法阻止它，因为全世界都是如此。年轻人纷纷抛弃了家乡的祖产和地产，然后跑到城里，那些老房子都空置着。地产商就把那个房子给拆毁，因为根本没有人愿意去继承它，或者是去买它。如果说这是经济发展不可避免的后果，那对我们来说又是什么。这些都是我这两天所想到的，虽然不一定与这个有关，但是我觉得值得反思。

孙歌（北京第二外国语学院日语学院教授）：

我完全同意小南老师刚才说的两个看法，我认为都很重要。第一个就是今天的乡亲们，他们的需求是多样性的，我们没法设定一个在传统里边生活的群体，不过这与华南学派做尊重历史、尽可能地接近历史原貌的努力一点都不矛盾。正如科老师早上说过的一句话"我们的工作是不介入乡村生活"，所以我的理解是华南学派不是在搞乡村重建。但是实际上我知道郑振满教授已经在介入，因为他到处在讨论修房子的成本。这是我要谈的第二个问题，也是我同意的小南老师的看法，她说桥梁很重要。因为今天的乡村真的是非常开放，这个开放不仅包含了人口的流动，而且包含了多种多样的欲望的并存。这是我在宫古岛上看到的那个风景，一方面有非常原始的山岳崇拜，非常纯粹，绝对地不买门票不许看，而且本村的人都不能看，只有这样才能保证其神圣性。但是另一方面呢，郑教授要用钢筋水泥的房子来代替冬暖夏凉、低成本的珊瑚礁，其实这是并行不悖的。那些巫女很可能做完了仪式以后回到钢筋水泥的房子里面去。那么在这一种情况下，我们这个桥梁的作用也是复杂多样的。

我昨天参观的时候特别有感慨，渠敬东提示的一句话非常有意思，他说保存了老房子的外观，但是引进了非常现代的文化或者说形式，这个形式确实有刚才张静老师讲的问题，就是说形式如果太激进了，可能村民目前不接受。所以我们去参观另外一个村民自己正在改建的，成本很低只有四五万块钱的房子的时候，其实他过滤掉了不想要的形式，但是保留了老房子。我觉得在这个意义上来说，你们这一条桥搭得是成功的。如果说要有什么建议的话，就是说有没有一些中间环节，因为目前你们内在装修的这个形式，不但是非常城市化的，而且是城市里边带有某种小众趣味的形式，我觉得这种形式在乡村，不但可以有，而且一定要有。

李人庆（中国社会科学院农村问题研究中心研究员）：

现在解决中国问题，面临着很大的困境，第一是在个体化情境下的公共性丧失，所谓秩序重建，很大程度上是公共性重建的问题，这些碑、

全体与会代表

传统组织的方式实质上都是解决公共性秩序问题。那么现在是不是没有外部强制就不能内生出秩序呢，我们现在的很多观点是没有外部强制，没有法制和政府指导，就不会有良好秩序。现在面对很大的误区，我们做政策研究，很多人也在反思综合治理，比如我们在河北做的，我们说解放了农民，但也解散了农民。这个秩序的重建需要依托于社会的资本和组织，但我们对社会和文化的破坏太严重。如果没有这个依托，你很难做下去，这是第一点。第二点，作为学者要反思，批评总是很容易，但建设很难，要进行建设，要解决的问题方方面面，极其复杂。而造成这样的问题中国知识分子是有责任的。在整个的发展过程中，存在大量的误导和盲区。费老也进行了反思，费老一生的志愿是富民，在1930年代中国积贫积弱的国势下要走向民族自觉发展，富民确实是主要的。但是到了今天已完全不同，我们在富民的同时失去了什么？他提出了文化自觉和文化重建的问题，文化在梁漱溟这边也是十分重视的，但是由于整个社会结构性问题导入政治道路问题，解决这个问题成为急迫的社会革命。整个的反思到今天才到来，党的十九大文件深刻地指出，目前在我国，人们对物质匮乏的克服已开始转为对美好生活的需求，对物质的追求转为对人的精神层面的追求。应该来说从这个转移点，形成了今天乡村振兴和重建新的起点，从认识上应该是一个转向。对于这个问题的研究实际上还是很不充分。渠岩在这里面做的贡献还是很大的，我主要是从这两个方面谈谈自己的感想。

王瑞芸（中国艺术研究院美术研究所研究员）：

我是在社会研究院工作，但是因为我研究西方现当代，研究的是美国，所以我一直在美国。渠岩老师也说，凡是在海外的华人，只要是研究艺术的，只要看到他的这个作品都会扑上去的，知道他好，知道他的含金量特别高，但在中国就真的没有理论家在写他，在谈他，所以这一现象就有点奇怪。这就是我对渠岩老师首先作为一个艺术家的审美形象的判断。另一点就是，大家刚才进行了许多细节的讨论，如技术性的讨论，我觉得技术性的方面都说得特别好，是非常能反映出你们对件事情的理解和一种专业性的要求。作为一个研究艺术史的学者，我比较肯定渠老师这件作品的社会意义，因为我认为我们艺术家的功能在于启发人思考。渠老师的这件作品达到了这个目的，其实就很好，剩下的事情是社会学家要解决的。如果艺术家要解决这件事，当然非常好，但是，就得把后半生都投入进去，这是其一。其二，从艺术家创作作品的角度看，你做一次两次可以，但如果一直在做这件事的话，在我们来看，你就是在重复一个主题。实际上，这不是一个优点。现在这个局面是有点奇怪，因为渠岩老师是一个艺术家，他做了一个这样的当代艺术作品，然而我们美术界没有任何研讨会，实际上这个研讨会最早应该是我们美术界来开的。但是我们美术界没有。所以，现在邀请了社会学家、历史学家，其实是一件特别好的事情，因为西方艺术发展到现在早就跨界了。跨界成当代艺术一个特别重要的特质。如果你还在艺术圈内说事儿，做事儿，那就说明你太局限了。所以，这个跨界是一件非常好的事情。今天这个场合，这个局面，说明渠岩老师的这件作品已经成为社会性的话题，它对整个中国社会和现当代的现实有着如此鲜明的意义。在这点上说，它真的是件好作品。

专家学者们考察走访了杏坛镇的几个村庄，如逢简、北水、北岸、高华、大社、古朗，还有容桂镇的马冈村和龙江镇的石龙里。学者教授们边考察、边现场讲解和辅导我们的研究生们。专家学者们还在马冈村参加了村民们举行的座谈会，回答了村民关于乡村建设的有关问题。论坛期间，建筑策展人姜珺突然到访青田，我这是第一次见到他，我问他怎么突然来青田了，他说看到了"青田论坛"上介绍来这么多著名的专家学者，但他不太相信，所以由于强烈的好奇心就来青田看看，果然这些学者都来青田了。摄影家何崇岳也为这次活动拍摄了几组经典的照片，其中专家学者们的合影堪称经典之作。何崇岳早早地就选好了拍摄地点，他不想简单地将学者集中在一起合照，所以他选择了青田荷花塘南面的大榕树下，把人物完美地融合在青田特有的环境里。他采用大画幅相机并用胶片拍摄，效果果然不错，这幅照片今天已经在北京大学人文社会科学研究院、岭南乡建研究院和青田学院悬挂。何崇岳还在青田广场给留守青田的全体村民拍摄了大合影，青田村民都踊跃参加，在外面的青年人和孩子也都赶来了，村民们像过节一样喜气洋洋。乡建团队给每个村民放大冲洗好照片，并配上镜框，那天我正好在青田，我随着杨厚基、刘姝曼一起，挨家挨户地将照片送到村民家里，收到照片的村民都满怀欢喜地将照片悬挂在客厅里。

青藜讲堂

青藜书院——人与圣贤的关系——（耕读传家）
　　　　　　　　　　——渠岩《青田范式》

　　我们以往看待乡村问题往往采用一元中化的认知方式，而"青田范式"九条则是将乡村从完整体系的复杂性分解出来，将"显性价值"和"隐性价值"区分对待。一般来说，乡建参与者会抓住易操作、快见效的"显性价值"，却对乡村中的"隐性价值"视而不见，或者真的浑然不知，所以判断不出乡村中"文明价值"和"文物价值"的区别。文明是"隐性价值"，文物就是"显性价值"，两种价值互为因果，阴阳两面，缺一不可，万不可顾此知彼，张冠李戴。传统乡村社会最重要的价值体系是一套儒家伦理的礼俗系统。由于传统的伦理秩序遭到破坏，维系人际关系的道德规范失序甚至崩解，"原子化"也导致个体道德价值迷失。乡村不但走失了神性，也走失了人性，拜物主义与利己主义占据上风。

　　究其原因，这是由全盘的反传统和激进的社会改造所致，原来赖以生存的社会秩序被彻底摧毁，那么现在的麻烦出在哪里？其实很多人都是知道的，乡村的道德秩序与约束机制的重建，必须要从恢复礼仪系统着手。追溯传统，敬畏之心古来有之，一是敬畏自然，二是敬畏祖先，古人溯祖祭拜，以此构建了一套从家到祠堂的祭拜仪式系统；第三个是敬畏他人。对他人的尊重是现代社会的公共意识，而乡村原来也有一套非常完整的敬畏和约束体系，从传统的私塾到近代的学校，村里的孩童很小就开始接受传统儒家经典的人文教育。以前中国乡村的私塾教育，不仅仅是为了让孩子考科举，是人文及伦理教育，孩子读了书可以认字，可以考科举求功名光宗耀祖，也可以外出做生意回报乡里，但更重要的是懂规矩、守规矩，建立长幼尊卑的伦理秩序。以前的孩子从小就学很多规矩，比如五服制度，但现在没有几个孩子知道了，包括我们的研究生，甚至博士生都不知道。大学教师又能有几个人知道，不做这方面研究的可能也很少有人知道。远近亲疏无从知晓，长幼尊卑无人计较。这些礼仪和规矩有乡村生活的传承，也有乡村教育的启蒙，这需要一点一滴的积累，内化成自己的文明系统并铭刻在自己的记忆当中，也会落实在自己的日常行为当中。今天的城市教育，无法给我们提供一个正确的文化取向和心灵归属，而过去的传统教育是从乡村和家园开始的文明启蒙，不论从乡村科考出去的士大夫回来反哺乡村，还是外出经商衣锦还乡报效乡梓，都可印证这个完整的文化生态。我们现在从乡村走出去的专家、学者，最后有几位能回来反哺和报效家乡？其实很少有人愿意回乡，不但自己不回来，有条件的话，还会把兄弟姐妹都接到城市居住，永不回乡。因为现在的城乡关系变了，谁都无法阻挡。在过去是乡村提供文化知识，因此就有凝聚力和感召力，而现在是城市提供知识生产，有很多乡村把学校都撤了，乡村的孩子被迫背井离乡去城镇读书，他们的父母还要陪他们去，这也是城市化的一部分。如果乡村不再是知识提供地的话，那么这种情况就无法逆转。

渠岩在给顺德区乡镇干部讲课

　　中国书院有着悠久的历史与传承，它源于唐，盛于宋，至明清延续到民国时期都在发挥作用。历时千载，书院是中国传统社会普及度最高、影响最久的教育机构，在世界教育发展史上也独树一帜，它对中国传统社会的人才培养和人格塑造，起到了不可替代的作用。书院是传统教育机构所设的聚徒讲授、研究学问的场所，在中国教育史上写下浓重的一笔，其中，宋代的四大书院在中国历史上尤为著名：湖南长沙的"岳麓书院"、江西庐山的"白鹿洞书院"、湖南衡阳的"石鼓书院"和河南商丘的"应天府书院"。在宋代，广东也有各种类型的书院二十六所，只不过没有那四家著名。如果说书院相当于"官学"教育，而一族一乡的私塾就成为最为普及的"民间"教育，为传统教育打下了坚实的基础。私塾与官学相辅相成，并驾齐驱，努力传承中华文化，为人才培育做出了重要的贡献。私塾在中国传统乡村中历史悠久，作为中国传统的民间办学形式，在乡村历史最长。私塾是古代社会一种开设于家庭、宗族或乡村内部的民间幼儿教育机构，传说至圣先师孔子在家乡曲阜开办了最

广东省农科院廖森泰
教授为村民讲课

中国文化遗产研究院
副总工程师查群讲课

早的私塾,以儒家思想为中心,它是私学的重要组成部分。私塾一般教授《三字经》《百家姓》《千字文》,以及四书五经等。私塾先生传授的不仅仅是知识,也包括身心和三观的培养,正所谓"师者,所以传道授业解惑也"。在漫长的封建社会,几千年来私塾教育延绵不衰,它适应了古代社会对教育的需求。在文化回归和文明复兴的今天,当代书院纷纷在社会上恢复和兴起,也预示着中国文化复兴的到来。书院也能在顺德地区起到促进和复兴中华民族传统文明的示范作用。

顺德地区的历史文化底蕴非常深厚,崇文重教,文风鼎盛,人才辈出。学子们纷纷通过科举考试进入政坛,这也和顺德地区人才的培养密不可分。顺德也被称为"状元之乡",据统计,历史上广东出过九位状元,其中顺德就占三位,首位状元黄仕俊,他是顺德右滩人。明朝万历三十四年(1606年),黄士俊赴京参加会试,榜上有名。殿试时,黄士俊以条对称旨、卷字精楷,被神宗钦点为第一甲第一名。第二位是朱可贞。明朝崇祯元年(1628年),朱可贞高中武状元。第三位是梁耀枢,清朝同治十年(1871年)辛未科状元,他是顺德杏坛光华村人,与青田一水之隔。这些状元以及学子们大多遵循同样的人生轨迹——修身齐家治国平天下,首先得益于他们早期受到了良好的教育。近代著名民国教育家、诗人学者、社会活动家黄节(1873-1935)是顺德杏坛右滩人,幼年丧父后家道败落,在顺德家乡由其母传授知识,清末时期在上海与章太炎、马叙伦等创立国学保存会,创办《国粹学报》。1917年,黄节受北京大学校长蔡元培邀请,受聘为北京大学文学院教授,专授中国诗学。1923年3月,应孙中山之召,黄节到广州任元帅府秘书长,旋因政局不佳而不就,回京继续任教,后曾担任过一年的广东省教育厅厅长兼通志馆馆长。因对时局不满,黄节在1929年辞职,仍回

学员们发言

北京大学，同时兼任清华大学研究院导师，1935年病逝。黄节以诗名世，后人给予极高评价，其作品赞誉为"唐面宋骨"，并成为中国近代古典诗歌创作和研究的一代宗师，并培养出朱自清、俞平伯、范文澜、萧涤非等著名学者。这几年，榕树头村居保育公益基金会在收集整理顺德圣贤名家方面做了很多的工作，他们几次去北京大学收集黄节的相关历史资料，并有了很多新的发现，并分别在顺德博物馆和杏坛逢简文化创意园举办了"蒹葭苍苍"黄节先生诞辰145周年的纪念展览。

"青藜书舍"坐落于青田千石长街的西侧，面对荷花风水塘，这是青田的显要之地，也是青田旧时的教育机构。"青藜"，取自刘氏堂号，亦指"夜读照明的灯烛"，书舍得名于此，青田学子在此"学堂"苦读。旧时，孩童入学要先选好吉日，由父母携同，带上烧肉、红鸡蛋、糕点等祭品以及书纸笔墨一早来到学校。先在孔子神位前燃点香烛，陈列祭品，由家长带同小孩叩拜孔夫子。之后，由家长送先生红包，请先生为学生开笔，起一个读书的名字，叫做"学名"或"书名"。"开笔礼"意味着小孩正式入学，开启读书之路。"青藜学堂"的教学一直延续到民国末年，至1949年以后，青田的适龄孩童就去隔壁的安

青田儿童暑期
读书营开营

教村小学就读，这两座书塾就失去了教学的功能，就只留下为祭祖所用了。如今的青藜书舍中，依然设立了太公瑶泉的排位。每当谈起"青藜书舍"和"传经家塾"的时候，青田村民便充满了自信，他们以自己的小村庄有两个书塾而自豪。这是"耕读传家"的乡村优良传统在青田最好的体现，《晴耕雨读》诗云："晴天劳作应生机，耕养基塘不误时，雨日农家闲无事，读研书海共求知"。我们再看这两座建筑取名为"书舍"和"家塾"，其自身就散发着浓郁的书卷气，村民便理所当然地认为这是承袭了"耕读传家"的传统。据青田老人胜迁阿婆回忆，她孩童时就在"青藜书舍"读书，那是民国末年。胜迁阿婆虽然已80多岁高龄，但身体健康，精干瘦削，穿着体面，她年轻时走出青田参加工作，退休前在顺德档案馆工作，现居住在大良城区。她非常热心青田的乡建工作，只要青田有活动，她每次都赶来参加。她性格开朗健谈，说起读书的往事精神气十足，她回忆了在"青藜书舍"读书时的情景："我小时候就在青藜书舍读书，我读书时有两个班级，一个班在厅堂，一个班在天井，一、二年级一个房间，三、四年级一个房间。我家境富裕，虽是女仔，但还是有条件读书的，校长也对我很好，我读书用功，考试总是考第一。校长又观察我这么喜欢读书，就对我父亲说，这孩子不读书可惜了，校长后来还免除了我的学费，老师也对我很好，要不是他们帮我，我肯定踏不进学校的大门。"说到此处，从她笑眯眯的眼睛里透露出感恩的神情。她一边说，一边情不自禁地唱起了当年的校歌，她轻轻哼唱道："安教青田，乃为乐园，有为儿童集一堂，前临绿波，左右闾里，学焉游焉共琢磨，礼仪廉耻，明志立信，为国栋梁耀乡邦，学行成功日，正是报国时，毋忘师长望。"歌声委婉动听，久久回荡在青田的天空中……

所幸"青藜书舍"和"传经家塾"这两座书院建筑保留完整，我们稍加修复整理即可使用。它们既承担着祠堂祭祖的功能，也能作为书院讲堂所用，因为很多乡村的私塾也都是开在祠堂里。所以，这两个书院是青田传统乡村教育的重要遗存，也是中国传统乡村特有的教育组织，对传统乡村的人才培养起过重要的作用。我们将在原址上恢复青藜书舍的教育功能，并以此作为青田乡学的现场，打造成对外文化与思想交流的平台，形成青田特有的文化影响力，再对青田村民产生文化辐射作用。书院即为"文脉"传续的平台，成为与现实社会衔接的现场。在青田乡村恢复"青藜书舍"意义深远，这将把青田与中华传统文明链接，增加青田的文化含量与历史底蕴。"青藜书舍"是青田连接历史与传统的最佳方式，而"青藜讲堂"将要在青藜书舍中传道济民。乡村书院作为中国传统文化精神的形成之地，在乡村复兴热潮的当下，正以一股不可小觑的力量，助力中国传统文化复兴。

如何使"青藜书舍"连接传统文脉，在当代乡村复兴和文化启蒙中发挥出它的独特优势，实现与乡村礼俗社会的衔接，以此恢复国人自觉和自尊的人格品质，回到人心向善的儒家传统，回到"仁义礼智"

广州美术学院实验艺术系周钦珊老师讲课
渠岩课余时间与学员交流

中国社会科学院农村
问题研究中心李人庆
教授来青田讲学

村民们认真听课

的家族伦理，这是乡村书院与乡学的终极意义。我们的传统文化中饱含着丰富的思想资源与文化精髓，并在当代文化及语境下转换，使其在当代的生活中绽放光彩。发展当代乡学不能一味复古，也不能变成城市学校，首先要立足青田乡村的文化本源，扎根在青田这片土地里，慢慢培育再生根发芽以致花繁叶茂。尽管青田是个偏僻的小村庄，却担负着时代转型中关键的使命。

我们通过"青藜书舍"链接人与圣贤的关系，以回望"耕读传家"的乡村传统，这也是我提出的"青田范式"九大关系之一。"青藜书舍"不仅在历史上对青田的人才培养方面立下过汗马功劳，"青藜讲堂"也力求在今天重新恢复它的教育功能，并集结全社会优秀专家学者的力量，以当代话语在当今场景中衔接乡村文脉，达到传承文明智慧，实现当代理想的目的。

"青藜讲座"也将采用一种沟通村民的全新方式进行交流，让青田村民先了解自己的历史，并认可我们的乡建行动，这无疑是对"青田范式"莫大的鼓舞和支持。2017年6月20日，青田的"青藜讲座"正式开讲，第一讲"杏坛历史文化风俗名人"由顺德本土著名文化学者、清晖园博物馆副馆长、榕树头村居保育公益基金会理事、青田范式专家组李健明主讲。他长期从事顺德地方历史文化研究，在本次讲座中用生动、亲切的顺德方言，图文并茂，追根溯源，从"青藜""青田"的由来，到"龙舟""龙母""龙潭"的史源；从乡村"社稷之神"的特质，到"镬耳屋"、祠堂的建制；从南北联婚到顺德进京、继而走向世界……将历史文脉清晰地呈现给青田村民。当晚，青田村民扶老携幼，热情地参与其中。乡建团队成员、岭南乡村建设研究院执行院长陈碧云表示："这一切都令他们很满意，他们抱着好奇心而来，体验我们的活动内容和质量，同时也感受一下我们改造的空间；然后带着满足的笑容走，秩序可能比某些大学讲坛还好。出乎我们的预料，无论是参与人数、会场秩序还是听众反应都非常好。"顺德区政协副主席徐国元同样表达了赞赏，"青田村民晚上专心听讲座，了解村史，分享文化，这是一个甚为难得的场景。为青田的村民点赞！"的确，"青藜讲座"是一种沟通村民的全新方式，正如当代艺术家渠岩教授所说，"无关内容和形式，最重要的是交流，让村民认可我们的行动"。这无疑是对"青田范式"莫大的鼓舞和支持。

乡村拥有一套自我生成和自行运转的空间，青藜学舍和传经家塾都是传统上青田坊构建自身秩序的方式。着眼当下，"青藜讲座"以青田村为现场，在村民之间，搭建起互助交流的新平台。"青藜讲座"以乡村文化、乡村生活、乡村建设等为主题，以村民和乡建者（包括乡村基层工作者、乡民、学生、志愿者等）为参与主体，注重当地村民与乡建参与者的沟通与互动，传播乡建理念，强化乡建队伍，提高乡建水平。村民们认为，这种接地气的专业知识分享，不仅可以解除他们生活中的困惑，也有助于维系人与人之间的关系。讲座自开办以来，从参与人数、会场秩序和听后回馈来看，这种形式已逐渐得到青田村民的认同，并深得喜爱和赞赏。

"乡村振兴大讲堂"也同时启动，由顺德区农业局与岭南乡村建设研究院共同筹办，致力于培养和提升顺德乡建工作者和村居基层干部的乡建理念和实践方法。大讲堂分别邀请国内著名乡建专家和学者讲课，以期使学员们在课堂中重新认识乡村价值理念和乡村复兴意义，为顺德乡村保育工作提供思想资源和宝贵案例，对顺德地区的乡村振兴工作起到积极的引领作用。

青田儿童在图书馆读书
青田儿童在画自己的家乡

　　青田一个小村子同时有两个书院，还保留得相对完整，这在中国今日的中国乡村很罕见，在顺德地区也不多见。我们很珍惜这个宝贵的文化遗存，并要将这个文化资源在今天发扬光大，使其为今天的教育所用，将青田办成中国乡村文化的访学和研学基地。不但能让城市里的青少年在青田直接触摸到来自土地的气息，自然的声音，乡村的生活，节庆的仪式和礼俗的滋养。还能弥补城市教育不足和缺失，在青田直接感受延续千年的天地人神世界，以及触及可感可触的生产与生活方式，并从这里寻找国人的文化自觉与自信，再吸收到自己的学习当中。我们"青黎书院"作为村民的讲堂，举办一些有关乡村讲座和讨论，将"传经家塾"建成"青田乡村图书馆"，为青田的少年儿童举办各种文化和艺术教学，同时这两个书院也将为外来研学的学生使用。

和风细雨

民间传统建筑的特色是承袭了传统制度与工法，匠师们欲仍保有创造的空间。这也许是传统承袭下不够严格，工匠传习不够严谨所造成的。但是这样的民间传统欲正是最理想的情况；可以一方面信守大的原则与基本的规范，同时也允许有创造力与想象力的工匠自由发挥。

——汉宝德《建筑母语：传统、地域与乡愁》

2017 年必定是不平凡的一年，台风肆虐青田，千石长街东头和哈塘边的百年大榕树被飓风刮倒，这似乎预示着一场风暴就要来临。这一年对于青田乡建也是关键的一年，在"青田范式"的引导下一些具体措施和计划落实下去的效果要接受检验。其实，提出什么理论都没问题，具体落实下去可能会困难重重。首先，青田村落建筑民居的保护工作就遇到了很大阻力。

青田计划也推进到第二个年头了，不同主体关系之间的交流与互动开始产生碰撞，有时甚至很激烈。随着时间的推进和乡建内容的不断展开和实施，不同主体的关注点和利益诉求开始呈现，村民从观望到开始议论，艺术家来做什么？基金会和青禾田公司要达到什么目的？是村落整体开发还是旅游经营，议论不一也褒贬不同。艺术家和开发人又是什么关系？每个人都有不同的揣测和推断，因为他们会依据各自的生活经验和认知来做出不同的判断。再加上乡村建设的热度开始升温，大多建设者基本停留在旅游开发的层面，青田村民们对自己家乡的未来既担忧又有期待，也难免用他们惯有的认知和习惯来揣测我们乡建团队的动机和目的。他们认为：没有利益我们来干什么，谁会不抱利益的考虑来干好事，我们这片天就从来没有掉下来过馅饼，就是掉下了馅饼也不会砸到我们头上。村民们的抱怨和怀疑始终没有停止过。"青田范式"理论也开始在本地慢慢发酵和传播，各种机会开始多了起来，人多嘴杂，乡村振兴也开始发酵，各个群体开始蜂拥而至青田，有些人很惊喜，有些人茫然，有些人丈二和尚摸不着头脑，有时看似像一团乱麻，如没有充分的心理准备，你真不知道从哪里开始捋起。

最难的一关还是村民盖房子和村落保护之间的矛盾，村民盖房子本来是天经地义的事情，自古以来村民有钱了或者孩子大了成家都必须盖房子，但在今天这个事情为什么会产生矛盾呢，情况很复杂，有深层次的原因，也有眼前的问题。在面对乡村和村民的时候，我们就不能一味地提倡保护和怀旧，如果只想在历史的面相上去留住一些乡村的审美形态，那就忽视了乡村的历史变迁。如果说，做乡村保护的就不愿意村民盖新房，一建就意味着要拆掉老房子，就是破坏，那就说明我们还不了解乡村。中国人是要不断继替的，甭说村民要建房子，就是皇家宫殿也是要不断继替的。不论是在传统里还是在现实中，乡村的老宅是继替性，而不是遗产保护概念中的纪念性，这两者有着根本的差异。那我们只能在这个范围里理解村民盖房子的行为并找到合适的方式，并在一层层错综复杂的因素中来推动这件事往好的方面发

渠岩在和村民交流修复老宅

展。只有这样，我们的工作才能得到村民的认可，因为从来也没有一个完美的方案，只能在具体问题和时间中来寻找答案。

青田开始恢复活力，很多村民纷纷回来改建或重建自己的房子，但由于盲目地模仿城市，新建的房子又都变成一个模式：二层或三层洋楼，外立面贴上红色或粉色的花瓷砖。这些奇怪的建筑有点像阿拉伯建筑，和当地传统岭南风格的民居建筑没有任何关系，如不及时劝阻和有效的引导，过不了多久，青田就会变成一个阿拉伯新村。我深感忧虑，和村委会一起起草了青田的建设村规民约，周围许多村子也都有相应的乡规民约来约束建房存在的问题。其实大部分村民是非常善解人意的，这点我非常感动。在2016年初，我们刚来青田时，就有一户村民知道青田要开始复兴计划，他已经获得了一块村里批准的建房宅基地，就在东碉楼旁边。因为这块地离碉楼这座历史建筑太近，也紧邻水塘，他怕自己盖的新楼影响了青田的形象和景观，就主动要求退出这片宅基地，请村委会再给他批一块远处村边的地盖房子。当时我深受感动，这在一些乡村根本是不可能的事情，别说主动退出来，打死都不会退让的。这也是我对青田有信心的原因之一吧。

村民都开始行动了，村北街东边一户原本废弃的老宅，一夜之间就被拆掉了，拆掉后还不罢休，他们没经村委批准，就在门前的河涌上架起一座桥，河涌里打上了几根水泥桥墩。但青田的河涌是公共资产，是要保护的水资源，是绝对不许私自架桥的，村民刘允平及早发现了这个问题。架桥的事情就被村委马上制止了，经过反复劝说，村民也把桥拆除了，村里也给他在河涌边重新修宽了道路，解决了他的具体问题。所以出现的这些问题和苗头，要及早提出应对方案，解决这些问题，如果不应对好，青田宝贵的村落形态就可能丧失殆尽。广州周边的小洲村和青田附近的逢简村就出现了这些问题，由于没有严格的限制措施出台，开发的风潮和势头愈演愈烈，在村里住的或不在村里住的村民，纷纷扩大面积盖起高楼，或开店，或出租。有些村民根本不在村里居住，就是为了扩大面积出租赚钱，发疯地盖，也没有任何约束，几年间传统的村落风貌荡然无存。为了避免重蹈覆辙，我们和村委一起及时地做出了乡规民约：1. 新建的民居要尊重青田原有的风貌和尺度；2. 建筑物要遵从整个乡村的历史风貌；3. 建筑物要照应左邻右舍的关系；4. 建筑物不能过大过高，要有节制和限度。我们也把这个规定与村委会协商后，正式制定和对外发布了《青田村民自建房管理办法》，第一，房屋外立面要求：外立面需与周边协调，按照青田乡建团队提供的贴砖样板选材，避免鲜艳花哨的外立面影响整体村落风貌；第二，房屋高度要求：村民自建房屋的一般要求不超过14米，层数3层，其余就按照用地界限退让就可以；第三，报审流程：先报村委会，村委报镇里，镇再报西南分局，但要在报村委会前先报青田乡建协调委员会，该委员会由村委、乡建团队以及镇相关部门组成。

我们也根据青田的具体情况做了灵活的区别对待，其中千石长街和老九巷的限制比较严格一些，因为老街非常拥挤，再盖高楼肯定不行。千石长街是青田的脸面，公共建筑也都在这里，也做了相应的限制，村周边对高度和面积就相对宽松一些。实际上这个乡规民约也不能完全落实执行，还要和劝说做工作一起进行。大部分村民非常理解和配合，还主动地将建房的高度降低了两米。

问题接踵而至，青田千石长街上，关帝庙隔壁，一座新楼拔地而起，在2016年我们进入青田时，这座民居是一层灰砖老屋。但是房主为了扩大面积，拆掉了老屋，建起了新楼。高楼耸立起来很突兀，两边都是老建筑，而房东心气很足，正准备要将自己心仪的红色花瓷砖贴满楼房的外立面。我发现这个情况后，想建议他多考虑一下与周边的关系，最好能贴上相对比较协调的灰瓷砖。因为这座楼房屹立在千石长街的正中央，如果出现一抹靓丽的红色，那么跟周围古朴的建筑对比，就显得格外突兀。为了最大限度地和周围老房子协调一致，必须适当克制住这种"炫耀"心理。我们决定劝说房主，让他改变主意。由于语言不通，我实在没法当面和他沟通，就决定请村委出面做工作，具体由乡建团队的方燕和阿德与房主沟通。我们也只能协调说服，适当引导，也无法强制他，因为房子是他自己的，他也有权选择自己的房子用什么瓷砖，他也会考虑瓷砖的造价。为了让他能有一个直观的对比和选择，我自己特意跑了两个建材市场，选择了几款适合他楼房的瓷砖，也想多给他几个方案做出选择。不过都是深浅不同的灰色调。我还让研究生黄灵均做出了实景的效果图供他参考。在与这位村民沟

渠岩在和村民沟通
民居修复方案

通时，方燕无缘无故地被骂了个狗血喷头，大败而归。她说房东态度特别恶劣，说话也不中听，意思是说我的房子都是上报后建起来的，完全符合要求，自己也是搞装修工程的，灰不拉几的瓷砖就是不好看。房主的母亲反应更激烈，说我们盖房子你们管得着吗，我们就是喜欢红色，好不容易盖起来的房子，为啥不能喜庆一点。当然，我们所选的瓷砖价格比他们选的贵，这也是实际问题。方燕也能理解房主的苦衷，说要考虑村民的意见，我们搞艺术的也不能脱离农民的生活，要从农民的实际生活出发。方燕又说，当务之急是要赶紧把效果图做出来，我再去协调。她再拿着效果图去找房主协商，直观的图纸效果好多了，但她晓之以理动之以情，房主还是犹豫不决。我没办法，就搬出刘伟杰来劝说房主。我在前面说过，刘伟杰是青田人，在杏坛镇文宣办工作，他就是第一个带我到青田来的人。在各方的劝说下，最终房主妥协同意了，也接受了我提供的瓷砖样品。能有这个结果，我也非常知足了，我也不想强他所难，毕竟这个房子在主街上，太显眼了。

其他村子要贴理想的瓷砖，政府都会相应地给一些补贴，但我们也没有补贴给他，也是为难他了。一个地域有一个地域的特点，岭南乡村的房子都会贴瓷砖，因为当地气候潮湿，贴上瓷砖会挡雨防潮，这也是实际问题。最后房主还是选择了灰瓷砖，这种瓷砖的效果的确协调很多。不过房主依然耿耿于怀，再加上一些村民在旁边指指点点、推波助澜，都说不好看、不喜庆，阴森森的，反正是哪句话不好听说哪句，有道是看热闹的不怕事大。所以房主就始终不满意自己房子的效果。有些村民也借此发泄了很多怨气，大致说是你们在外面住得很好，为什么不让我们改建得好；你们过来后就变成了这里的主人，也不尊重我们村民的想法；你们城里人过来就是想感受乡下的气息，而我们想要改善生活；你们连我们的生活都改变不了，还谈什么保育；还不如政府批地给我们异地而建，或者把这里推平重建；现在你们又不想让我们重建，还要保留乡味，留下空房子，修旧如旧。拆迁是历史进步的过程，当地人要有好的追求，到底谁要保育呢？是人还是房子？通过村民贴瓷砖这件具体的事情，我们看到乡村工作的困境。村民们一时怨气难平，保护和改建为什么不能很好地共存？万事开头难，开头想快速解决问题就更难，要有一个过程。

有些"政治正确"的学者开口就讲，必须以村民为主体，或者必须是村民的想法和选择才正确，而乡建到底是以村民为主体，还是以乡建团队为主体，一般上讲，那肯定是以村民为主体。我们看到一个个乡村快速消亡感到很痛心，我们看到一个个优美的民宅被一个个恶俗的洋楼所取代，那他们就是对的吗？话说回来，过了一段时间村民自己进步或者觉悟了，他们改变想法了，认为自己错了，难道还要再把这些房子再拆掉吗？以为是在搭积木吗？那村民的想法就一定是正确的吗？本来这事就众口难调，传统民居和村落为什么这么优美，就是因为多样化和差异化，不是遵循一个标准。当然，我们始终在强调，乡村是开放的乡村，特点是岭南地区的乡村，历史上每一个时代它们都会借鉴外来的风格和元素来盖房子，附近的开平碉楼就是很好的说明。当初可能也会有人反对，认为它不是我们民族传统的东西，学习西洋还不伦不类，今天不是也成为世界文化遗产了。这事不是这么简单，而是有很多深层次的原因。我去开平参观过这些碉楼，它们很漂亮，虽然当初的海外华人回来建了这些房子，但也是把西洋很好的风格拿来，与传统的民居相结合，建筑样式经典，还有很多传统的元素融在其中，再加上重要的历史遗迹价值，才有了今天的意义。我们今天看到的不伦不类、不中不西的房屋决不能和这些建筑相比，今天的很多洋楼，草率粗鄙，恶俗简陋，既没有西方经典的样式，也没有优秀的传统元素。当然话也不能说得太绝对，再过若干年以后，经过时间的考验，这些房屋也许也会成为历史遗产。但有一点不要忘记，在追求外来建筑样式的同时，当我们不顾一切地照搬来自世界各地各种建筑风格的时候，也要回头看看当地传统民居建筑里最质朴和最具灵魂的意义。我们绝不能灰心丧气，假如不去坚持正确的东西，那还要我们乡建工作者干什么？排除万难选择了这份吃力不讨好的工作，村民还不理解，我们团队也很委屈。所以，一定要要互为主体，我们也不能无原则地让渡自己的主体性，如果一味地迎合他们，我们也就没有存在的意义。下一步如何推进，这些问题都摆在我们面前。

　　一波未平一波又起，我们在改造青田学院老民居的过程中，隔壁邻居也不依不饶，一会说我们的建筑扩大了面积，一会又说我们占用了他们家的菜地。其实菜地的是属于生产队的，乡建团队也交了租金给生产队，但乡村中有个不成文的规定，如果是没有主的荒地，谁占着就是谁的，这里说的只是使用权，产权还是集体的。这块菜地是隔壁老太太长期开垦出来的，也种了好多年的菜，队里要突然收回来，她肯定不干，这我们也非常理解，所以只能妥协，毕竟以后还要做邻居。虽然我们交了荒地的租金，但也还是保留了一块菜地给老太太种菜，这才相安无事。老人的那块地有棵柠檬树，她又频频发牢骚，说以后青田学院人来人往，担心自己的柠檬树被人偷摘果实。我不得不亲自在青田学院的土地上又种了好几棵柠檬树，告诉老太太，我们这些柠檬树在你的树外面，如果有人要偷就先偷我们的，她才善罢甘休。这些麻烦事还只是开始，青田乡建馆的改造也出现了摩擦。设计师在改造老蚕房时，无意间破坏了村庄原有的房屋界线，村民尽管没有直接表达不满，但通过村委的细叔也向我施加了压力。我就告诉设计师和施工队，我们在改造老房子时，一定要尊重本地的乡规民约，和村民搞好关系，因为我们是来做乡建的，本身就要带头遵守村民约定成俗的规矩。青田学院的房子出租也和村民有长时间的交涉，由于要改造房子，青田学院希望至少租期是 10 年以上的，而村民坚持是 15 年以下，最后以 13 年为期限。乡建团队落地的"美塘行动"，也只能租到村中没人用的最脏的池塘。刚开始青田的很多村民是不主动的，包括村长一开始也把我们看作生意人，后来才改变态度，而其他的村民虽然现在已经慢慢不再排斥青田范式，但参与度仍然不高。瑞哥、麦哥、刘允平等人是最早认可我们的村民，他们三人也被我称为青田的"三剑客"。但"三剑客"开始也处于乡建队伍与村民之间夹心的位置，村民有时候也会问瑞哥为青田做这些事赚了多少钱，瑞哥对此总是很无奈。

村民在精心修复民居

　　由于盲目跟风和受诸多因素的影响，村民在建设房屋的过程中，普遍追随城市化的节奏和欧陆化的风格，毫不犹豫地拆掉具有传统风格的老宅，盖起西洋建筑风格的楼房，致使青田的传统风貌逐渐消失。我们始终在坚持和传播一种理念，即在乡建中要尽量尊重岭南传统的营造法式，争取更多地使用当地建筑材料和元素，用当代的技术手法修复青田的民居建筑，通过这些民居建筑在不同时空中的苏醒过程，带来一个全新的意义和很有价值的实践。这个方向不会有错，这也是希望和达到与村民相互交流沟通的过程，我们不能省略和忽视这个过程。当村民看到乡建团队尊重传统风貌改造的民居后，逐渐接受和认可了这种乡村保护理念和措施，并主动向乡建团队请教，为他们改造民居提供建议和帮助。一些原来准备拆旧房建洋楼的村民，也逐渐改变了想法，在尊重传统风貌、保护民居理念的基础上，自己动手修复家园。

　　我们不能用本质主义的眼光看待乡村中存在的问题，坚信村民的想法也是不一样和一成不变的。果然事情发生了变化，一切在往好的方面发展，并开始有了潜移默化的影响和变化。没过几天，村第一书记欧阳国建就给我打电话，说进村第一家的村民要找我商议他家房子的装修问题，想听听我的意见和建议，还要我帮他选择瓷砖样品。我心中大喜，赶紧跑过去，这家的房子在进村后西边的第一家，也是我每次去青田学院都要经过的地方。它东边紧邻千石长街，西边靠着环绕青田村落的河涌，南边院墙外就是一尊土地神的神龛。该院落风水极好，房主生活也比较富裕，面积不大的宅基地全部盖满了，这座楼房在我初到青田时就改好了，三层楼房在夹缝中拔地而起，但裸露的红砖外墙一直没有贴砖。房主是个高大的中年人，为人敦厚和气，我和欧阳书记进了他的房间，他先介绍了自己的房子情况。在青田建设的现实中，他要开始美化装置自己的楼房和院子，说不能给青田丢脸，因为他的房子是进村第一家，非常诚恳地征求我的意见。他说自己也是做装修工程的，有丰富的施工经验，希望自己的房子能符合青田村落的整体风貌。他也表示特别尊重我的意见，我大为感动。他要先将盖了几年的楼房外立面贴上瓷砖，他买了几种瓷砖，有灰色的，还有仿青石效果的瓷砖。我马上帮他确定了一种瓷砖，并在具体的节点处理上也提出了建议，建议他尽量少用欧式的构件材料，最好呈现出简洁大方的效果。他也说了孩子们的要求，孩子们还是喜欢欧式风格的一些构建装饰。我感到这种喜好在乡村的影响很深。他又把要装饰庭院和车库的打算告诉我，并很自豪地说，我都是按照你们的要求购买的这些传统风格的材料。我经常从他门口走过，他只要一看见我，就热情地和我打招呼，和我聊聊，并让我看院落和房子的施工效果，我也积极地肯定他的施工效果。

青田
范式

　　果然事情在往好的方向发展，刘宝庆是瑞哥的胞弟，一直在杏坛学校教书，喜爱诗文书法。他家一直住在杏坛，去年退休后，想回老家居住，他在青田还有一处荒废的老宅，修好后变成自己的书房，打算在闲暇时间做点文化艺术方面的活动，教教村里的孩子们书法。刘宝庆的想法很好，重要的自己动手，按照传统的营造方式维修改造老宅，这出乎我的意料。说干就干，全家上阵，他太太过来帮忙做饭，打扫卫生收拾杂物，院里西南侧卫生间的外墙及横梁上，均有她的小孙子描绘的各种花鸟鱼虫图案，稚拙有趣，栩栩如生。

　　刘宝庆的老宅在六巷的最北边，房后就是青田北街，这里还有一条环村的河涌，坐北朝南。老宅的房间不大，大概有两间的面积，里屋有一个阁楼，留作休息，外屋就改造成自己的书法工作室和读书的书房，两者兼之。他的想法是，要用自己的方法营造自己的生活，当然先从自己的老屋开始营造，一切依循的原则是"修旧如旧"，房屋和院落的尺度，制式和风貌不动，尽量保持历史原貌和营建风格，融入基本的生活设施和条件，再想方设法收集一些能使用的老物件和旧材料，用到维修的工程中去，还要水到渠成、天衣无缝、浑然天成。更出彩的是，他将家里留存下来的两只很长的旧船桨分别挂在门口的两边，据宝庆说，这两只船桨是他父辈使用过的。宝庆虽在学校教国学，但对营造建房也有一套自己的理解。刘姝曼对他进行了采访，他说："我们建房有一些规则，间屋要坐北朝南，前低后高，前窄后阔，比如前面五米，后面稍微宽三五公分，一厅两房，如果空间不够，就在一边设一个房。建房不一定要特别严格地契合风水，怎么改都随心所欲啦。房屋要按照自己的想法来做，都听从别人的想法比较遗憾，因为是自己的家啦，所以力求按照自己的构想。一方面是'修旧如旧'，一方面是'修旧胜旧'。经济条件差的时候，就没办法做成现在这样，比如以前地面都是铺设碎石，现在用仿古砖铺设，高低错落有致，比以前整洁多了，布局还是原来的结构，有自然的感觉。我是这样想的，其他人用过的我就不用了，不想重复别人，我把别人没有的东西尽量表现出来，这也是我一直以来的追求，我不愿意在人们后面走。我觉得，改造在某些方面可以反映我自己的思想，不是我不愿意接受新的东西，而是觉得旧的东西更有文化味道。"对于自己亲自装饰山墙的图案，他也有自己的看法和解释："请别人画草尾要几千元，而且不算材料费，这都是我自己画的，叫'波浪纹'，是取吉祥之意，反应房子主人的生活理想。我的设计是与其他人不同的，我自己设计自己施工，工人师傅帮我搭脚手架即可，我上去亲自画。别人做我不放心，自己做出来才放心。我将含苞待放的梅花、荷花、木棉、树叶等形象糅合在一起，都不是单一构想的，主要是表达自己崇尚崇高的品格。自己画的开心就好，如果有人不理解我也无所谓。"刘姝曼又问："'修旧如旧'是不是可以节省些材料费？"宝庆接着说："如果不是定制的材料，都未必会便宜，比如瓦筒是五元钱一个的，其他都是三元钱一个，虽然总体花钱不多，但付出的心思很多。包给工人做也可以，但达不到自己满意的程度，人们觉得难做的事情我就自己做。原来旧的东西不要全部拆下来重新搞，可以重新组合再用。我房子的门楣在青田坊没有第二家的，这块大石头做成的门楣，是请大师傅帮我上的，放块红布，红布四角压上铜钱，意味着财源广进，烧香拜土地神，最重要的是安全，这是村民最起码的憧憬。"我看到大门上悬挂的门匾写道"悠然居"，这是他为自己小院命的名。据宝庆自己说，这是取自魏晋诗人陶渊明的诗句"采菊东篱下，悠然见南山"中的"悠然"二字，可见意味深长。

宝庆也是想退休回乡，在自己的家园中采摘菊花，吟诗作画，追求清淡而闲适的生活状态。这不就是古代知识分子士大夫归隐的传统吗？

宝庆修复老宅的时机真是恰到好处，为我们在青田保护老宅建筑的工作起到了很好的表率作用，在村民中也反响很大。他也告诉别人说是受我们的影响和启发，当然这也可能是客套之词。但我认为他自己有文化自觉更重要，能从心底里唤醒对家园的回归和热爱，这比修一个房子更有意义。

"青田范式"中有一条非常重要，就是恢复乡村传统中的的礼俗社会，在恢复的过程中，重建人与人之间的关系。这也是我反复说的乡村的隐性价值。显性价值我在前面谈到了，就是可观的乡村村落建筑遗产，这些东西看得见摸得着，可以立刻见到效果，我们在后面也会看到这一部分的修复过程。国内大部分的乡建团队也都会在这一块来做文章，特别是建筑师和设计师，也能起到立竿见影的效果。这两年我们可以看到许多建筑师在乡村设计的案例，也成为建筑圈转型的新市场和新战场，有些从建筑单体上说也出了很多好作品，有些还获得了很多奖项，建筑圈也不断地鼓励他们。这本身也无可厚非，但也致使有些建筑师头脑发热，说自己在"拯救乡村"，这不免有些狂妄无知，至少不准确。你就在乡下盖了几个房子，怎么就"拯救乡村"了，你连拯救乡村建筑都谈不上，因为村民知道怎么盖自己的房子，你怎么会比村民了解他们自己的家园和乡土。村民世世代代住在这里，也知道用什么样的生活智慧来营造自己的生活。建筑师只是标新立异地成就了个人化的作品，仅此而已。所以，不能夸大自己的作用，否则只能说明我们无知、无畏，而根本谈不上乡村建设。乡村建设绝不是技术至上，也不是显性价值的"美容术"。乡村建设的核心和本质

刘宝庆在修复
自家祖屋

是乡村礼俗的重建，村民自治的回归以及信仰香火的延续。

　　所以，乡村中的隐形价值就是礼俗。礼俗社会崩解，是今日社会道德溃败的原因。传统社会的乡村伦理和礼俗秩序，是在不断进行的家礼实践中得到申明和强化的，并逐渐构成乡村社会最核心的价值观和文化传统。要解决社会道德危机，必须从重建礼俗社会开始，即是治疗由治理术下的制约性和惩罚性带来的社会病症。在青田只有重建礼俗，培育美德，美好家园才能成为现实。主管青田乡建的的负责人很认同这一点，他让我组织团队开展重建"礼俗社会"的推进工作，给村民上课教育村民，希望立马见效。我没有这么乐观，因为我有10年的乡建工作经验，如果通过这种自上而下的教育就可以解决问题，那本身也就不是问题了。乡村危机非一日产生，也不可能靠一次或几次的工作就能解决。这是一个系统工程，有些工作恰恰不是在某一点上就能够完成，其症结可能在另一个问题上被卡死，牵一发而动全局、触类旁通，举一反三可能更有效。隐性价值暂时无解，但可能会通过对显性价值的推进反过来影响隐性价值问题的缓解和松动。乡建工作者要真抓实干，用行动来影响和带动村民，从自己做起，从具体行动出发，以此带动和引导村民缓解礼俗的危机。

我们找到了一个切入点和突破点，即从珍惜家园环境开始做起。重塑乡村家园感的第一步，就是爱护我们世世代代受其滋养的土地和环境。青田乡建团队就是从志愿者做起，从捡垃圾开始，从一个人发展到村民也参与进来，他们的文明素质与家园责任感在这个过程中开始慢慢提升。刚开始，有些乡建团队成员看不惯村民乱扔垃圾，甚至随手将食品包装纸扔进荷花塘的行为。他们制作好了告示牌，牌子上写道"禁止乱扔垃圾"，并准备竖立在荷花塘边。我感觉不妥，看到立马制止了，所以没有让他们竖这些牌子。我们来到青田，不能高高在上地指手画脚，否则村民肯定不会买账。我们要以身作则，从自身做起。我想起了当年在山西许村带头捡垃圾，感动了村民也跟着我捡垃圾，到后来村民自觉维护环境卫生。青田也要这样做，乡建团队要先行动起来。所以，与其苍白无力地宣传和呼吁，不如就从身体力行的行动开始。

2017 年 12 月 5 日的下午，青田乡建团队开始了第一次的"青田家园行动"。青田街巷里与河涌边，经常出现一群熟悉的身影，就是青田乡建工作的积极参与者与志愿者，他们长期坚持为青田义务劳动。榜样的力量是无穷的，慢慢地，青田队委加入了，青田村民加入了，社会热心人士加入了。村民对乡村家园的热爱和责任感得到了凝聚，村民的文明素质得到了提升。青田家园行动就是重塑乡村家园的具体行动体现。我们首先从千石长街开始行动，这里也是村子人气最旺的地方，村民平常也都在这里活动和休闲，这是村里最主要的公共空间，也是村子的门面。办酒席、开村民大会，休闲娱乐都会在这里。特别是冬日里，太阳洒满长街时，闲暇在家的人都会跑到长街上来晒太阳，唠唠嗑，下下棋。聚集的人越多，产生的垃圾也就越多，烟头、瓜子壳、零食包装袋、塑料袋随处可见。第一次的行动，就是清扫整条长街，并下水打捞荷花塘里的垃圾。开始，青田的村民在观望和议论，有的窃窃私语，有的冷眼旁观。打扫结束他们也会夸赞说真的干净了好多。第二次亦是如此，但是在接下来的几次当中，慢慢地我们还是发现了一些细微的变化。

到了第三次，开始有了村民的参与，这次通知了村长，村长还叫上了瑞哥、允平、麦哥这些平常比较热心的村民一起参与。这次要打扫的是西边基塘边的一块常年积累大量生活垃圾、建筑废料的地方，村民已经习惯性地将这里当成垃圾回收站，垃圾越堆越高，就形成了一个"小山坡"。为了攻克这个"小山坡"，大家准备了铁锹，动用了施工队的小卡车，瑞哥也帮忙找来其他有用的工具，村西头的奶奶还贴心地给大家准备了袖套。当时运了整整4卡车才把垃圾清完，难度之大可想而知。不过好在村民们承担了大部分重体力的活，期间另外一位村民也主动过来帮手，对面坐着看热闹的老伯还不忘给些指导，说清完了一定要竖牌子，避免还有人把垃圾往这里倒。清理的过程中，青田的阿姨们还挖到深藏在杂草之下的红薯，瑞哥徒手抓了一只田鸡，忙碌之中也是惊喜不断。在等待小卡车的空档，村长会走去跟那些在

青田范式

修复传统书院

旁边围观的村民们唠唠嗑、逗逗小孩，乡建团队的学生们也会好奇地去问问瑞哥，怎么练就的神来之手。一个下午的时间，"小山坡"终于被夷成平地，乡建团队和村民们又一次拉近了一些距离。第四次，在乡建团队的响应下，常常坐在长街上的村民和老人也加入了"青田家园行动"的队伍。最感人的就是老婆婆们打扫细致又耐心，连藏在石板路缝里的烟头、糖果纸，他们也都会缓缓蹲下捡起来。原本这次的计划是扫扫完长街和几条巷子就结束的，有位老婆婆一个人默默地从大街扫到了村口，刚准备收工的几位青田团队成员和村民又重新拿着扫把前去帮忙。由于受到村民的影响，当天在青田开会的佛山农业局的干部也自觉加入。

　　第五次参与的村民又多了起来，这次选择的是打扫东边街的传经家塾以及小卖部周围。传经家塾算是村里非常重要的公共建筑，但平时却少有维护，厚厚的一层灰已经盖住地面上的红色透水砖，参与的村民感叹："在这生活了这么久，还是第一次打扫这里。"小卖部应该是村里最热闹的地方了，村民每天都聚集在这里聊天、打牌，一位旁观打牌的老婆婆贴心劝告参与打扫的一位老人，让她小心些，不要摔着了。大家从传经家塾一路扫到村口，收工往回走的时候，那位老人家对我们说了句："真系唔该晒你地咯。（当地话谢谢你们的意思。）"那一刻觉得，短短一声感谢，确是对乡建团队的肯定，也是对所付出的行动最暖的回馈。第六次行动，乡建团队逐渐扩大了打扫卫生的范围，这次选择绕着整个村子捡拾路边和塘基里的垃圾。正在种地的村民见到乡建团队说："如果青田变好（环境卫生）了，她就负责帮忙种花，连她的那块菜地都拿来种上一大片的野菊花。"大家听了以后很受鼓舞，希望通过大家的努力，也通过一次又一次的行动能慢慢让青田变得更好。第七次的活动居然感召了顺德农业局局长，他听闻有这样的活动，当天也特意赶来青田参与。我们把这种已经在青田落地开花的活动称为"青田家园行动"，并希望将它变成每周一次的例行活动。接下来还会有第八次、第九次……明年开春之际，我们计划在清理后的空地上种上花木，一点一滴地改善着青田的环境，也一点一滴地影响着村民。

社会关系一直是维持社会生活和社会秩序的重要基础。但是，在城市化的迅猛进程中，人与人之间的关系网络却在悄然断裂。当行为选择失去标准、处理事务陷入矛盾，信任危机、秩序失调、资本下降等问题便接踵而至。费孝通先生曾在《乡土中国》中提出"差序格局"的概念，生动地描述了传统中国社会中的社会关系，按照亲疏远近，"以'己'为中心，像石子一般投入水中，和别人所联系成的社会关系，不像团体中的分子一般大家立在一个平面上的，而是像水的波纹一般，一圈圈推出去，愈推愈远，也愈推愈薄"。也就是说，村民的生活有着内外亲近的区隔，只有当亲缘群体不能满足需要的时候，才会考虑"外人"。可见，情感是调节社会关系的主要因素与基本内核，从日常劳作、幼儿抚育、老人赡养，到婚丧嫁娶、岁时年节，都以此为根基。我们十分欣喜地看到，在"青田家园行动"中，从一个人到几个人再到一群人，从家人、邻里再到乡建者，从我们到你们再到他们，亲缘、地缘性关系呈现出复归的趋势，而这也是村民们所依附的最基本的社会关系。从村落环境的美化，到乡土关系的修复，最终达到礼俗关系的重建，点滴之中，朝夕之间，青田家园在行动。

生态永续

> 顺德去海尚远，不过港内支流环绕，抱诸村落而已。明以前所谓支流者类皆辽阔，帆樯冲波而过，当时率谓之"海"……近年则沧桑阅久，有前通而后淤者，有旧广而今狭者，而沿其故名，则仍统称曰"海"。
>
> ——《顺德县志》

"大地伦理"（The Land Ethics）的近代环境保育之父安东·莱帕德（Aldo Leopold，1887-1947）有一段被自然环保界视为圭臬的名言："当一件事情倾向于保存生物群落的完整、稳定和美感时，这便是一件适当的事情，反之则是不适当的。"换句话说，就是把生命区域的范围加以扩展，认为土地不只是土壤，我们所生活的大地其实包含了土壤、空气、水、植物、人、动物……等。安东·莱帕德给予当代的启示是人类若能与自然共感，大地的生息将与我们的生活脉动共鸣，许多人为制造的冲突与破坏自然的灾难就能够避免。我们将这种自然环境保育的理念，贯穿到整个青田环境与农作修复的过程之中。"佛教有'无常'这个概念，提倡感悟瞬间消逝的生命。世间肉眼所能够看得见得存在形式，当然也包括自然本身，全部都在变化。人、动物、植物、自然还有佛等等，一切存在，都是在一个巨大的生命系统之中生机勃勃地流转着，人就存在在那个无常的轮回之中。因此，所谓人类的理想，并不是去征服自然，也不是与动物斗争狩猎，而是要顺应自然，成为自然的一个组成部分。"①

"自然农法"来自于中国古代先哲老子和孟子的智慧与观点，它不光是依照什么方式从事农业生产的意思，实际上它还有更深一层的含义，即遵循自然界中人、地、天的关系。自然农法的主题就是尊重和顺应大自然，充分发挥土壤的作用，保护自然生态环境稳定，培育无公害的农业产品，提高农民收入；并与地球上的所有生物和平共处，有效地利用自然的力量。我在"青田范式"里"人与农作物关系"的部分提到了青田传统的生产方式：桑基鱼塘。因此，复兴"桑基鱼塘"的自然农法是构成青田农业生态循环以及实现乡村复兴的重要一环。

顺德地处西江下游，而杏坛镇恰属水网地带，河涌众多，青田便处于水网地带的中心区域，由于土地低洼，古代劳动人民为防水患同时也为了生存之需，因地制宜，根据地势起伏就环境之势，在低洼处开垦出各种不同形状的基塘，将泥土覆于四周为基，按当地的说法，基塘比例为"四水六基"，形成了以塘养鱼、基面种植作物的生产形式。不同生产特色与属性的基塘应运而生，有果基鱼塘、花基鱼塘、菜基鱼塘、桑基鱼塘等，其中以桑基鱼塘形式的种植养殖方式最为著名。顺德一带主要是桑基鱼塘，青田也不例外。青田祖先独创了一套鱼桑生产的生态循环农业模式"桑基鱼塘"，用"挖深鱼塘、垫高塘基、塘基植桑、池中养鱼、池埂种桑"的综合种养殖模式，通过鱼塘，把桑、蚕废弃物或副产品转化成高蛋白营养产品——鱼。后来它被联合国教科文组织誉为"世

---

① ［日］黑川纪章：《共生思想》，中国建筑工业出版社 2009 年，第 197 页。

蚕房

间少有美景、良性循环典范"的自然生态循环生产系统。"桑基鱼塘"
孕育了青田特有的水乡文化，具有丰厚的民俗民风和人文底蕴，对它的
保护与利用，将成为延续历史与文明的新节点。"人与农作的关系"是
我提出的"青田范式"九大关系之一，实现生态永续是其追求的目标。"看
蚕"（养蚕）和"耕塘"（养鱼）一直是此地的两大生产支柱。桑树种
植与水中养鱼连为一体，可形成种桑养蚕、蚕粪喂鱼、鱼粪肥泥、塘泥
种桑的循环利用生态农业系统。近代乡村功能化和追求高效率的生产方
式极大地破坏了传统的自然生态系统，而桑基鱼塘的生产方式恰恰构成
了青田的传统农业生态循环。"桑基鱼塘生态系统的优势和特点；一是
物质循环零肥料利用。桑叶养蚕所产蚕粪用在鱼塘养鱼，鱼的粪便经微
生物发酵成塘泥，而塘泥又成为栽桑的优质有机肥，成功解决了农业废
弃物的污染、变废为宝。二是土地利用率高。基塘一般按'基五水五'
或'基四水六'、'基六水四'为主，能合理利用土地，既养蚕又养鱼，
效益很高。三是兼具水利与农业的功能。珠三角地势低洼，水患严重，

而挖塘可以蓄水，又可以养鱼，塘基种桑养鱼，是一种兼具水利和高效农业的独特土地利用模式。"①

　　总之，青田这一代的村民主要以养鱼为主，其它各类少量的农作种植为辅，他们根据长期的耕作实践经验，认为八百斤左右蚕屎可养出一百斤鱼，塘泥庳上基地，既可改土，又可做肥，互相促进，成为独有的耕作形式。可见，桑基鱼塘模式带来的经济效益是远胜于传统农业的。再说种桑这头，从清朝中叶起始，特别是鸦片战争以后，新的缫丝技术从国外传入我国，顺德地区缫丝业也得到很快的发展。根据国际市场的需要，养蚕业以及产量也得到了迅速的增长，顺德也随之培养除了一大批熟练的缫丝技术工人，丝织业繁盛，村民种桑养蚕，丝织厂众多，顺德地区的缫丝产业规模位居珠江三角洲之首。19 世纪中叶，生丝的国际价格达到顶峰，顺德丝农每天运生丝到广州，回程则运回白银，"一船丝一船银"，这就是顺德缫丝业鼎盛时期的生动写照。在当时，中国的缫丝业中很少有能与顺德匹敌的，它也以一个小县之力与大上海的缫丝业并驾齐驱。青田在很长一段时间以蚕桑养殖为主，并成为了主要的农业生产方式。我们到青田时，就看到当年遗留下来的生产队的两个老蚕房，这两个建筑是青田最大的公共建筑，现在已经改造完成，其中一个是公共会议室，另一个是青田乡村建设展览馆。青田至今还流传着一首蚕桑业鼎盛时期唱的《缫丝歌》："到工厂，忙埋位，搭茧上缫要仔细，最怕巡场这个衰鬼。佢成日，眼睇睇；眼睇睇，朝早开工睇到日归西。"种桑养蚕缫丝成为本地主业。与塘鱼相伴，曾极盛于世的还有蚕桑。曾经很长的一段时间，蚕桑一直是

---

① 廖森泰：《桑基鱼塘话今昔》，中国农业科学技术出版社 2016 年，第 5 页。

杏坛农业的主要项目之一。直到 1929 年之后，由于顺德蚕丝业受到国际市场的影响和冲击，以及日本丝的迭相冲击，开始大幅滑坡，生丝价格下跌，丝织品销路锐减，外销量连年下降。受此影响，国内蚕桑养殖发展由盛转衰。桑基鱼塘也逐渐萎缩。1970 年代，东南亚华人发现国际市场制糖业迅猛发展，倡议在珠江三角洲一带种植甘蔗榨糖，杏坛人开始大规模种植甘蔗。当时杏坛金字沙甘蔗繁育场是本县大型繁育场之一，占地三四百亩，在蔗糖产业中占有一席之地。

到了 1980 年代改革开放，国际市场又对制糖业带来冲击，甘蔗也不能种植了，我前几年去过珠海斗门镇、莲洲镇考察，当地村民告诉我，当时种植的甘蔗根本没有市场，价格很便宜都没人要，甘蔗到了砍伐的季节都烂在地里没人收割。因为沿水道运出去的路费都比卖出的甘蔗贵，他们马上转产种植树木苗圃，才转产成功并由此走向富裕道路。青田也不例外，随着市场的调整，在不种植桑和甘蔗以后，计划经济也寿终正寝，市场对农作物的需求也发生了改变，青田这点水田也就再没有大面积种植其它农作物。慢慢地，除了少数自留地种植少量蔬菜供自己吃以外，大量水田就用来养鱼养虾。但由于青田的河涌水系在最末端，河涌冲入水塘的水污染很严重，连虾都无法养殖了，因为虾对水质的要求很高，目前青田村民就只剩下养鱼来营生了。由于青田的水塘是采用竞价拍卖的方式出租，谁的价格高谁就可以经营养殖，承包后的村民就最大限度地使鱼塘产生效率才能盈利。所以我们到了青田的水塘，就可以看到这样独特的景观：每个鱼塘都有一组、甚至几组大功率的鱼塘增氧机，震耳欲聋的气泵声音响彻田野，一天 24 小时从不间断。假如你刚到青田，夜晚就很难入眠，聒噪声此起彼伏从不间歇。目前青田村民养殖的鱼品种有四种：鲩鱼、

村民在刮鱼

鳙鱼、鲢鱼和鲮鱼，号称"四大家鱼"，顺德当地酒店和餐桌都吃这几种鱼。由于青田的水质不好，已经无法饲养虾了，但周围村子虾塘很多，村民刘允平想养虾，就只能去逢简承包虾塘养殖对虾。为了一味地增加产量，让鱼快速生长，养殖户也普遍购买的是工厂生产的饲料，这种饲料大多含有各类添加剂，也包含一些避免鱼类生病的预防药物。长此以往也没有人养护鱼塘，水质也越来越差。所以，整个生态系统也就越来越恶化。"为了满足我们对更好的生活的追求，以及我们对能够使大多数人从繁重的农耕劳动中解放出来的高效农业的追求，我们生产出了二氧化碳和其他气体。这些气体的增加将使潮湿与干燥的模式发生改变，将在新的地带制造风暴和沙漠。这些情形可能已经或尚未发生，但是如欲阻止这些情形的发生却已经为时已晚。我们制造了二氧化碳，我们正在终结着自然。"①

随着生态不断的恶化，顺德区域的水系不断受到破坏，水质的污染也非常严重，但至今没有引起社会的高度重视。记得有一次我去马冈参观，企业家佘永亮带我参观他家乡的鱼塘，我看到完全不同的两个鱼塘在一起，一个是佘总自然养殖的鱼塘形态，水质清澈，塘水和岸边通过水草和浮游生物自然融合，这个鱼塘养出来的鱼吃着肯定放心。但紧邻他的鱼塘就是完全不同的状态，承包人将鱼塘挖成游泳池的模样，鱼塘四周像壕沟一样直立陡峭，鱼塘四壁有一米多深，并洒满了石灰，水与岸边连接没有任何水草，整个鱼塘没有任何水生物存在，中间只有一台轰隆隆的增氧机。这塘里养的是泥鳅，佘总告诫我千万不能吃这里养的泥鳅，这是用大量的激素养殖的，一般的泥鳅跳不起来，但吃了激素的泥鳅能跳一米多高，而为了防止泥鳅跳出去，周围才挖了这么深的护堤。我听了大吃一惊，这里喂养的泥鳅送到市场出售，无辜的消费者怎么会知道这个秘密呢？我相信，喂养泥鳅的塘主肯定是不吃它的，他也可能会沾沾自喜地数着钞票偷偷地乐，他也可能会有生态养殖的鱼虾留给自己吃，但他去市场购买别的食物也会上当。人们自己不可能生产所有必须的食物，他们都以为自己很聪明，但伤害了别人，结果自己也是受害者，这种互害模式已经成为社会的约定俗成和心照不宣的事实。我们在不知不觉中亲手杀死了自然，那个所信任和依赖的自然已经不复存在。"我们使自然丧失了它固有的独立性，这个自然在根本上失去了它的意义。自然的独立性是它的意义，如果失去了这一意义，一切都将不复存在。"[②]

我们要在青田逐渐把这套自然农法系统恢复起来，更想通过"桑基鱼塘"的消失与重生，探索出从低潮中走出的青田农业新路。一个看似简单的传统农法的复归，使得青田人重新检视自己的产业环境、生活形式与经济模式。透过传统精神的创新，找出使青田水塘重新回到自然耕作的生态农法。更藉由农业的革命性改变，带动青田的经济、文化、自然治理与地景营造等实质性政策与生活形式的改变。这不仅

① ［美］比尔·麦克基本：《自然的终结》，吉林人民出版社 2000 年，第 44 页。
② 同上，第 55 页。

是对生态农业的重视，更是连接传统文脉的举措。它超越了生产性，并上升为一种乡村文化，以此与时代相衔接，进入更大的社会空间，形成文化辐射力和良性互动，并有助于青田的各项产业发展与村民增收。"现在的珠江三角洲，虽然'桑'已不在，但塘基仍在。根据已有的技术和目前社会的需求，可以充分利用蚕桑多元化利用技术，复兴桑基鱼塘，构建桑基鱼塘高效生态利用新模式。"①

"青田范式"的专家组成员、广东省农业科学院廖森泰教授，在青田主持恢复"桑基鱼塘"的生态循环系统。廖森泰教授是顺德人，长期从事顺德地区桑基鱼塘农业的研究，他带领相关专家团队和村民一起，复兴种桑养蚕、循环养鱼等农业形态。结合桑基鱼塘养殖实际需求，并将根据村民的意愿，通过基塘分离，对基地进行美化，我们团队也同时设计出具有顺德水乡韵味的塘基工作间。由于村民习惯了现有的养鱼方式，不可能一下子转过弯来，所以必须有一个长期的过程来扭转这种局面。这其中还有经济效益的问题，如果不有效解决，再好的方案也无法推广。在农业生产中，人们往往热衷于对物质利益的盲目追求，却忽视对周边环境的呵护，青田村民在渔业生产中也存在着同样的困惑。所以他们对生态农业知识有着迫切的需求。

介绍和沟通是第一步要做的工作，让他们了解和熟悉生态养殖的方法和过程，让村民认识到用这种方式养殖出有机鱼，最后的市场回报要比速生养殖还要好。转变观念最难，那就从对村民的引导开始。正好"青藜讲座"已经举办了三期，效果很好，村民参加讲座活动非常踊跃，所以第四期讲座将主题定为"桑基鱼塘文化与美丽乡村建设"，

---

① 廖森泰：《桑基鱼塘话今昔》，中国农业科学技术出版社 2016 年，第 45 页。

村民在投放鱼饲料

由顺德本土著名农业学者、广东省农业科学院研究员、"青田范式"
专家组成员的廖森泰教授主讲。此次讲座设在青田乡建会议室，来听
讲座的青田村民很多，会议室座无虚席。廖教授将专业知识转化成朴
实平和的顺德方言，通过讲述桑基鱼塘的真实记忆和展示农作的历史
图片等方式，还原了桑基鱼塘的岁月变迁和历史文脉；从生产模式中
呈现出桑基鱼塘的经济、文化和生态价值，希望在乡村复兴的新时代
中挖掘出传统自然耕作的新价值，以应对工业化的冲击，并从生态循
环的角度提出解决问题的方案；借助"美塘行动"的开展，展现出顺
德地区"基塘农业，岭南水乡"的地方特色，进而以桑基鱼塘为切入点，
发展生态农业，构建良好的人与自然之关系，最终力求实现乡村复兴。
针对廖教授的讲述和接下来的一系列行动，村民们表现出浓厚的兴趣，
热切的讨论也体现出他们对恢复自然环境和循环生态养殖的期待。青

田村民刘瑞庆说，"很多村民一辈子待在村里，对外面的世界并不是很了解。不仅我们村的人在这里听廖教授的讲座，周边很多村子的村民都来了，这是一次很好的学习机会"。在接受专业知识的同时，村民们也表示，更希望能将廖教授讲授的专业技术知识，与青田当地的生态环境和有机养殖相结合，开发出更加因地制宜的"看蚕""耕塘"方式。如此和谐热闹的画面实在难能可贵。

以廖森泰教授的讲座为契机，乡建团队与广东农科院合作成立了美塘公司，这个公司是专门为恢复青田桑基鱼塘所设立的，就是想给村民做个示范，要想让他们行动起来。所以我们自己想办法先做出效果和业绩。榜样的力量是无穷的，在乡村做任何事情都是这样，你不先做村民也不会做，而且他们也真的不知道怎么做，因为有了惯性就很难改变，况且还直接会牵扯到一年的收成。由于村中的鱼塘大部分都在村民手里，承包期还没有结束，想租但还租不到，又等了几个月，终于有三口鱼塘可以租了。反正租金都是交给村里，村民按股份年底分红，每个村民都有股份，这与北方无偿分给村民土地不同，北方是自己耕种，收成归自己，也不交租金，连公粮也早就取消了。美塘公司就想先租下几个鱼塘，有农科院专家的技术支持，有村民参与协助推进，如果生态养鱼实验成功，就可以将这项技术推广给村民。乡建团队和美塘公司都投入到清理鱼塘等前期工作中来，青田村民瑞哥也加入了美塘行动。北方收拾土地叫"耕地"，南方收拾鱼塘叫"耕塘"，这也是我当初刚来青田学到的第一个农业用语。清理水塘第一步要净化水质，因为平时村民养殖的主要目的是增加鱼的产量，从而忽视了鱼塘的水质，再加上河涌本身的水质退化和饲料过度的投放使用，一般的鱼塘水质都很差。我们先选择了村里的一个水塘作示范样板，这个鱼塘就在瑞哥家屋后西侧，他打理起来也比较方便。按照廖教授的方法，清理鱼塘水质有两个办法，一是在鱼塘内使用农科院专门研制的水质清洁剂，二是用自然生态法，投入少量"水葫芦"。说干就干，从农科院送来的 10 桶清洁剂立马倒入水塘。寻找"水葫芦"也不难，青田周围的河涌都疯长着这类浮游植物。平常这种"水葫芦"在河涌里恣意生长，蔓延很快，一向被称为是水中之患而避之不及，为什么还要引进它来净化水质呢，也可能是以毒攻毒吧。瑞哥对这种做法也有自己的想法和判断，他说水葫芦使用也要谨慎，一旦在水塘中蔓延开来就不好办了。这口水塘经过两年的净化，效果显著，经过瑞哥两年的照料，水质清澈见底，水草中游弋着红色的锦鲤，来访者看到如此干净的水塘都竖立大拇指，咋咋称奇。

村西北的另一口鱼塘就被用来做完整的桑基鱼塘恢复，因为鱼塘在村外，水塘周边塘基有空地，四周可以栽种桑树。农业局送来了桑苗，我看到桑苗太小，只有筷子长短，就问瑞哥这什么时候才能长大，瑞哥回答说长大很快，一年就可长到一米左右。遗憾的是这批桑苗可能水土不服，没过多久就死了大半。美塘公司又在网上采购了一批新苗，这批新桑苗看上去不错，有三尺多高，苗很壮，根部连带着包好的泥土，枝干上已发出新芽。村民们和乡建团队的人员一起种下了第一批桑树苗，这批树苗随着他们的精心呵护，现在已经枝繁叶茂，绿叶婆娑。桑基鱼塘已初见成效。

这时，乡村振兴的东风也陆续吹到了青田，2018 年 1 月，顺德区政府出台了关于《顺德区加快国家现代农业示范区建设，创建"美丽田园、三生共融"的实施方案》，计划用三年的时间建设 5 个现代农业示范园区，并具备特色产业、美丽田园风光、生态优美的观光旅游

美塘行动

功能。这也正好契合我们提出的恢复"桑基鱼塘"的生态养殖方式，如果我们在青田做成功了，就可以扩大推广。我们还在鱼塘旁边重新设计建成了一处鱼塘工作间，当地叫"基塘屋"，更早叫"寮屋"。寮屋在香港是指非法占地而建的临时居所，其建筑通常相当简陋，大多以铁皮及木板等搭建而成，所以又俗称铁皮屋。青田及周围鱼塘边的基塘屋也是大多用木板和铁皮建成，村民主要是用来放置生产工具、存放饲料以及休息所用。基塘屋材料丰富，形态各异，强烈地吸引着我，这也是我在青田一带的鱼塘周边看到的典型景观，并给我留下了深刻的印象。村民搭建的材料变化多样，常见的有当地自然材料比如砖头、木料、竹竿、草棕和芦苇等，也有现代的建材比如彩钢板、塑钢以及塑料雨布等，甚至还有一些从城镇里拆迁下来的建筑废料。搭建的方式也是随心所欲，五花八门，这也是政府一直要治理的乱象。这些草率搭建起来的建筑，一直被人们称为违章和临时建筑，杂乱无章地依附在各个水塘周边，如果按现代治理的思路看它们，那就是非法、脏乱、丑陋，政府也认为它们充满了安全隐患，有碍观瞻，几次下决心要整治和改造这些违建房屋。但这些房子强烈地吸引了我，所以将这类建筑纳入研究范围中，我想赶在政府治理之前，在研究中拿出与政府治理思路完全不同的设计改造方案，完成对它的升级改造。

这也可以成为一个非常好的艺术计划，同时又可以影响基层政府，在现实中落地实施，两全其美。我首先将这个方案称为"铁皮屋：居与游的边界"，因为艺术家尤为关注被主流社会边缘化的"无名者"地带，这个领域的文化与来自非中心的权力结构，形成一对反性链接和差异式的联盟，它融聚着移动的、看不见的、沉默的或是策略性的"他者"。而艺术家在其中的实践，既是消解又是建构，为的是让世界变得多样与生动。

一、"铁皮屋"与自然相得益彰，互惠共利。便捷的材料和简单的造型，实用的空间结构，因地制宜的空间设计，以灵活丰富的方式，展示出人与自然，生产与生活，景观与生态间多样及开放的文化生态体系。它是乡村世界的生活空间：天／人／水"三位一体"的空间生产。

二、完全来自农民自己随心所欲的建造，接续了当地传统民居的原生样式，生动、自然、简单质朴、简陋草率，延续了当地的构造传统，具有鲜明的乡村和地方的本土特征，并呈现了塑造与被塑造因素之间的关系。随着城乡一体化的推进，乡村不断被商业地产所蚕食吞并，村民已经没有多少机会建房造房，而铁皮屋恰恰给了他们最后随心所欲造房子的机会，他们将世代传承下来的当地建房营造方式表现出来。

三、在现实中不断构成情境化的生活方式。它毫无章法和自由散落在青田水乡鱼塘周围，常以"蓝色"或"灰色"铁皮做外观材料，并以"铁皮"作分隔公／私空间的"临时"围墙。"铁皮屋"呈现着青田水乡世界中合法与非法、公共与私有、居住与移动，以及人与环境的即兴边界。它没有封闭的疆界，没有闭合的围墙，没有洁净的命名。相反，它是一种水陆互嵌，物我合一，且因情势而不断变形和生长的共生系统。"铁皮屋"也呈现了丰富多彩的建构形式。

目前"铁皮屋"的处境非常尴尬和危险，基层政府为治理与排除隐患，也为了"美丽乡村"的计划，想要逐步拆除和改建这些铁皮屋，将会影响到村民的生产和生活。若统一加建，便会形成同质化的功能性建筑，整齐划一和抹杀差异化和丰富性的板房僵硬无趣，就会替代这些生动多样的"铁皮屋"。

根据"铁皮屋"的社会属性，从水乡世界的生产、生活与现实处境出发，从文化的活性与美感的营造出发，从在地性知识与民众的真实诉求出发，创建灵动的"铁皮屋"生境，遏制基层治理模式对地方生态及文化生活的过分干预，防止抹杀地方文化的生动性。对此，我们将积极协调和沟通当地基层政府，建议保留这些临时建筑，并保留多样化的水乡环境与发扬生长性的文化地景——挖掘地方世界的生态－人文美学网络。

我制定出了有针对性的对策以及具体的活动方案：

第一，为了带动在校学生积极投身于乡建的考察与实践，鼓励学生针对散落在顺德水乡鱼塘周边的工棚，以"蓝色"或"灰色"铁皮做外观材料，并以"铁皮"作分隔公／私空间的"临时"围墙进行一个"铁皮屋"协商设计活动。

第二，为了避免构建同质化的铁皮屋，我们使用当地材料和设计，不仅能保证村民的生活使用，推动当地的改进，而且能呈现出完整的当代艺术作品。

第三，设计的同时也将和村民一起修复这些铁皮屋，充分尊重他们的意愿和想法，保留其生动与有机的部分，排除安全隐患，保证他们的生产经营与合法权益。

第四，村民的创造性恰恰是属于边界地区，其呈现出创造的随意性，所以引导村民利用传统来呈现建造民居，他们在不经意的建造当中呈现出传统建筑的脉络。

作品呈现方式：

"铁皮屋：居与游的边界"的作品将以手稿、图片、视频、访谈、装置、实物、建筑设计、模型等形式呈现。在美术馆现场搭建铁皮屋，铁皮屋里面将播放一些影像视频。

我一边组织学生来系统地做这个计划，同时又让研究生黄灵均先为青田的实验鱼塘设计出一个基塘屋，也想以此作为模板在青田推广。第一个设计很重要，我也给小黄交代了一些设计要求，首先用木质材料，因为能更好地契合乡村的风格。我又带他看了鱼塘现场，岸边的基地比较窄，旁边又都新栽种了很多桑树苗，由于空间不大，最好就设计两层，屋顶可以用木质做结构，做好防水材料后，最上层可以铺上稻草。既要防台风，又要防白蚁。最后由于造价的问题，小黄的设计造价要十几万，所以我们没有采用小黄的方案，因为政府推广无法承受这样的造价。最后美塘公司找了顺德当地的设计公司出了方案，结构也改成了一层，材料也弃用了木材，改用了现代材质，主结构用钢架和方钢，屋顶采用阳光瓦和沥青瓦，外墙面为水泥复合板材，木

渠岩和村民瑞哥
在塘基地挖土豆

质门窗也都换成铝合金门窗。这样材料就节省下来一大块，整体五万左右即可建成，这也基本符合了政府的造价要求。

总之，以"桑基鱼塘"作为青田生态农业的典型，复兴乡村生态永续的生长模式，是一个任重道远的过程。生态系统遭到了长期的破坏，所以恢复也不能一蹴而就。这也是一个非常复杂的自然生态系统和社会系统，牵扯到方方面面的问题，相互制约，一层一层的逻辑环环相扣，一个环节出问题就会受阻，可能就会前功尽弃。光靠村民和民间力量肯定不行，但过度依靠相关政府部门也不现实，因为会受到体制的限制。而我们的社会也没有多少耐心做长远见效的事，有些事今天做了可能要 10 年后才能见到效果，自然保育就是这样，有可能还不会直接见到效果。我想起了日本丰冈的"东方白鹳"计划，"从绝命到翱翔"开始他们用了 30 年的努力，才又重新恢复了生态有序循环的自然农法，这就一劳永逸地解决了生态永续的问题。"人与自然的共生，不仅仅是人与树木或者人与动物、昆虫的共生，人类创造出来的人造物也应该包括在内，经过时代的演变将成为自然的一部分，且不说，人工建造的人工湖、运河和森林，就连城市与技术，也可以当做自然的一部分来认识。"①

很多艺术家开始对环境保护的议题开始关注，并跟随环境保护主义的团体开展工作，对生态问题、动物保护、热带雨林以及全球变暖等问题提出许多建设性的建议。他们深受博伊斯的影响，他们自身的作品始终在关注自然与社会，城市与乡村，并把自己的现场感受转换成对艺术和社会的思考，也通过作品使人与所处的环境中产生了必要的连接。我

---

① [日]黑川纪章：《共生思想》，中国建筑工业出版社 2009 年，第 216 页。

们也在青田以及扩大到整个顺德地区开始进行对环境与生态的研究，艺术家将驻留在此进行多项延续性的环境课题考察，同时将艺术家的环保理念理念以及影响力深深地扎根于此，保护自然与生态也是艺术家和乡建团队不可推卸的责任与义务，同时也向让乡村的地方政府和村民看到，艺术家可以用另外一种视角和创作性的方式，对自然保育方面的工作提供一种另外的思路与解决方案。乡村的发展是要基于整个社会如何看待和对待自身所处的环境。这是一项长期和艰巨的工作，艺术家面对这些工作肯定会遇到很多困难，这是一个很矛盾和挣扎的过程。但总要有一个开端，艺术家是一颗种子，这颗种子要植入我们赖以生存的土地，必须让这颗种子早日生根发芽，必须从"关注"和"介入"开始，艺术家可以通过自己真实的感知与以及真相的刨根问底，呈现出自然与生态所面临的的真相，以及所预言和警示的作用绝非耸人听闻，寻找出解决问题的方法和艺术家提出的方案。艺术家同时也要协同农业生态专家、环境与自然保护专家，社会与人类学家、历史学家等一起工作，使社会参与性艺术在自然生态的保育与推进中发挥作用。2014 年我曾经率领广东工业大学艺术与设计学院师生团队参加了在台湾新北市的双溪镇举行的"2014 台湾双溪低碳生活艺术节"，艺术节的意义在于推动自然环境保护与经济协调永续发展，以及低碳城镇的生活型态与空间改造之地方发展等议题，进行启动双溪全面性低碳规划的空间与生活改造之宣示。参与创作的艺术家来自中国大陆和台湾、日本、韩国的多个艺术家团队，进行 15 天的艺术在地实践创作。

艺术家来到双溪镇以后，首先对双溪镇的环境与生态进行了初步的调查与走访，了解到双溪曾经是繁荣的水陆商贸小镇，历经衰颓，而今双溪可望朝向低碳城镇发展，于此一关键的转型阶段，将借本推

水塘生态恢复

动计划，从地方价值、以可持续性且贴近日常生活的操作概念出发，在承先启后的意义上，营造在地民众对低碳生活愿景的共识，从而推动低碳城镇概念与实践。充分挖掘低碳生活与双溪在地空间、产业、自然、人文条件之关联，建构"低碳双溪"的地方价值与在地认同。进一步提升地方民众对低碳生活知识的理解与日常实践的动力。并连结跨域社群，激发参与者与在地民众对"低碳双溪"的交流与探索。以形塑"低碳双溪"的地方形象，创造希望与欢乐的永续愿景氛围，引动地方相关产业能量。

艺术家们将从几下几个方面的考虑作出艺术上的回应：在当代社会的发展脉络下重新理解自然及生态"资·源"的意义，建构出资源使用的时代意义与新态度。通过对双溪不同年代生活的研究，重现每个阶段双溪人使用自然资源、处理资源的方式与态度，通过对在地乡村生活的挖掘，贴近原住民生活的演绎方式，帮助在地居民与各参与者营造对双溪未来生活型态与低碳愿景的理解和想象。艺术家还从乡村日常生活的资源回收与再造利用作为思考，探讨什么资源是可回收、如何回收，及回收再造成为资源的各种可能与创造。

我在双溪镇创作了一件装置作品，主题:《吸氧室＋双溪一片天》，实施地点：新北市双溪镇鸦片馆旧厝（周氏古厝旁），我们广工的团队集体实施的这件作品，我们在双溪附近的山上取来循环利用的竹子，在老鸦片馆的旁边搭建了一个吸氧室，双溪的空气是台湾最好的，鸦片馆是吸毒，我们搭建的空间可以在此吸氧。空间上方的天花板为镂空的双溪地图。日本艺术家水内贵英在双溪河边创作了《生命之树》的参与式作品，这个作品将一直持续下去，他用木板做了几组植物的模型结构，就像建筑的模板。双溪镇的原住民路过这里、或者专门赶来一起参与往龙骨结构里填土，经过一段时间后，几个树形的模板里填满了土，艺术家将模板拆除，就剩下了由泥土做成的树形，这也泥土里包含了各类草种子，夏天山区雨水很多，属性本身就会长出植物和杂草。韩国艺术家团队在双溪老染坊旧址，创作了《吕氏染色工房》，他们通过双溪人回忆老民艺工匠平实动人的常民生活，以"记忆"为主题，通过重构吕氏古厝的染坊空间，保留并再造在地的共同故事。使废弃了几十年的空间，摇身一变成为地方居民交流回忆、展望未来的场域。台湾地区阿美族艺术家陈淑燕在双溪小学，用遗弃的旧木材和树枝，在老榕树上搭建了两个树屋，小学生在书屋里唱歌嬉戏，好不热闹。

总之，艺术家也将持续关注青田以及青田周围的乡村自然生态，通过创造性的再造自然环境与生活方式，唤醒土地与人千百年来共同构建的和谐关系，并通过这种关系来链接丰富的生物多样性，以及实现一种可以循环往复和生态永续的乡村生产方式。也让艺术家和村民一起在自然中享受这种久违的时光，艺术家当然会在此受益良多，同时他们也是未来的种子，这些种子会流散到世界各地，在更加广阔的空间里将生态循环理念生根开花。

山雨欲来

通过公共的协作，来达到建立关系世界与社会样式的发明"的参与性艺术。

——[法]鲍瑞奥德（Nicolas Borriaud）

青田乡建在有条不紊的节奏中往前推进，各种关系也逐渐捋顺，"青田范式"理论的发布和三处老宅的改造实践，均得到了社会的认可和许多村民的认同。借着国家乡村振兴的东风，青田迅速获得了社会影响和知名度，其影响遍及顺德各乡镇以及佛山市各地区，同时也吸引了全国各地的一些嗅觉敏锐的学者和艺术家。青田每天要接待络绎不绝来访的客人，这也成为了乡建团队的主要工作。他们每天忙碌着接待慕名而来的各路参观人马，一边介绍"青田范式"所包含的乡建理念，一边带他们参观三个改造好的民居老宅，也顺便介绍了榕树头基金会的公益成果和青禾田公司的商业运营模式。来参观的客人里有许多榕树头基金会理事们的各界朋友，有来自房地产、工商企业、建筑规划、工业设计领域的从业者，以及顺德各乡镇负责乡村振兴工作的基层干部们，还有一些经营文旅和民宿方面的朋友。当然也少不了省地市和顺德区的媒体，报纸、电台、电视台以及网络媒体的编辑记者们，甚至省里的有关领导也来青田参观考察。几乎所有到访青田的客人，都一致认可"青田范式"理论和几个老宅的改造成果。乡村瞬间成为了医治各类现代化顽疾的一剂灵丹妙药，甚至各类设计行业的英雄豪杰也都走马灯似地来青田寻觅探宝，好像乡村能治百病，他们都想在乡村寻找自身发展瓶颈的突破口和转折点。我不禁捏了一把汗，大热之后有大雨，"溪云初起日沉阁，山雨欲来风满楼"。

经过一年多的辛苦工作，"青田历史调查"和"青田规划方案"也已做好，正当我们踌躇满志地逐条推进"青田范式"的九条计划之时，面临的迫切问题是如何实施。这也关系着青田乡建如何继续发展下去的现实问题。基金会的主要成员在这个过程中一直努力地寻找出路，也非常慎重地选择进入青田的业态以及合作对象。由于基金会前期先垫付了青田几个老宅的改造投入，再继续投入也不现实，马会长曾经表示，如果一些人实在不理解的话，资金由他负责，但希望大家能够团结。商业经济适度介入青田可以说是一种尝试，虽然完全没有经验，但他们的初衷和出发点完全是为了青田乡建能够持续做下去。说得严重一点，没有后续资金的投入，榕树头基金会在青田的工作也要面临危机。

榕树头基金会的负责人们，也在积极寻找青田乡建如何健康有序发展下去的办法，他们主要担心青田下一步发展的资金投入问题，因为到目前为此，除了青田的社会调查和村落规划是由杏坛镇购买服务外，青田乡建团队的早期花费和建设资金，全部来自基金会的善款资助，其中乡建团队的工资等日常开销，以及三个老宅的改造费用也是一笔不小的投入。还有要投入改造的"青田学院"，以及"青田乡村建设展览馆"等等，都需要基金会来承担改造费用，这些都将作为青田乡建的非营利项目。如果说，乡建团队的日常消费还能承受，但马上要实施的几个改造项目，青田基础建设也要全面启动，这是一笔非常大的资金，亟待落实。这也是基金会的领导层首先要考虑和面对的问题，他们也想尽快寻找和搭建出一个良性循环的造血机制，并在青田尽快引入一种商业机制运营，以便用盈利的资金再投入到青田建设中。这是一个良好的愿望和愿景，我也非常期待。听说他们已经多方接触洽谈，并找好了商业项目投资人开始启动该项目。我事先也不清楚此事，只有等待着他们的具体消息。

2017 年 9 月 14 日下午，顺德区政协副主席徐国元、榕树头基金会会长马锡强和监事长胡启志，针对青田乡建所面临的资金紧张问题，相互之间交流了看法。他们的主要思考和建议是这样的，包括青田广场建设、千石长街重修计划、两个书院和老蚕房的改造以及青田其它的村庄修复计划，这些建设改造将需要一大笔资金。这笔资金从哪里来？村里没有钱，指望镇政府也比较难，前期他们已经提供经费给乡建团队做了青田规划，如果再让镇里出钱，虽不是没有一点机会，但是比较麻烦。我们去镇里谈这些问题，听说龙潭行政村已成为杏坛镇计划改造的四个村庄之一，但每个村子也只能争取到 250 万的资金，具体怎么使用也还不清楚，就是能落实下来，这些钱也顶多能建一个停车场，修一二个厕所。虽然他们都认可我给青田做的整体规划和实施方案，但要考虑具体如何落实，这一系列的基本建设要指望基层政府投资比较困难，估计明年都没戏，后年能否可以也是未知。如果让基金会的企业家来做肯定很快，只要拿出设计图纸，政府又认可，马上就可以实施，如果顺利的话，明年初即可动工，不出意外的话半年时间即可见成效。我感觉他们考虑得有道理，这也是当务之急。如果投入资金做这些基础建设，很难会有回报，所以他们在积极寻找其它的商业模式。

我也考虑过乡村中的经济发展问题，这也是"青田范式"九条里包含的内容——"经济互助——人和富裕的关系——丰衣足食"。这与一般的商业投资完全不同，首先强调一点，我们不是将青田开发成旅游村并完全注入商业模式。在完整的文明复兴的基础上发展经济，我们也早已有共识，不需多谈，我们要在青田适当和适度地注入一些经济和商业元素，但要有节制，不能一哄而上，否则最后将不可收拾。最好的方式有两个，这也是经过我长期观察和研究得出来的结果，一是积极鼓励和扶植青田村民在现有的条件下，开展经济自救和副业经营，比如帮助他们利用多余和闲置的房子做民宿和餐厅，二是适度引进一些和乡村有关联的手工民艺和文创机构，这样既可以盘活村民废弃的旧房子，还可以振兴青田的手工民艺。这不是我拍脑袋突发奇想的，而是"青田范式"九条里"物产工坊——人和物的关系——民艺工造"的内容，许多乡村也都是这么做的，既能有一定的市场回报，又不破坏乡村的环境和氛围。事实证明这些思路在乡村是行得通的。青禾田公司也从青田村民那里租下了一些废弃和闲置的旧房老宅，比如我们先期改造的几个房子，没有用作民宿经营，而是作为乡建团队居住和接待外来客人和朋友的地方。它是有市场价值的，可以长期经营，会有市场回报。尽管这样，乡村建设和经济回报也是一个长期的过程，这里面有很复杂的条件和因素相互制约，有时候要一边投入资金修复环境和村落硬件设备，一方面慢慢培养乡村文创、休闲市场，需要时间，不可能今天投入明天就能看到回报。

他们也考虑到前期三个老房子的改造还不能形成商业规模，所以

美丽的黄房子

　　其中一个是乡建团队自己住，另一个作为公共会议室用，只有西院大一些，不过也只有几个房间，做不了民宿，除非再做几个。再说政府也只能把水电、道路和大环境做了，这样就已经很不错了，政府能做的我们肯定争取政府做，政府做不了的，我们要寻找其它的办法做，这就是社会力量投入。但社会力量投入，肯定要考虑回报，我们要考虑企业家的回报路径。我们现在已有想法和方案了，投资问题的考虑也不是就青田来谈青田。如果只在青田投资来回收资金也是有困难的，而且也不可能。我们做任何事情，运营这条路必须要走通。

　　我感觉还是有点太着急了，现在才刚进来青田一年，各种关系还没有搞清楚，经济和市场发展还要再做调研分析，此时也不宜太急。我原以为顺德会和别的地方不一样，考虑经济回报并不是当务之急。我来到这里，也只能保证青田乡建的学术高度，以及相对正确和可行的规划和改造方案。经济和商业运营方面我也只能尊重他们，他们最熟悉本地的情况。他们在想办法，把在青田投入的资本从别的地方赚回来，只有这样才能实现良性循环。不能单方面地考虑问题，他们的设想是从外面来赚钱回来反哺青田，他们果然很有经验和商业头脑，并胸有成竹。我顿时信心百倍，内心的敬佩油然而生。如果能把商业运作解决了，青田乡建即可良性发展。

他们的设想非常完美，想将基金会做成一个品牌，三位一体延伸出项目，这个模式必须要商业运作，产生效益，反过来才能有效地反哺基金会和青田乡建。他们之前也和本地其他基金会交流过，一般公益性质组织的资金来源就是捐赠，有人捐赠就能做慈善，没有捐赠就什么也做不了，但这也充满了危机，所以很不稳定。他们希望在这个模式中创造一种稳定的状态，以便持续发展，所以要引进商业模式运作。一般人认为商业和公益会有冲突，但他们表示要勇于尝试来解决这个问题，想引进更加纯粹的商业项目，使之更加科学和完善，打造乡村振兴新模式。他们已经寻找到了一个合作伙伴，也组建好了新的工作团队，剩下的老房子也不需要我们再改建了，通通都交给那个公司，他们也不会在青田建造新房子。基金会准备把租下来的20多套闲置的房子都给这家公司，他们已经对接好了，马上进入进的工作状态，这就是他们要引进的"村上村作公司"以及要在青田所做的"深度工作"商业项目。

我听到之后比较担心，结果超出了我的所想所料，因为青田体量很小，存留的老房也不多了，老房子是不能乱改的，前提必须是要保持青田的乡村品质和地域风格。我担心他们要搞的全部是商业业态。当然他们也考虑了会随之而来的一些问题，他们想在青田有一部分商业，但只是在这里呈现，然后去别的地方生根发芽，再来反哺。外来的投资方也已做了保证，将不会对老房子大拆大建，答应保持村落原貌，也绝对拥护我的乡建理念。

我只能在心里默默祈祷，希望事情能按设想的去良性发展，在中国要做一个理想的乡建模式实在太难，同时我也担心，因为乡村中的生态是丰富多彩的，如果只给一家公司去开发经营，我不敢设想会是什么结果。徐主席最后给了我很多安慰，并让我放心，大家都会高举"青田范式"的九条乡建旗帜，坚持以村民为本，但也要对得起投资者。他们基金会团队也有一定的学习能力，这一年多来他们进步很快，也不会对文化毫无敬畏，我尽力搞好文化的高度建设，具体工作就交给他们做，比如如何和政府打交道、如何市场运作，就让他们具体实施。再说杏坛是顺德经济比较落后的地方，又是第一个吃螃蟹的，我们也不好对他们提出太多的要求，地方政府如果看到我们做的模式不错，就会给予更多的支持，力度也会更大，企业家们也就认可和放心了。

我也被他们的诚意所打动，其实乡村困境在全国都是一样，如果他们能独辟蹊径，走出一条独特的模式，那何乐而不为。希望他们能用这种乡村经济发展模式，附带完成我们的文化理想。他们最后的承诺也强烈地吸引了我，如果让这家公司进来，政府不用出钱做青田的基本建设改造，这家公司就可以拿钱做。我非常开心，但他们能不能做到，我心里还是打了个问号。我不能不相信，也必须让他们尝试这种新的计划，否则青田乡建也很难为继。直觉隐隐约约地在提醒我，事情不会这么简单，也不会这么顺利。我只能往好的方面去想，因为我信任基金会的这些企业家，他们均满怀理想，也想寻找一个两全其美的方式继续推进青田乡建，这些企业家不是那种富可敌国的大亨，但都身体力行地拿出自己的爱心和善举，他们抱着热爱家乡、服务乡梓的理想聚在一起做乡村的公益事业。我很敬佩和信任他们，但同时也担忧他们提出的这个举措在青田是否适宜。

我同时也很担心他们会把青田打造成城市的后花园来消费乡村，这家"村上村作公司"要把青田做成办公空间，让城里人到乡村办公，而新鲜的空气，自然的生态，有机的食品等，都将成为他们的优势和

施工队砸毁了栏杆

条件。他们是想在青田做一个为城市上班族服务的商业模式，再把这个概念推向市场，或者吸引资金，或者金融运作，不得而知。我越想越不对劲，自己也越来越郁闷，搞不好会前功尽弃，真不想青田就这样半途而废，所以暗下决心，要坚持下来守护住青田，监督他们施工改造，决不能让他们破坏青田，破坏青田来之不易的乡建成果。同时也不能让他们把所有的老房子都改造成商业空间。所幸青田北街的红房子给我们做"青田学院"，两个书院也是不能改变功能挪作他用的，一定要成为村民的文化活动中心。我又争取到了村西边的老蚕房，要将它改造成"青田乡建展览馆"，基金会也做了妥协让步，答应了我的要求。但前期改造好的三个院子以及前期租下来的十几个老房子全部给了这家"村上村作创新投资有限公司"，他们的乡村商业计划也正式在青田拉开帷幕。

"山穷水尽疑无路，柳暗花明又一村"，转眼中秋和国庆到了，没想到青田迎来了最大的转机，也是历史性的时刻。佛山市长朱伟来青田考察调研，在听取了基金会有关负责人的汇报以后，非常赞赏和

肯定青田的乡建模式，立刻承诺给予政府财政支持，财政拨款 2000
万给青田，作为乡村建设的专项资金。有时候事情的发展就是这样，
喜伴随着忧，忧又伴随着喜，没想到一块肥硕的馅饼砸到了青田头上。
大家欣喜若狂奔走相告，最起码修复青田基础设施的资金够了，包括
千石长街、老街巷改造、河涌水系清污、下水管道铺设、老蚕房和书
院改造、两个老碉楼抢救维护等等，这笔资金基本都可以解决。基金
会的有些朋友善意提醒我，不要高兴得太早，政府的钱很难使用，按
以往的经验基层政府有可能要截留，不可能百分之百都用在青田。我
想要是能用上一半也满足了，为此我高兴了好一阵子。

此时青田暗流涌动，一切都在顺理成章地进行。村上村作公司在
青田开始了大刀阔斧的改造，不知是有意为之还是无意的忽略，他们
也不给我看任何设计建筑图纸，那些人也处处回避我，可能是觉得我
不会同意他们的商业改造计划，他们还觉得这是一个纯粹的商业项目，
也没有必要让我知道那么多。我也有自知之明，不想过多地干涉人家。
但出于对青田乡建的负责，还是心有不甘，有机会我就对这家公司做
些有意的约束和善意的提醒，事情的发展证明一切都事与愿违。由于
我常年在北京、广州和青田之间奔波，学校还有课程，不能一直待在
青田，每次回来青田，也只能在有限的范围内了解他们的一些施工进
展情况。

春天很快又来了，青田最美的季节来临，村里到处花团锦簇，硕
大火红的木棉花刚刚洒满一地，红白相间的鸡蛋花已在粗壮的枝干上
开始绽放。但是，这一切都挡不住青田的暗流涌动，谁都无法料想，
青田将要迎来一场灾难性的"乡屠"。此时，我刚从北京赶回了青田，
紧锣密鼓地筹备 5 月份的"青田论坛：中国南方乡村考察活动"。由

由于青田学院还没有装修好，我随乡建团队住在逢简客栈，每天往返于逢简和青田之间，村上公司也开始了大规模的改造施工，轰隆隆的电锤和挖掘机声音打破了青田特有的宁静，我随着声音来到了熟悉的青田西院，这里承载了我们早期进入青田的美好记忆。现在，西院西隔壁的一个院子也被租下来交给村上公司开发改造。他们要将两个院子打通连接，西面院子和水塘相邻，院子很大且漂亮，村民房东栽种了各类花草树木，院里有鸡蛋花树、桂花树、黄陂树、还有两棵很大的芒果树，最美丽的就是一棵碗口粗的木芙蓉了，每到花开的季节非常漂亮，芙蓉花纤细柔美，鲜艳绚丽的花朵色彩一日三变，寓意和象征贞操与纯洁，成都将它选为市花，我感觉青田只有这一棵，而且硕大粗壮，年代很长。我走进了正施工的院子，大吃一惊，工人施工之野蛮还是超出了我的想象，碗口粗的芙蓉树已被拦腰砍掉，我心痛不已，当场质问工人为何砍树，工人根本不理睬我。一会儿过来一个工头模样的人说，根据我们的设计需要就要砍掉，因为这棵树拦住了路。我说你为什么不避开呢，或者可以往旁边移栽，他很不耐烦地看我一眼，转身走了。我赶紧给基金会负责人打电话，他们也没有正面回答我，可能也感觉这不是什么大事，同时也会觉得我多管闲事。我不太放心，第二天又过去看看，情况更糟，两棵硕大的鸡蛋花树又被工人连根拔起，扔在阳光下暴晒，过不了多久就会死去。我实在看不下去，马上给基金会杨秘书长打电话，向他诉说此事，我说你赶紧找两个人，把这两棵鸡蛋花树移栽到"青田学院"的院子里。我感觉一场浩劫扑面而来。预感到事态的发展要比我想象的还要严重，我不想再纵容他们这样干下去，但我力不从心，仍然看不到施工图纸，问谁谁都说不知道，所有的人也都有意地回避我。我无奈，气愤不已。没想到他们的施工方式如此疯狂和野蛮，对青田的老建筑和树木痛下杀手，暴力改造的力度和速度来势汹汹，势不可挡。

不出所料，更灾难的事情终于发生了。几天后的一个早晨，我起来习惯性地在青田村走一圈，以便了解青田村每天发生的事情。村子不大，走走停停一会儿就从村东绕到了村南边瑞哥家，从瑞哥家出来再往西去，我就听到"铛、铛、铛"砸墙的声音，我马上停住脚步，隔着不大的水塘往北望去，我顿时惊呆了。施工队的工人正抡着大锤，玩命地砸一栋黄色楼房的栏杆。这所楼房在"传经家塾"的南面，楼房的南面是水塘，从南面水塘望去，这座楼房非常漂亮，建于20世纪80年代，有那个时代鲜明的风格，简洁而敦厚，质朴而端庄，格局完整、装饰美观。楼房几根底柱伸到水塘里，像水榭一样漂亮，我形容为青田的"亭台楼阁"。这座黄房子也是青田的脸面，它承载了一代人的时代记忆，是青田的一张名片，可以作为青田的民居遗产。黄房子一共三层，朝南的方向每层的户外都有一排和建筑一样长的栏杆，优美质朴，和建筑完美地融合在一起，也是这栋建筑很重要的部分。我百思不得其解，他们为什么要砸掉所有的栏杆。我气得手都发抖，拿起手机，马上给基金会马会长打电话反映此事，让他们立即停止这种野蛮的行为。我知道现场无法阻止，他们也不听我的，但我还是声嘶力竭地大声喊叫，让他们赶紧住手，不要再砸栏杆。马会长也非常重视，马上赶了过来先让他们停工。我感觉事态越来越严重，要求基金会和青禾田公司要加大对村上村作公司施工的监管力度。

我也在乡建团队微信群里持续发声，想唤起大家的高度警觉与重视：我们是来保护青田的，没想到我们自己纵容了这种破坏青田风貌的行为，必须赶快停止对青田民居建筑粗暴的破坏行为，不然我们以

疯狂的扩建

后如何做村民的工作，也很难在村民中起到好的示范作用，我们对不起青田，是青田的罪人。必须把房子外立面恢复到原来的样子，你们里面怎么改都可以，但外立面决不能随意改动。这也是我们始终如一的理念和方法，如果继续这样粗暴的方式改造，青田将完全失控。我还是看不到图纸，也不知道他们具体要改造成什么样子。你们是不是感觉这件事情和我没关系？为什么要砍树？你们难道都不心疼，碗口大的树啊，要生长多少年。前年西院民居施工改造，郭老师为了扩大一点餐厅的面积，要砍掉水塘边的一棵小桂花树，我都没舍得让他砍。我此时的心情非常难受，我们对砍树漠不关心，如此冷漠，就是对自然和生命没有敬畏之心。我这辈子最恨的就是砍树，我和砍树的人不共戴天。我们是来建设青田的，我们要帮助青田种树才对，假如我们带头砍树，那我们怎么向青田交代。我无法也无权干涉商业合作，但我只是希望下面要加大监管力度，再这样下去真不行了。

　　基金会和青禾田的负责人也很着急，积极提出建议并出面协调此事，让我和郭老师多跟施工队交流，给他们提出改造乡村建筑所要注意的事项，也给出了一些具体的建议和措施，帮助他们提高认识。我们苦口婆心地给他们说了很多次，但村上公司总是没有拿出切实可行的相关措施，并强调他们是商业行为，不让我们干涉，还要必须保证他们的施工，其他的管不了这么多，言下之意就是谁也无权干涉和阻拦。徐主席和马会长听后也很着急，无法认可他们的做法和说法。虽然合同是合同，双方要遵守，但你们在青田改造要遵守青田乡建的理念和要求，不能破坏民居建筑，这是原则和底线，任何人都不能越界。看来他们的设计师根本不懂如何改建乡土建筑，村上公司为了节约开支，也不愿意花钱请有水平和有经验的设计师。他们依然我行我素，也不把我放在眼里，继续为所欲为。由于我的态度强硬，丝毫不会让步，村上公司也暗地里将我作为他们公司的"死敌"来防范我。基金会发现了问题严重，也及时调整监管措施，并做出决定，要我负责审阅他们的改造方案，没有我的通过他们不能施工。这之前我一直没有看到改造方案，后来终于看到了施工方案，我大吃一惊也大失所望。以青田西院为例，他们在院子里砍掉这么多树，原来是要造一个室外游泳池。后来听施工人员说，他们就是要在青田打造写字楼和办公空间，还有休闲游泳池、食堂以及民宿和电影院，说这年头为了赶时髦，很多人愿意到乡下来，有钱的老板不想在城里办公了，在这里办公很舒服，肯定有商业市场，得赶紧改造好推向市场。

青田论坛如期举行，活动办完以后，转眼到了炎热的夏天，施工的情况也还是没有好转，基金会和青禾田公司内部对这个问题也产生了一些分歧，有的默认村上公司的做法，有的坚决不同意他们破坏建筑和环境，一时也无法统一思想，达成共识。村上公司还在继续施工，他们阳奉阴违，说一套做一套，一边答应我不继续砸黄房子的栏杆了，亲口承诺要把砸坏的黄房子栏杆修好。但过几天我去看，余下两层的栏杆又被全部砸掉，我非常气愤和沮丧，也不知道这家公司是什么背景，为什么这么肆无忌惮、无法无天肆意妄为。在基金会的严厉要求下，他们后来也给我看了黄房子的改造设计方案。我的原则是不会变的，把黄房子外立面恢复原状，里面怎么改都可以。但我的建议和规劝完全无效，他们认为我肯定不会天天待在青田盯着他们施工，就采用先斩后奏的方式，一会在院子里浇筑几个柱子，一会在建筑外加上几堵墙，以既成事实的姿态逼迫我们妥协，承认现实容忍它们，最后把这个黄房子搞得千疮百孔，伤痕累累面目全非。

此时，村上公司还不肯就此罢手，反而变本加厉地在黄房子周边增加扩建工程，并不顾我们审阅商定的建筑施工范围，大面积地改动黄房子的格局和结构。如果说平时态度恶劣，施工扰民等，我都可以忍受，但这种无法无天的违章违建已触碰了青田的村落风貌和村民的容忍底线。村民终于忍无可忍，一纸诉状将他们告到镇里的主管部门，在多重压力下，村上村作公司才暂时罢手停工。他们自己看了这座千疮百孔的建筑也很头痛，越改越糟，根本没有能力收拾残局。于是，被迫停工整改，但也只是将户外院里打的几个水泥桩拆除。现在想起来我还一直后悔，早知道用这座房子做"青田学院"多好，那就一定能完整地将这座建筑保护好，变成青田美丽的地标建筑。

我也三番五次将发生的这些情况跟徐主席沟通，有时还将不满情绪一股脑地发泄给徐主席。我非常信任徐主席，憋在心里的话无法向外人诉说，因为只有他能衡权利弊并力挽狂澜于危难，他也能充分理解我的焦虑和愤慨，并宽容我暴躁的脾气。我要是不说出来那就是我

不尊重传统民居的改造

的责任。我不能睁一只眼闭一只眼，对破坏青田的行为放任不管。因为青田乡村有限的遗存非常脆弱和珍贵，容不得这样肆意妄为的破坏行径，而历史和文明遗产是不可再生的，一旦毁坏就无法挽回，那样的话我都不能原谅自己。这一切都发生我的眼皮底下，我没有能力制止，情急之下便悲从中来。我也善意地提醒过他们，最好能把公益和商业相对分开，要考虑村民会怎么看这件事情。一般公益和商业是要保持严格的距离和边界，如果慈善公益和市场运营捆绑在一起，甚至就是同一批人，村民就会认为，你们就是打着公益的旗号来开发旅游经营商业的。不是说不能做商业，而是首先要和慈善公益分开，更不能破坏青田，因为这样是不妥当的。这也不是我们的初心和要做的事情。我也怕别人误解，我还要维护他们的形象，不想让他们受到哪怕一点点伤害和误解。我不是不考虑企业家们的付出和投入，我非常感激和认可基金会所做的一切，没有他们这些热心企业家的投入和无私奉献，青田是做不到这一步的。基金会的企业家们想做出一个商业回报模式也是好事，如果能长期回报乡村，并保证基金会运转下去，我非常感激和认可。当初我也是同意这个计划的，但想法是一回事，如何做出来又是一回事，想法再好做不出来也是白搭。我们做这个商业模式的动机和出发点为了是保育乡村，但在落实这个商业模式的执行过程中选择错了合作伙伴，影响了大家的初衷和想法，那就不是一个好的合作。事与愿违，必将南辕北辙。

榕树头基金会的成员来自顺德各个行业，有地产、家具、环保和交通运输等。他们每人都有好多公司，大家各忙各的，平时也缺少沟通，而隔行如隔山，大家对真正意义上的乡村建设也缺乏共识，很难完全达成默契。不过他们都抱着一个美好的愿望来积极推进乡村建设。为了运营乡村项目，他们的想法都完全可以理解，他们也在做公益的过程中不断学习和提高，这一点非常可贵。他们成立了青禾田公司，股东基本都是基金会理事们。他们原来也都不是做公益出身，并有各自的优势和局限，其企业也都不是太大，能在一起做公益事业也是非常可贵。把这种力量集合在一起，力所能及地做一些对社会和乡村有意义的事情，至于背后可能会产生什么价值，他们也没有把握，但也充满期待，走一步看一步，再考虑如何把品质和高度提升。

大家都是抱着一股热情，只是由于对乡村的认识不足，对乡村发展的看法受到认知的局限，还有具体运作上的经验不足，所以产生了以上问题。总结一下就是，青禾田找到来自广州的这家商业公司合作并共同成立了村上村作，广州公司的人负责实际的操作和运营，施工队也是他们找的，施工队雇请工人具体操办施工，中间发生的事情错综复杂。对村上村作公司施工过程中存在问题缺乏监管，有基金会（青禾田）人员认知或失职的原因，有合作公司自以为是的原因，也有施

工队伍、人员素质参差不齐的原因，等等。好在造成的后果还可以挽
救和补偿，希望能往好的方向转化，使青田乡建及早走出泥潭和困境。

　　根据南北十年乡建的经验，我曾经总结了一句话，乡村建设在"北
方警惕权力过大，南方警惕不良资本"，南方特别是广东经济繁荣。
乡村建设离开资本绝对不行，但完全依赖资本也有问题，资本是把双
刃剑。当初陈新校长请我到广东来，就是看到了广东资本的力量太强，
一旦他们将目光瞄准乡村，乡村就会在资本的裹挟下迅速土崩瓦解。
所以，陈新校长当时就异常敏锐地发现了这个问题，同时又非常赞赏
我们用文化和艺术的温和方式助力乡村建设。这是乡村渐变和温暖家
园的一种方式，区别于资本开发的强势和暴力对乡村造成的伤害。

峰回路转

今美于昨，明日复胜于今。

——李渔《〈笠翁余集〉自序》

　　青田黄色的水榭老屋被施工脚手架捆绑得密不透风，在水塘里摇摇欲坠，青田的这个脸面给乡建带来了无比的困扰和麻烦，谁都没有想到乡建会发展成这般模样，以致青田乡建的各方都陷入非常难堪的境地。事实充分地证明了，没有乡建理念，盲目上马、暴力施工又没有专业监管的乡村商业项目，必然会带来大家都不愿意看到的后果，并一发不可收拾。青田乡建几个不同主体之间也因此事产生了一些误解，作为暴力改造和未来运营主体的"村上村作"公司受到了前所未有的质疑与问责。艺术家与学者们从怀疑、抵制，一直到无奈地妥协让步，依然看不到好转的迹象，青禾田公司也不断地调整监管人员，想快速地扭转局面，但也不见效果，基本撼不动村上村作公司一意孤行的设计方案和我行我素的野蛮施工。青田村民看到他们把水榭老屋改变得面目全非，也不能接受，特别是出租房屋的房东，也后悔把老宅出租给他们。有些村民开始抱怨：你们搞乡建的都这么破坏民居建筑，凭什么限制我们自己建房子。这也是谁都不想看到的局面，沮丧

在交流中调整策略

的气氛笼罩在青田的上空。榕树头基金会也迎来了前所未有的压力，这不仅仅是破坏村子的几个老建筑这么简单，更重要的是毁坏和透支了大家辛苦努力建立起来的整体信用，任其将在青田短暂积累起来的人气和信誉消耗殆尽。大家的初衷固然很好，也的确是从善良的愿望考虑和出发，并想寻找出一个能长久运营的商业模式来反哺乡建。但结果却事与愿违。

榕树头基金会成立时间不长，但在顺德影响很大，他们也始终是以先锋者的姿态积极投身于乡村保育的事业。就在这些乡建者在青田刚刚打出一片天地时，突然发生的"乡屠"打碎了之前好不容易树立起来的美好形象，在乡建团队内部也产生了一些消极的影响，并让青田村民产生了很多疑惑和不满。我也品尝和收获了许多沮丧和误解，有些村民还会把这些误解都安在我的头上，他们把我当作专家和带头人，以为是我和村上村作公司合伙在青田做商业开发，以为我用艺术和学术开头，后续推进商业开发。我感到很委屈，又无处可说，但我在村民面前还要维护乡建团队的整体形象，以及好不容易建立起来的的一点威信。我们也要通过这件事认真反省，反思是否背离了"保育""公益""复兴"等美好的初衷和理想。大家都有委屈，彼此都是在相互信任的基础上走到一起，在共同理想的鞭策下努力奉献，但为何美好的愿望和动机无法擦出灿烂的火花？这的确是一次艰难的旅程，绝不会一帆风顺，但也不能回头。在这个艰难的关头，乡建团队所有的成员都在默默面对这一时的困境，他们面对着这个烂摊子，仍然坚持在青田做各类细小和繁琐的工作。他们每天要面对村民，义无反顾地想办法弥补由于"乡屠"所造成的负面影响。真应验了一句话，"不怕狼一般的对手，就怕猪一样的队友"，选择错了合作对象，使青田乡建工作陷入了暂时的困境。

我要尽快搬进青田工作，尽管"青田学院"的房屋装修还没达到能入住的标准和条件。我已迫不及待搬进来了，潮湿和甲醛的味道熏得我整天晕头转向，但我也顾不了这么多了，能住进青田我就能及时发现一些问题。总算有了一个容身之地，我每天看着院子里的百年大榕树感慨万千。这棵树的历史就是青田的历史，它在青田就在，乡村的文化就在。我默默地下决心，要和这棵大树一起坚守。它才是青田的主人，它在这里已经守护这个村子三百多年了，我们只是短暂的客人。而我们更没有任何理由伤害它，伤害青田。此时岭南的天气多变，一会大雨滂沱，一会碧空如洗。转眼到了夏季，"山竹"台风从青田狂暴地掠过，千石长街东、荷花塘边的一棵百年老榕树被台风无情地肆虐，在痛苦的颤抖中轰然倒地。巨大的树根撅起一个深坑，万幸的是这棵老树有意识地躺倒在石板路边，没有伤到一个村民和一栋建筑。青田之幸，苍天有眼使其躲过一劫。

　　榕树头基金会为了青田的乡建实践，投入了大量的人力、精力和
财力，做了大量的工作。总之，村民的期待、艺术家的理想以及企业
家的无私奉献，都将面临新的考验，还有许多意想不到的问题和诉求
缠绕在一起，必须靠时间才能解决。在乡村复兴当中积极寻找经济发
展没有问题，也不矛盾，我也在"青田范式"理念里明确表达了"丰
衣足食"的发展路径，但我建议一定要找到适合乡村的经济发展路径
和特殊模式。乡村最理想的发展经济模式，首先是发动村民回乡创业，
如果不行再吸引外来的商业经营，但前提是根据青田具体的情况来谋
划，不能照搬别人的经验，违背乡村自身的发展逻辑。日本乡村振兴
的一条经验叫"一村一品"。什么叫"一村一品"，就是每个村子都
有其优势和特点，比如这个村子特殊的农副产品和能推向市场的自然
和生态资源，所以必须根据每个村子的特点发展自己独特的经济模式。
日本四国德岛县神山町的文化与经济振兴计划就做得很好，但日本乡
村的问题和我们有所不同，他们不存在信仰危机和伦理问题，有的只
是乡村凋敝和人走村空的问题，村庄里的年轻人大多纷纷奔向城市。
"绿色山谷"非政府组织在神山町运营了25年才初见成效。这也是
一个社会公益组织，和"榕树头"非常相似。他们在神山町做出了远
程办公计划，让偏远农村变成绿色硅谷，这个计划看起来和我们前面
做得有些相近，但日本"绿谷"没有完全将这乡村的开发权完全交给
一个公司，否则就会失控。他们完全是自己掌控和细心运营。再说神
山町就是中国一个乡镇的规模，体量较大，原居住人口有 2 万多人，
由于城市化、老龄化和少子化，神山町人口骤降至 6 千多人。这时候，
非政府组织"绿色山谷"就启动了这个长期的乡村复兴计划，力图挽
救神山町人口"过疏化"的颓势。1999 年，神山町确立了以文化和艺

术为中心展开乡村建设的目标与行动。他们首先开展"艺术家驻村计划"，以此提升地区的知名度和美誉度，然后又和东京艺术大学合作，整修翻新濒临废弃的老宅民居给艺术家居住使用。除此之外，他们开始了一系列吸引企业的驻扎行动，将一些闲置已久的老民居改造成办公空间使用。他们针对的是大城市生活节奏快，人与人隔阂压力大，环境污染严重等问题，但是他们选择能帮助神山町基础设施的企业优先进驻。让都市白领享受田园风光，又不耽误工作，"世外桃源里诗意的工作"也成为了神山町极有魅力的诉求。近年来，越来越多的艺术家，以及创作型的人才移居到这里，使神山町脱胎换骨。

青田引进的这个"村上村作项目"显然是参照日本神山町的概念，但他们太急于求成，没有能力把这个计划做成功。日本"绿色山谷"机构做了25年才做出效果，而他们根本做不到，想得也太简单，想尽快改造好推向市场，改造施工粗暴蛮横，执行的过程更是苦不堪言。再说青田的体量太小，无法容纳空间太大的商业计划。神山町是乡镇的规模，土地田园和森林资源丰富，闲置的民居老宅多。而在青田，他们才是一味抄袭日本的概念而不顾青田的具体情况，把一些和乡村毫不相干的城市商业写字楼移植到乡村来，这比开发旅游对乡村的破坏更大。更不能在改建商业办公区时破坏乡村的遗存和风貌，破坏村民的老屋旧宅，以致天怒人怨，不可收拾。更匪夷所思的是，他们居然还说我保护青田的方式是盲目学习日本经验，还口口声声说，这里是顺德青田，不是日本。所以，引进和考察外来的商业项目时一定要慎之又慎，首先要看这个项目是不是适合乡村，能不能在青田落地；落地实施的过程中对乡村了解不了解，外来的设计和改造团队熟悉不熟悉青田，有没有能力拿出既符合商业开发的空间要求，又能在不破坏乡村风貌和环境的前提下，达到双方均能满意的结果；还要建立起严格监督机制，完善对施工的监理措施，有效完成对改造理念和设计要求的监督，避免出现暴力施工。乡村施工不同于新开发的建筑工地，常规的建筑公司要做好准备，这种环境对施工方有特殊的要求和规范，要考虑到不能破坏乡村的自然环境和历史风貌，也不能伤害乡邻村民的利益。

我们当然清楚，如果乡村建设没有起码的经济保证，再好的乡村建设也无法实现。再美好的理想，没有经济的支持也不能维持下去，所以企业家们盘算着运营问题也无可厚非，但我们要警惕不良资本对乡村的破坏和伤害。我要说的是，乡村是乡村，经济是经济，保护是保护，发展是发展。我们要保护和发展乡村，必须要先捋清楚这些概念，不捋清楚就会相互叠加纠缠，不是一个层面的东西就不要放在一起谈。就事论事，我只是说不能打着发展乡村经济的理由破坏乡村。当面对不同层面的问题时，必须要在不同的层面展开讨论。"道"归"道"，"术"归"术"，理念再好，执行和方法出错了，再好的理念也会付诸东流。

我不反对在青田投资商业和发展经济，也赞成符合青田发展的经济行为和商业模式。我坚决反对的是引入和乡村完全没有关系，甚至是破坏乡村文化和生态的商业业态，同时还反对他们在项目落地过程中野蛮的暴力施工。我们要谨慎看待一些没有做过认真调查和评估的商业项目，还要考量和论证乡村的具体条件和有限空间对一些计划的容纳度。具体到青田这里就是村民能不能接受，进来以后的发展会不会使青田受到干扰。乡村的经济业态应该是丰富多彩，富有层次变化的。在青田我们反复强调"家园"的概念，如果在家园里植入一个体量过大的商业办公区，可能会导致乡村生活逐渐被替代和在地文化的盲目改变，这肯定是和乡村复兴理念相悖的。

理想是一回事，现实又是一回事。我主张要先在青田踏踏实实地做一段相当长的基础工作，然后再真正落实我们提出的一些理念和目标。一些口号比如公益提高社会影响力，以文化为先导振兴乡村，以活化传统乡村为载体，引入外部力量带动村民等，这没有问题，我完全同意，但具体如何落实，以及在落实的时候是否干扰了我所提倡的这些理念，是一个重要的问题。我相信青田村民也默默地观察着我们所做的一切，只是他们平常不说，我们也不知道。他们应该也不会容忍对青田带来的负面影响和情感伤害。当然，我们也有责任引导外来者对乡村要有文化自觉和保护意识，以后还会有投资人看中青田优美的投资环境，也会看中我们前期营造的良好人文环境，以及社会上关注的目光和良好的影响力。这些良好的影响力会有利于市场经营，也具备潜在的商业回报前景。这显然是得益于青田所具备的天然优势，但决不能操之过急。前提是要尊重青田的文化和历史，尊重这里的民风民情，而且也不能缺少对青田最起码的敬畏，不能忽视和低估青田村民对家乡的热爱和感情。如果外来者真的喜欢和热爱这个地方，我们要欢迎他们，创造条件让他们为青田的发展贡献一份力量。

乡村既是中华文明信仰的承载者，又是近代革命的对象。但在社会主义时代，乡村面临的机遇与讨伐不再停留于落后、封建和愚昧的修辞之中，而成为改革者、建设者与理想者高度关注的开发对象、建设对象与知识对象。换句话说，乡村已不再是工业革命的敌人，相反它转而成为后工业时代的宠儿——其稀缺可贵的自然、历史和文化资源，使其成为市场、知识界和国族建设中的核心对象。乡村在炙手可热的今天，被有意无意地推上了现代化发展璀璨的宝座，谁都无法回避。

乡村发展经济以及如何发展经济，也是我多年认真思考和研究的问题，我也走遍了做得比较好的中国乡村，不论是乡村旅游还是乡村文创，或者乡村有机农业做得好的地方。单从这一点上，我自认也有许多理论和实践经验。我也做了十多年的乡村建设，看到了无数成功和失败的乡村商业发展案例。许多企业家和商人有心或无心地投入到这块具有很大风险的市场，有些靠着独占资源、准确的市场判断和良好的市场优势获得盈利，有的抱着希望而来却铩羽而归。有些失败者早前可能在自己的投资领域很成功，比如房地产、制造业和商业运输等等，他们在各自的领域都获得了社会财富，受到社会的认可和大家的尊重。但在复兴乡村以及因地制宜发展乡村经济方面，比如乡村的文创和生态农业产品，他们却未必比我知道得多。他们有其它行业成功的经验，但在乡村产业及经济发展上也是新手，也都需要重新学习。把乡村往城市的商业模式里套未必能成功。

有些成功的商人很自信，我在山西就见过，一些煤老板发了大财，以为自己无所不能，结果离开了挖煤干啥啥赔。我们都知道，挖煤的成功多是凭借早期的资源垄断和借助于特殊的政商关系，煤老板往往会被成功冲昏头脑，而这种成功的惯性也助长了他们的主观判断和盲目决策。真正考验他们时则会受惯性习惯的驱使和支配，他们都会在自己不熟悉的领域中受挫和在陌生的市场碰壁。这里不排除偶然性的歪打正着，也不排除依赖惯性的运气又带来运气，但这只是极少数，并不存在必然性。在乡村必须避免"惯性思维"和经验主义带来的盲目心态，以及先入为主的判断误区，往往只能靠理性的市场分析和严谨冷静的判断。如果做事只是依靠惯性经验的驱动，和以往光环的缠绕而头昏脑涨，那就只能无奈地"撞了南墙才回头"。因为判断并不是惯性之外的事物，恰恰是惯性要告诉人们理性判断的重要性。有价值的判断并不是对惯性的排斥，而是在惯性驱使后的冷静思考与重新修正。操之过急往往会导致冲动和盲目。刚刚进入乡村时还立足未稳，乡村的潜在环境以及显露的条件都在不确定之中，不宜急于做出市场判断与商业计划，可能这个投资计划不一定是最好和最适合这个乡村的，也可能还有更适合这个地方的经济发展模式。当然，也不排除已经对这个投资计划做出了周密的考量，也对外部的市场做了详细的调研和潜在的发展预期评估。如果真的认为这是机不可失的计划和机会，那也要冷静地评估这个乡村能否容下如此体量的计划，以及对特定空间的特殊要求，对这个地方持续发展所带来潜在风险的评估。这不仅是对这个特定乡村的负责，同时还要充分考虑到实现这个计划是否会对乡村以后带来破坏和干扰，这也是为投资人的安全风险着想。乡村的商业业态应该是丰富多彩富有变化的，而一家独大的商业体在青田则可能造成灾难性的后果，因为青田也是我们反复强调的"家园"。

更为复杂的是，媒体这时也接踵而至，推波助澜。由于青田工作的几条路径同时推进，呈现的矛盾也会交织在一起，剪不断理还乱。再加上5月的青田论坛同时也要召开，各路学者专家齐聚青田，国家、中央和省地市区的各大媒体闻讯而至。长枪短炮将青田翻了个底朝天，既有多年跟踪我报导乡建的媒体，也有近期被青田吸引的媒体，有艺术和建筑等专业类的媒体，也有新闻和追踪社会热点的媒体，既有央视和人民日报等国家重要媒体，也有佛山、顺德的地方媒体。还有一些网络自媒体。每个媒体都有自己的角度和视点，比如中央电视台的《新闻调查》栏目，这个栏目在中国影响很大，收视率也很高。编导杜小静非常有水平和职业精神，她是早期创办《东方时空》栏目的第一

修复后的老蚕房

批记者和编导，他们力求客观公正，不偏不倚，在实事求是的基础上反应事实真相。他们不负责表扬，而是要将乡村实践的经验以及遇到的问题客观地呈现出来，以便给社会提供参考和借鉴。他们不会偏听偏信，连接待都不让我们接待，就怕有什么嫌疑。当时也正逢国家乡村振兴战略全面落实之际，央视也配合当时的气候做出了及时的反应，以便给乡村振兴提供实践经验。他们从客观的立场出发，尽量选择不同的主体采访，其中有村民代表、基金会成员、艺术家和学者、基层政府官员等。在这个巨大的聚光灯照射下，好事坏事在所难免被成倍地放大，青田这么小的一个村子获得这么大的关注也是我始料未及的。中央电视台竟然有三个不同的栏目组在青田拍摄，这在中国乡村也是很罕见的，是破天荒的第一遭。央视纪录片频道也一直在青田跟踪拍摄了两年。当然，也有些媒体为了完成任务应景，会蜻蜓点水、走马观花，报道出来难免会顾此失彼、囫囵吞枣。

这些节目播出后褒贬不一，来自社会上的一些不同的看法也难免给大家带来压力，产生消极情绪。有些媒体也不能充分理解大家的初衷，虽然大家也都为此付出了很多，但是有些工作也不可能做到尽善尽美，这也应验了我总说的一句话：今天最难做的就是做乡村建设了，我们是知难而上，有充分的思想准备，在这个时代和现实中做事情实在不易，我们有备而来，不必委屈。人民日报的记者来青田采访，节目播出后也造成了一些小误会，他们设立的采访主题是"谁是乡建的主体"，记者就找了青田村民瑞哥和我一起接受采访。由于主题的局限和记者有意识的引导，我们重点谈了当地人在乡村建设中的重要性，瑞哥从青田村民的角度来谈家乡建设的感受，没谈基金会的贡献和乡建团队做的工作。结果节目播出后，基金会和乡建团队的同事们心中有些不是滋味，认为自己被冷落了。但事实是不同的媒体采访的主题和内容不同，每个媒体都有自己的关注度和局限性，他们是有倾向性的，有时针对一个所设定的问题谈，不可能每一次都如数家珍、事无巨细、面面俱到。其实，平时我还是非常注意这件事的，无论是接受媒体采访，还是在社会上做专题讲座，以及参加和举办很多乡建展览，我都把榕树头基金会以及他们的工作成绩讲出来，很尊重他们，并且放在很高的地位，积极肯定基金会对我们做乡建工作的支持，以及他们在青田乡建中起到的重要作用。因为大家的身份和角度不同，目的都是为了做好青田乡建的工作，大家齐心合力做出成绩是最重要的。谁都不可能事事都考虑完善，做事周全。比如基金会在自己的领域和范围介绍、推广青田实践时，很多时候也没有提到我以及我们广工团队的工作。我都很能理解，这也可以叫"一中各表"吧。各自从不同的立场分别表述同一件事情，不必面面俱到，这很正常。其实放在一起就很完整，只要对青田的发展有利，为了这个大的目标，没有什么不可以放下和释怀的。

　　徐主席洞若观火，始终能客观地审视发生的事情，也敏感地注视着事态的发展，他积极地引导大家要以宽容的心态，来对待和面对不同的看法甚至批评。他始终心平气和地开导大家，坦然接受社会上的不同意见和反馈的声音，非常诚恳和谦逊："我感觉媒体对青田的报道都是很积极的，包括央视的《新闻调查》也还是挺好的，只是没有把我们最核心的东西展示出来。但这个案例在全国是有普遍性的，只是每一个村子都有自己的做法罢了，记者也是努力从一般社会的角度寻求突破。我们现在遇到的最不开心的事情，无非就是村上村作的操作和渠老师的想法不一致，大家也都做了最艰苦的努力，就算现在出现了偏差，那就当反面教材好了。我们现在也对他们的改造进行了控制，并限制了他们在青田的开发规模，而且所有的图纸都要交给渠老师审核，可能这些事情对我们的乡建过程造成了冲击，但社会中总要有一部分人需要用这种方式介入，这就是一种实验结果。尽管我们不认同，但正是他们丰富了我们乡建工作的内容，所以我希望大家用更广阔的的胸怀去看待这件事情。至于媒体的报道，我想说的是，我们做了那么多工作，的确没有媒体描述的'高度'，但有些也超越了媒体的述说。我们自己相当于播撒下一颗种子，从某种意义上来说，我们或许应该感谢媒体提高了人们的关注度。"徐主席以他一贯的虚怀若谷的气度，平复了大家由于长期积累的问题和近期发生的矛盾所带来的情绪波动。

　　乡建团队内部很快达成了共识，审时度势地分析目前存在的问题，力图避免由此所可能引发的连锁反应。乡建团队继续为村上公司的暴力施工做最大的努力，积极协调和面对来自各方的问题和压力，并帮助他们解决了很多棘手的具体问题，但效果并不理想。他们似乎执迷不悟，并没有往好的方面转变，而是一意孤行，我行我素。

徐主席及时地预感到这些问题的出现会影响到青田的乡建品质，甚至多年的辛苦努力会因为他们的暴力行为而付诸东流。徐主席在这个过程中起到了关键性的作用，做了大量耐心的说服工作。大家也都知道这样再做下去的结果是有悖初衷的，但要悬崖勒马并非易事，一旦终止商业合作就会有很多麻烦，经济损失不说，还会有很多棘手的问题需要解决，也会随之带来一些不可估量的负面影响。此时，基金会的理事们也都积极地处理此事，并且反复向我表示，一定要重新回到正确的乡建理念上来。新来到青禾田公司的何智勇经理首当其冲，要面对和解决这个遗留问题。我倍加感动，也更增加了我的信心，有这些可爱的乡村守护者，我们不论遇到什么困难都不必惧怕。乡建团队统一认识，雨过天晴，"山竹"台风都不会伤害青田，决不能让外来的屠夫毁坏青田的的一草一木。经过大家的统一共识，艰难地作出决定，快刀斩乱麻，立刻终止与他们的合作，宁可赔上人力财力，也要不惜一切代价让他们退场撤出，让青田发展回归到我们的乡建理念上来。我对基金会的决定非常感动，也被他们实事求是的态度所折服。我们又重新振奋起精神，逐渐修复由村上公司给青田及青田乡建带来的伤害和负面影响。我们积极寻找其他适合青田发展的民俗文创业态，并尽量减少青禾田公司及投资人由此造成的损失；想尽办法维修加固已被破坏的民居老宅，并准备将改造一半的房子修缮之后，为我们的乡村研学以及乡村游学所用。

我精神上也得到放松和舒缓，一吐怨气。青田乡建经过一度的波澜总算又回到正确的轨道上来了。

四、艺术中的乡村

"乡村"在此作为艺术实践的他者而存在，而被放置于"艺术"这一外部且具备一定权威性的话语和实践之中，为"艺术"这一既是话语又是实践的行为及事件所塑，所言及所在；一方面，它带有行动者－艺术家自身的文化抱负、政治诉求和审美理念；另一方面，作为审美对象的乡村背后的时代特性、处境及可能性。在此意义下，那个本体意义上的"乡村"便转化成不同审美主体行动中的滑动能指和欲望符号；同时，还承载着当代艺术介入范式、问题意识及艺术家理想与行为的离散之域。

上善若水

> 上善若水。水善利万物而不争，处众人之所恶，故几于道。居善地，心善渊，与善仁，言善信，正善治，事善能，动善时。夫唯不争，故无尤。
>
> ——老子《道德经》

　　人类很早就开始对水产生了认识，古代东西方朴素的物质观中都把水视为一种基本的组成元素，古代中国将水列为五行之一，古代西方的四元素说中也有水。从古至今，水始终都是人们不可或缺的东西，也是所有生命赖以生存的重要资源。科学家们曾十分形象地把水称作地球生命的催化剂和万物之源。

　　顺德地区蕴含着丰富的水资源，顺德以"水"为贵，敬"水"为尊，靠"水"构成了自己的自然特质与文化属性。人们的生产和生活都与水发生着密切的关联，从生计、生育到精神活动。生活离不开"水"，生产养殖也要依赖"水"，传统的出行也要仰仗"水"。"水"不但是生命的源头，也是生活的保障。"水"也呈现出重要的文化价值，而由"水"生出来的日子和人生背后，都是围绕"水"而形成的信仰习惯与仪式。除了物质属性以外，水还有重要的文化属性。中国传统上的龙王就是对水的神格化，由此引申出来的一切行为和意识，都与

河流、鱼塘、雨季以及龙王的生命想象缠绕在一起，并由此成为信仰
的图腾——龙。凡有水域水源处皆有龙王，人们崇拜龙，并认为它有
兴云布雨的功能，祭龙王祈雨也是中国传统的重要信仰习俗。龙王庙
也遍及在水源充足和对水依赖度极高的顺德水乡。

由"水"的敬畏到对"龙"的信仰所展开和形成的信仰系统，构
成了从自然崇拜到文化信仰的合理脉络与秩序，并构成了顺德地区有
关自然、水系、祈龙、祭拜、庙会、族群、民俗、游戏、节庆等完整
的文化与自然生态系统。所以，顺德也被称为是"中国龙舟之乡"，
并世代传承着深厚的"龙"文化。每年端午节期间，各类以"龙"为
主题的竞技民俗游戏和祭拜庆典庙会等活动，遍及顺德地区的各处水
乡。随着五月端午的到来，以竞技娱乐为主的赛龙舟早早开始。"北
人赛马，南人竞渡"，地域和环境的差异与特点，形成了南北不同的
文化属性和民俗特征。每到端午，顺德的每一个村庄和社群，几乎都
有赛龙舟和游龙舟活动，村民们通过对龙的祭拜，来表达对水的敬畏，
同时也通过这些活动，强化族群凝聚力。在每一个自然的乡村，他们
都会以社庙为单位，组织"趴龙舟"活动，每一条龙船都和社庙联系
在一起，龙船是村社族群的精神支柱之一。游龙会演，就是水上嘉年华。
所以，在顺德水乡，划龙舟、吃龙船饭都是头等大事。划龙舟，意在
保佑人畜平安、五谷丰收；在顺德传统习俗中龙船饭被视为神圣之物，
吃了它就能像龙一样威猛矫健。青田自然村和龙潭行政村不仅仅是行
政管辖关系，在生产、生活以及民风民俗上也有着千丝万缕的联系。
两个村子之间最为重要的关联就是五月初八的"龙母诞"游龙嘉年华
活动。"龙母诞"当天，青田以及周围的 20 多个自然村，都会派龙
船来龙潭参加龙母诞的仪式以及盛大的游龙活动。大约有一百条龙船

端午"龙母诞"
活动启动

打扮得五彩缤纷来龙潭参与"龙母诞"游龙舟节庆。

　　龙潭村已有几百年历史，保留了龙母庙、五龙庙、天后庙、爱日桥、古祠堂等很多公共建筑。其中龙母庙最为盛名，它是西江流域龙母信仰的中心之一。龙母庙，位于龙潭村西华坊，即"孝通殿"。其始建于宋咸淳元年，明嘉靖年间重修，清乾隆四十九年再次重修，道光五年改扩建。庙内正中供奉着龙母，她的右边是陈德公，即本地孝通殿的建造者；左边是金花娘娘，妇人想要求子就会来庙里拜她。在孝通殿的旁侧，还有一个龙子庙，供奉着龙母抚养的五条小龙；另有一个天后宫，供奉天后，即妈祖。"孝通殿"是顺德地区现有龙母庙中历史最悠久的一座，也是顺德地区香火鼎盛的乡庙之一。"乡村联合聚会通常在一个专门特设的地方举行。那里不能是耕地，也不能是家庭用户，这个地方对每个人来说都是神圣的，绝不可以亵渎神灵"。①五月初八龙母诞节庆前后，各地前来进香的人则把孝通殿四面围得水泄不通，香火达到鼎盛。殿前的河道里亦挤满了附近各村前来庆祝节日的龙舟。

龙母庙东西街道两旁是绵延很长的"龙母诞"庙会，各类小商户将街道摆满了商品和食品，游人簇拥，水泄不通，热闹非凡。

龙母信仰盛行于广东省的西江流域，而杏坛镇恰好位于西江下游的两条支流——东海河道与顺德支流之间，传说龙母的信仰是从德庆悦城随西江水系而传到此地。据说龙母在德庆悦城的庙内住了数百年，一日忽觉无趣，便突发奇想要随西江漂流而下，尽赏两岸风光。于是她化身为一块江上的浮木，漂流到龙潭村三条河涌交汇的地方。此时适逢渔人陈德公在此捕鱼。陈德公是一个鳏夫，与母亲相依为命，当日母亲卧病在床，陈德公便想打几条新鲜的鱼来给母亲做汤喝，怎奈下网三次，都只捞上来一块木头。陈德公觉得木头有灵性，遂向木头祈求说，假如它保佑自己打到鱼，就将木头供奉起来，早晚烧香朝拜。龙母心知陈德公的一片孝心，遂作法将西江中犯了死罪的鱼虾统统押进陈德公的网内。陈德公见祈祷见效，并显出神迹愈发虔诚地每日祈祷。龙母娘娘见他如此虔诚，即托梦与他：既然诚心挽留，那就在五月初八前建造一座行宫。此地便具有了神圣性，陈德公便立马在龙潭这里修建了"孝通殿"，将龙母供奉于其中供人祭拜。"古代中国人从未停止过祈求，他们在几乎差不多的时间，以同样的方式祈求人丁兴旺，以为自己的家族带来繁荣；他们还祈求降雨，以便播下的种子顺利发芽。求雨和求子起初是通过生殖仪式来进行的，但最终，人们认为水拥有阴柔的特质，而妇女也属于'阴'，于是人们认为让她们保持某种方式独处也可以实现求雨的目的"。[2]

这几年我都参加了"龙母诞"游龙舟的系列活动。2018 年的端午

---

① [法]葛兰言：《中国文明》，中国人民大学出版社 2012 年，第 5 页。
② 同上，第 181 页。

传统龙舟宴

节前，在龙潭端午庙会活动的启动仪式上，我第一次看到了顺德地区乡村的活力与文化延续。端午节清晨，我们来到了龙潭村的文化广场，为水乡的一系列活动喝彩助威。广场聚集了许多村民和远道来的客人，会场边聚集了参加启动仪式的各支龙舟队伍，他们穿着鲜艳的传统节日盛装，举着各自队伍的彩旗，还有的队伍抬着大鼓，舞龙舞狮的队伍也兴高采烈地等候登台表演。我看了非常感动和自豪，因为所有的队伍都是由少年和青年组成，他们中的有些人虽然在外学习或打工，但今天都回到了家乡，参加家乡的民俗节日。由此我想到了日本，他们的乡村保留了众多的传统民俗节日和活动，我也在经常惋惜我们消失的传统和民俗文化。虽然近年各地恢复了一些民俗活动，但都感觉传统变了味道，文化变成了娱乐。我终于在龙潭看到了乡村延续的传统和应有的活力，看到了热情的年轻人自觉地传承。有年轻人在接续传统，我们的民族就有希望，我们的文明就有希望。

青田的端午活动从农历四月底就开始了，而五月初一那天要举行"起龙船"的仪式。这是由于在一年的大部分时间里，龙船都被沉埋在水下保存，故先要将其从水中取出。青田的龙舟都会在前一年的端午"龙母诞"活动后沉在村西头的河涌底下。起龙船之前，先要在河涌里沉船的船头、船中和船尾部位分别搭好木架，村民将绳子缠绕在木架上，再将龙船从河涌里慢慢升起浮出水面。以前需要 20 多人

才能做到，当时只依靠人力，现在搭好木架用小轮吊机只需三五人足矣。然后将船里的水舀出来，将龙船里污泥去掉打扫干净。这时，一条25.88米长的龙船完整的浮现在河涌上，有"金龙出水"之意。然后确定出赛龙和艳龙参赛龙舟，赛龙参赛人员除了要求身体健壮、集体荣誉和团队观念强之外，还要将整条舟上的龙头、龙尾和划桡拿出来竞投，有的龙头价最高。艳龙则由龙头、龙尾、铜锣、大鼓、牌雕、罗伞等组成，越是漂亮的艳龙越能赢得观众的阵阵喝彩。如今，青田生产组发挥股份社力量壮大集体经济，在刘玉成、刘伟森等大批热心人士帮助下，筹集了14万元添置了新龙舟，这条龙舟名为"青田"，长达25.88米，拥有60个桡手位。后又增添了一艘新龙船，名为"彭城"。龙母诞这天，两条龙船一起派出。这期间，青田每家每户开始包粽子，可选用的材料有很多，除用糯米之外，还加上绿豆、肉类、冬菇、香肠之类作佐料，用冬叶或大蕉叶包裹好，放进锅里用文火煮三、四个钟头，便可食用。粽子吃起来香滑、可口、绵软，是南方人十分喜爱的食物，传承至今。五月初五端午节时举行以竞技为主的龙舟赛，龙潭村下辖的各个自然村参与竞赛，每村最多派出两条船，每条船上只能坐三个人。这天，"孝通殿"前面的河涌上会设龙门，放上绣球，参与竞赛的人从百丈桥开始划船，划到"孝通殿"门口，第一个跃过龙门的人摘下绣球，就可以得到头彩奖励，排名靠前的其他龙舟也都有奖赏。龙潭村还要给每条来参加活动的龙船准备礼物，每条船得到的礼物包括：六百块的红包、两三百块的红米酒、两条香烟、若干茶叶等。所以，五月初八有两个节目必去龙潭，一是各村派出龙舟划到龙潭上岸，村民们抬着装扮鲜艳的龙头龙尾去"孝通殿"参拜龙母娘娘；二是举办声势浩大的"龙舟宴"，有些村子可以达到万人一起围餐，青田的龙舟宴也是盛况空前。

"在乡村节庆中，视乎存在一种节律，这节律让人们一群群地组织起来，所有组织起来的人群又与大自然紧密联系起来。而这节律在因季节变易的节庆举行时，它本身也周而复始地更新着，神圣场所成了一种具有终极性质的守护力量。"[1]五月初八上午9时左右，青田的龙船会敲锣打鼓，开始公投龙船的各种器具，如龙头龙尾、木桡、锣鼓、铜锣、帅旗、高标、罗伞等，公投以价高者得到当日的使用权。一时间，喊标声此起彼落，一轮竞投下来，一只龙船的器具能投得八九千元。投标完毕后已中午11时多，吃午饭后由村里青壮年组成的划船健儿纷纷到龙船就坐，开始扒动龙船，在当地河涌做热身运动。到12时正，青田的船队就向龙潭方向扒去。那天到龙潭参加游龙的有100多条龙船，有的上"孝通殿"参拜龙母，有的在河上来回巡游，活动大约2个小时。活动结束后，各自扒龙船回到原村。晚上还有盛大的围餐酒席，青田有人口约700多人，但参加酒席的人有3000多人，是原居民的5倍，每席10人，围餐也有近300席。女人们都对扒龙舟也情有独钟，龙母诞这天，她们会让丈夫丢下手中的活计，一心一意参加龙头竞投，还会把嫁到外地的女人们请回来吃"龙舟饭"，一

---

[1] ［法］葛兰言：《中国文明》，中国人民大学出版社2012年，第183页。

来沾点灵气，二来为村里的男人夺得好成绩助威。一些在外地工作的女人专门请假回乡为男人们当拉拉队，于是递毛巾送茶水忙坏了岸上的女人们。由此可见，当日的盛况是空前的，也是全村以及整个龙潭每年最大排场的活动。龙船划到龙潭孝通殿前，就需要将船头的龙头拆下来，送到殿内进行祭拜、"点睛"。点睛的仪式由乡绅和知名人士主持，其含义应是取画龙点睛之义，只有点过睛的龙船才是真龙。值得补充的是，不仅龙潭村的"孝通殿"能够为龙船点睛，还有周围的龙眼村也专门为龙船点睛。每一条龙船造好之后都需要先运到龙眼村去开眼，然后才能参加各种龙舟仪式。此外，各村也会请当地的保护神来为自己村的龙船点睛。青田的龙船就会到本地的关帝庙里点睛，请关帝保佑龙船平安。一切准备就绪，只等初八那天隆重的日子到来。

今天，由于长期的社会改造和反传统运动，大多数传统文化与民俗都遭到了不同程度的破坏，传统民俗活动也都逐渐抽离文化内涵，变成以节庆娱乐为目的的民俗活动与商业活动。前面谈到了"水"在顺德地区的重要性，然而，不可忽视的现实却是现代工业化生产及生

青田
范式

艺术家划龙舟训练

活方式，破坏了地方水系的文化秩序，使原本人、神、水、土间的互惠关系受到阻隔。之后，在工业化与发展主义逻辑的训导下，水的文化意义被扁平化成一种生活对象，而不再是与生命超越性密切关联的地方图腾。类似顺德龙潭龙母诞庙会在长期社会改造运动中的遭遇，其庙会的神性也在政治运动的喜怒哀乐中漂泊不定。而有趣的是，如今的大众时代却为其露出谄媚之脸，以"拥抱"的方式庆祝各地礼俗在市场精神消费区的隆重上市。

在提倡乡村文明复兴的今天，大家只关注幸免于难的民俗节庆的形式，而对乡村加以过度遗产化的判断方式，造成了急功近利心态的商业化开发并产生了众多后遗症，一些乡村将非遗民俗活动用商业包装推向市场，用市场的方式过度开发。他们并没有正确地判断其文明的价值以及恰当的保护措施，也没有适度谨慎地整理思路和方法，一味过度地开发和打造，把真实的、有价值的传统毁掉、造假，捕风捉影地编一些夸张的故事，不但无法传承和接续历史传统，更无法将真正有价值的传统与今天的生活发生关联，而只会让其变成僵死的遗物令人生厌。没有任何耐心恢复传统中有益的部分并传承下来，而是将传统民俗移花接木、张冠李戴，迅速变成商品配合各类民俗活动，有些村镇甚至抢夺和垄断文化、民俗资源，仓促打包推向市场，使有价值的传统文明变成低俗的表演与粗制滥造的商品集市。

2019年的端午期间，我准备在"顺德水乡艺术季"中策划一场"青田艺术龙舟行动"，以此来回应今天所面对的社会问题与现实困境。在青田当地的民间节庆中融入当代艺术的理念与策略。在一年一度的龙潭"龙母诞"游龙庙会活动中，青田派出艺术家与村民组成的龙舟介入龙母诞辰的庙会活动当中。这是当代艺术介入乡村民俗活动的文化行为，其意在以当代艺术家即兴参与活态地方民俗活动的方式——一种注重积极介入、激发及创生的文化传播与创造手段，彰显地方小传统在大众时代的文化自信，及地方传统在文化多元主义时代中应保有的文化自觉。

此外，这一活动还带有艺术家介入乡村所持的文化初衷，即为摆脱中国当代艺术所长期依赖的西方话语，尝试从中国文化传统和现实处境入手，站在历史、现在和未来汇聚的文化现场中，探索符合中国自身历史与文化逻辑的当代艺术转型之路。换言之，介入乡村的中国当代艺术应被视作在地方和世界之间流动的行动方式，它意在探索一种不依赖标靶、不诉诸话语，重视顺水行舟、从善如流的在地礼拜行为。为超越地方礼俗在世俗化时代所遭受的过分"压制"或"盛待"。此次当代艺术龙舟行动以在地文化的现实处境为前提，用开放且兼顾多面的文化交流样式，即超越地方文化保护主义与民粹情结的方式，又不受单一价值体系支配的自我技术式的实践，来激发地方文化在历史过程与文化碰撞中的能动性。故此次龙舟行动以"上善若水"为主题，目的在重建地方民众同水系生态的情感记忆，重启人水之间的礼物关系，找回人与自然的神圣秩序。此外，当代艺术龙舟行动还兼顾时代问题及话语，提出"水系环保"的理念，以引起地方政府对自然环境与生态文化的重视，并强调社会所要负起的责任。

具体而言，此次当代艺术龙舟行动借"龙母庙会游龙舟"传统民俗活动，来弘扬顺德一带"水"的象征意义和文化价值，特别是要落实我提出"青田范式"中"人与环境关系"这一重点。与此同时，"龙母庙会游龙舟"活动，也因当代艺术家的行动实践——艺术参与、在地创作、文化互动与情感创造力，从而使"游龙舟"活动在时空上具

渠岩给艺术龙舟龙头点睛

艺术龙舟从青田出发

备更开放的意义架构及现实传承的可能性。在此意义上，此次青田的当代艺术龙舟行动，不是民俗"展演"意义上的地方文化售卖，即所谓的"文化搭台，经济唱戏"；也不是用"保护"的袈裟，越俎代庖地将地方文化加以"物化"的"非遗"行为；更不是当代艺术家在自我优越感的造势下，对地方文化进行的一次利己主义之美学盗用。相反，它更像是针对乡村当代的文化困境，进行的一次颇具想象力的越界行动事件。

首先，我们通过"游龙舟"这一民俗节庆活动，将在地村民、在外经商打工的年轻人、参加庙会的游人、艺术家、来自四面八方的青年学子以及志愿者们，都召集到一起观摩并参与以"龙舟"为名，实为重建人人、人神、人物及人与自然关系的互惠活动，并由此激发濒危之中的传统民俗、模糊的文化记忆、散失的地方情感与日渐降温的传统热情。

其次，艺术家的创造性介入，将顺德龙舟活动的地方价值，拓展为一次可被共享的"超地方"的文化盛宴。它因渗透了艺术家的情感投入、想象力及符号效应，而使自身具备更多的包容性与可再生力。换言之，地方价值系统得以在这失衡的现代世界中，凸显自己可与时代并接的文化价值，而不是再以现代性之敌人或弱者之名，来面对这场人人都得卷入其中的文化战役。因为，地方文化能在与不同意义上的"他者"之往来中，获得转换与增添自我的能量。这才是此次行动的意义所在。

最后，龙舟活动仪式过程中的繁衍、净化及驱邪寓意，将会在众生欢腾与外部瞩目的能量场中，获得一次自我转换的绝佳机遇。具体而言，就是龙舟活动的文化价值及其神性，包括不可避免也无需避免的当代世俗价值，都会在艺术家在地参与的节庆活动中，制造出无数次交融与欢腾的空间层面。换言之，在以"游龙舟"为主题的节庆活动中，当地人、艺术家与诸多怀抱不同目的、动机与渴望的人们，一起用他们各自的行动、激情及想象力，来与这块土地上的生灵万物共同庆生。

因为，我们相信"水善利万物而不争……"，这样的方式能让我们远离西方现代性传染带给我们的"野蛮"与"顽固"，从而消除在个体与社会、天地、万物间的连年硝烟，借"上善若水"的古老智慧，回归到与万物水乳交融的善仁关系中。

张琪担任此次艺术龙舟行动的策展人，她从整个活动的视觉设计出发，围绕这次活动的理念开始实施具体行动，包括艺术龙舟的设计，艺术家的服装设计，以及艺术家前期的身体训练和划龙舟的实战练习。参加此次乡村艺术实践活动的艺术家由苍鑫、吴高钟、赵勤、江衡、周钦珊、刘智峰、孙玉鹏、吴争艳组成，青田村民代表刘瑞庆、刘允平、刘协波、刘伟汉参加，以及广工艺术与设计学院研究生刘米琪、郑小彭等硕士生和一些志愿者参加。艺术家们提前一周就来到了青田，龙舟的船桨手可是一个技术活，没有受过训练以及没有经验的人是无法胜任的，艺术家群体身体素质参差不齐令人担忧。就是身体强壮一些，

艺术家拜祭龙母庙

但划龙舟需要的技巧还是很高的，没有点基础训练肯定不行，有可能还会出洋相。再说艺术家自由散漫惯了，缺少组织纪律性，而划龙舟更要组织纪律性强，强调团队配合，相互协调，团结一致。根据上述情况，杨之源秘书长找来了他顺德的好友，龙舟教练樊进星，他是体育老师，体格健壮，为人诚恳坦诚，他的辅导工作非常艰巨，除了要在几天时间内让艺术家掌握基本的划船技巧之外，还要适当增强艺术家们的体质，以及有关龙舟活动的知识与信息。樊教练的工作很有成效，艺术家们也对划龙舟活动产生了极大的热情和信心。通过几天的朝夕相处，樊教练也和艺术家们结下了很深的友谊。艺术家们除了每天进行身体和划船技术训练之外，还要抽出时间熟悉青田的乡村环境以及水系河涌，又徒步几公里沿着河岸走到龙潭考察划龙舟的水路情况，接着又去了龙潭"孝通殿"拜祭龙母娘娘。艺术家也每天和村民交流如何具体实施"龙母诞"游龙舟相关活动，策展人张琪还组织艺术家和村民在乡建会议室制作划船时穿戴的服装和套袖。专门为这次"艺术龙舟"活动设计的系列视觉形象也格外醒目，青田提前两天在村口路边，河涌水岸均悬挂上了"艺术龙舟"活动的展板和彩旗。这些视觉展示所呈现的"上善若水·从善如流""热爱家乡·保护水源"等环保艺术主题在青田及龙潭格外醒目。"艺术龙舟"船体的设计与彩绘也颇具匠心。

2019年6月10日（农历五月初八），一艘由艺术家和青田村民共同组成的艺术龙舟，和青田的两只传统龙舟一起从青田出发，一起驶入龙潭水域参加"龙母诞游龙舟"传统活动。"艺术龙舟"以"上善若水"为号，以"纯净"与"美好"来承载愿望一起起航。艺术家们用当代艺术的社会行动与视觉表现语言，和传统民俗相结合，连接当地文脉，弘扬"水"的尊严并恢复"水"的权利，表达了艺术家们对现实问题的思考和对环境问题的忧虑。通过艺术家的介入将顺德龙舟其地方文化价值扩展为"超地方"的文化盛宴，使得文化自身拥有更广阔的包容性和再生能力，由此让当地濒危的传统民俗重新启动，模糊的文化记忆逐渐清晰，散失的地方情感能够重逢，降温的传统热情得以升温，这也是"青田计划"艺术乡建的又一次深入和持续的推进。

早上八点开始，青田的村民就开始忙碌起来了，作为众神之地的青田，祭水、祭龙的仪式是早晨村民必做的功课。青田村民和参加"艺术龙舟"活动的艺术家们精神抖擞整装待发，他们扛着龙舟上的龙头、龙尾，来到关帝庙里烧香祈福，虔诚地实施祭水、祭龙头等一套完整的祭拜仪式。拜完关帝，龙头龙尾安置在龙舟上，龙头挂花球，龙身插上旗帜。村民安置好龙舟后，岸上就出现一场龙舟座位的"拍卖"活动，也是每年村民们都踊跃参与的游戏，拍卖后的善款将为龙舟活动所用。为了公平起见，村民争先恐后地想为自己拍到一个好的位置，其实也是为了获得一个上船的资格。龙头的位置极为显赫最贵，其次是龙尾，俗话说"首尾相顾"，龙身是最优惠价格，因为人多坐在一起区别不大。许多村民争相竞价不亦乐乎，三声鼓槌落下座位各有归属，村民们争相上船，欢天喜地各就其位等待起航。

艺术龙舟在村民的两条船后等待起航，我在岸边郑重其事地为"艺术龙舟"的龙头点睛，这也是龙舟活动中最庄严的仪式。能把这个仪式交给我主持，也是大家对我的信任和鼓励，我非常珍惜和荣耀，迫不及待地拿起笔在空中比划了几下，生怕点睛时失手，因为我看到船头上的龙头随着船身在摇晃。据祖辈讲，不点睛的龙船为"盲龙"，所以龙船必须点睛后才能起航。尤其是新龙船，必须先点睛才启用，以求平安大吉。我激动地奋笔一挥点完睛。随着"青田艺术龙舟，吼吼吼"的口号声中，艺术家和村民们上船，一声闷鼓下槌，龙头翘起，旗帜挥舞，船桨插水，出发！一条青龙游向东面的龙潭方向。岸上鞭炮齐鸣，锣鼓震天，划桨声与口号声震耳欲聋，震退了榕树上的蝉，吓跑了荷叶上的蛙，两岸的车马人流顿足，整个青田欢声雀跃。瑞哥威武自信地在船中击鼓，阳光射在他坚实有力的背上，艺术家与村民腿抵着船帮，手把船桨，起伏着腰身，眉间锁着，嘴吼着口号，一起进入了亢奋的状态箭一般向前驶去。

当艺术龙舟在龙潭龙母庙靠岸时，龙母庙前小广场早已人山人海、水泄不通。"孝通殿"内热闹非凡，也挤满了争先恐后进香的人，殿内盘香高挂，香炉插满了香，烟气裹住整个"孝通殿"。艺术家与村民上岸后，庄严整齐地抬着龙头龙尾进入"孝通殿"上香祈福，艺术家虔诚地开始祭拜天地神灵。祭拜结束，艺术家们回到龙船时已晌午时分，此时气温开始升高，盛大的活动也随着天气一起开始升温。龙潭水道开始喧闹沸腾起来，各村的龙船陆陆续续地划进龙潭宽阔的水道，在龙母庙前最宽阔处的水域汇合、竞技。各个龙船披红挂绿争奇斗艳，一场盛大

龙潭水道的各路龙舟竞技
艺术龙舟融入龙母诞龙舟嘉年华

艺术龙舟返回青田

的狂欢就此开始。各条龙舟的船员早早拿起水瓢，相互泼水，大船的船员站在船的头尾蹬出巨大的水波。村民们在水中嬉戏打闹，两岸上的村民为自己的龙舟呐喊助威，周围的游客相竞拍照摄影。精彩的场面还是在水中，在船上，村民们彼此间善意地挥洒泼水，尽情地打闹交流和对话，忘情地欢笑与嬉戏。时间在此时凝固，空间在此地交融，幸福之水在心中流淌着……"幸福感不分彼此地在集会上传递着，在同族人之间交流着，族人们互相目睹着对方的喜悦，幸福的新记忆在人群中蔓延。他们希望这种有益的接触能够尽可能地亲密；这种亲密视乎可以奇异地扩大其自身的内心世界，在亲密的友谊中得到心灵的祝福与净化。他们感受到从这块土地的每一个角落都蔓延开来的一种守护神的神圣力量，人们以各种方式祈求这种身上那个力量的降临。"①

按照顺德当地的说法，龙舟水为"大吉水"，寓意为大吉大利，龙船浸水后一年风调雨顺吉祥顺心，村民泼水后举桨欢庆，恭祝万事

① ［法］葛兰西：《中国人的信仰》，哈尔滨出版社 2012 年，第 6 页。

如意。水上的狂欢正酣，岸上的庙会也格外热闹，街上游人如织熙熙攘攘，各种小摊摆满了龙潭的老街，品类繁多的顺德小吃应有尽有，民间工艺品琳琅满目。广东工业大学艺术与设计学院 2018 级硕士生张翠敏、詹茵茵等还在活动期间设计了青田的文创产品，这些精致美观的青田作品，受到了许多客人的欢迎。来自四面八方的游人欣赏着龙潭庙会。艺术龙舟上的艺术家第一次参加这类狂欢，他们和各村的龙船上的村民相互交流和问候。时至下午，艺术家们仍然兴致高昂并肆意挥洒着激情，这次艺术龙舟活动在龙潭"龙母诞"活动中异常亮眼，起到了弘扬"上善若水"环保主题的作用和效果。但由于艺术龙舟本身船体太小，吃水也浅，在与大船嬉戏和博弈中明显吃亏，初次出征不敢恋战，怕有翻船风险，所以见好就收。艺术家们划着龙舟沿着原水路安全返航。

艺术龙舟刚到青田，迎接他们的是天降甘霖，龙舟之水自天上而来，洒在青田这片田园水乡，像是上天对这片土地和虔诚的人们的响应，将持续几天的热气压进土地，换来一丝清凉。青田这块肥沃的土地，纯净的自然环境，离不开上天眷顾，离不开水的润泽。艺术龙舟活动的意义就在于唤起人们对自然的保护，对环境的热爱，并提醒人们对水的珍惜。在以"上善若水"为主题的游龙舟节庆活动中，艺术家、大学生志愿者与积极参与其中的青田村民，一起用自身的行动、激情及想象力，合力来与这块土地上的生灵万物共同狂欢。

水的赋权

假如在这个世界上有什么是值得信任的话，那么它就是艺术，正是艺术帮助我们生存，而不是为了别的原因。正是艺术告诉我们所处的时代，也正是艺术使我们认识了自己。

——［美］约翰·拉塞尔《现代艺术的意义》

当代艺术在社会实践中继续发挥其巨大的优势与感染力。行为艺术在当代艺术中占有非常重要的位置，也是当代文化中涉及有关身体政治讨论的议题与研究的范畴。行为艺术是艺术家以自己的身体为媒介，并亲身加入实施行为本身。针对某一议题和直面社会问题，艺术家把现实本身作为艺术创造的媒介，精心策划而推出的行为或事件，并通过与人交流，一步步发展，并有一定的时间延续以此形成结果的过程。我们定义这个事件或过程为行为艺术。行为艺术的人群受众参与度显示出其特殊的优势和魅力。行为艺术活动可追溯到 20 世纪初西方的达达主义，之前也有许多艺术家表演，但都不能定义为完整意义上的行为艺术，因为行为艺术是以明确的观念作为身体实践的指向和意义。社会上也存在着许多对行为艺术的误解，首先一种观点认为它不构成艺术，或根本就不是艺术，甚至认为将它和大街上民间杂耍

艺术家吴高钟在讲解作品实施方法

《一口口水》
作品实施中

艺人的"耍猴"混为一谈。还有一种误解，就是用传统精英艺术的标准和审美来评判行为艺术，认为它就是垃圾，谁都可以做，没有艺术门槛，没有审美价值。因为不在一个评价体系里，就无法得出相同的结论。"每一种政治共同体都必须找到一种表达其信仰的象征性语言，这些信仰关涉到其来源、基础以及有可能对其成员的正常行为所构成的潜在威胁。于是在我们对人类社群有序性和无序性的反思中便一再出现政治身体（body politic）。从古罗马时代的庶民脱离运动，到60年代的街垒政治，再到今天的反核运动，身体一直在为我们提供着一种语言和政治文本，籍此我们能对抗和反击那些支配我们的非人性因素的力量。"①

由此可见，作为具有社会身份和政治属性的身体，在艺术发展和政治实践的过程中从未缺席。艺术正是这种在社会变革中用身体表达其立场和态度，也是一种直接面对大众进行呼吁和呐喊的方式。通过使观众为之一振的独特方式，重新唤起与审视社会秩序给我们造成危机的根源。20世纪伟大的德国艺术家约瑟夫·博伊斯，在1982年的卡塞尔文献展期间发起栽种了象征日耳曼人灵魂的7000棵橡树，以

此唤起艺术家的环保理念,并对一切摧残生活与破坏自然的行为作出
批判和警告。这是一个延续很久的行为艺术计划,随后相继有不同身
份、职业和不同性别年龄的人在不同时间共同完成了这件作品。博伊
斯通过这件作品完成了一个政治实践,强调人与自然的深层关系,以
及每个个体必须身体力行,以超越那些远离自然的力量。他相信艺术
能够改变历史和现实,在扩大的艺术观念下,参与到社会躯体的改造
中去。因为唯有艺术能够摧毁禁忌、颠覆社会规范,制造反常。艺术
家能够颠覆社会行为,成为社会解放者。博伊斯也是用艺术行动去重
建一种信仰,重建人与人、人与物以及人与自然的亲和关系。博伊斯
的思想观念与艺术行为影响深远,鼓励后人和艺术家用身体力行的行
为来表达对社会的态度,这包括政治的、社会的,当然也包括用身体
承载和唤醒的一切秩序。"因为有一种仪式,也就是一种象征性的认
同过程(树 = 人类),因此决定要种树、立石砖的人选择都市内其中
一个空间进行这个举动的同时,也将他的自由无条件的与群体相连。
因此当我们看到一棵树和一块石砖时,会唤起我们这个个体参与公共
计划的记忆,这个计划把自然和城市紧紧相连。精神上,我们期待整
个卡塞尔市被 7000 个由个体自由意志装置的物件占据。作为一种公
开的宣誓,一种受环保意识启发的公共思考,博伊斯的这件作品是在
远离自然且缺乏自由的都市背景中诞生的,不管多少人同意这样的作
品。因此艺术家重新赋予这个城市一种摆脱束缚以及体验生命的能力,
以便了解自己和他人。"[2]

---

① [美]约翰·奥尼尔:《身体形态:现代社会的五种身体》,春风文艺出版社 1999 年,
第 61 页。
② [法]卡特琳·格鲁:《艺术介入空间》,广西师范大学出版社 2005 年,第 110 页。

许多中国的艺术家也采用身体与行为开展社会实践，由于当代艺术打开了社会对艺术的传统局限与藩篱，在"人人都是艺术家"的时代，每个人都可以表达自己并成为自我解放意义上的创作者。这给艺术家带来社会转型的时代契机，也相应唤醒和启发了民众对进入艺术世界的显著欲望以及参与度。进入新世纪，风起云涌的社会介入式艺术脱离美术馆系统走向社会，赋予和拓展了行为艺术更大的自我表现与展示空间。行为艺术家的作品既可以在一个群体事件中互动表达，也可以单独完成自己独立的意愿和观念。既可以一次完成，也可以在一段时间内持续累加完成。我在"青田水乡艺术季"活动中，选择并邀请了两位中国著名的行为艺术家苍鑫与吴高钟来青田创作。这是非常重要的两位行为艺术家，在中国当代艺术身体表达中占有重要的地位与影响。

苍鑫作为中国当代最有影响的行为艺术家之一，1990年代初来到北京开始了颇具传奇色彩的艺术之路，成为了当时非常活跃的"东村行为艺术家群体"的重要一员。东村的主要成员后来都成为中国乃至国际上重要的行为艺术家。苍鑫早期的作品大多以集体合作为主，他参加了在中国当代艺术史上非常重要的行为艺术作品《为无名山增高一米》。离开东村以后，苍鑫开始了独立的行为艺术创作，先后完成了《身份互换》《天人合一》《舔》等。从早期强烈关注现实的作品之后，他转向了文化与身份关注，对身体的使用方式也不再强调忍耐、极限、伤害、痛苦等极端的体验方式。由于自己的满族身份，他开始借用游牧民族和狩猎民族的原始宗教"萨满"仪式来思考与表达，即自然与人类物我合一的境界，以及有关神灵、超验、仪式、神秘、符码、物质等方面的思考与体验，并将人文价值及宇宙观的精神体验注入到自己的作品中。艺术家用身体语言的感知方式，将历史与文化、巫术

青田村民刘允平参与
作品创作

全体参与创作《一口口水》的艺术家合影

与符咒、精神与哲学、神话与记忆等嵌入人类神秘未知的领域，构建牵绕人心和触动现实的身体语言与视觉文本，使艺术的能量变得可以感知，身体魅力才得以展现。苍鑫用身体艺术之隐喻构筑出神话般的视觉隐喻，用宗教般的关怀直指现代集体意识的迷失，以回应社会快速发展给人所带来的迷茫与失范，提出了人类回归原始秩序，尊重自然及天人合一的礼拜神谕，并创造出一个由身体构成的神秘又直通现代人心性的神话王国。"因此人类是通过其身体来构想自然和社会的。这也就是说，人类首先是将世界和社会构想为一个巨大的身体。一次出发，他们由身体身体的结构组成推衍出了世界、社会以及动物的种属类别。"①

苍鑫此次带来了为"青田水乡艺术季"专门创作实施的行为作品《敬水仪轨》。这组作品延续了他一贯的思考和表现，即对自然的持续关注与精神的超验回归。他要在青田的水塘里体验原始秩序的行为，

---

① ［美］约翰·奥尼尔：《身体形态》，春风文艺出版社 1999 年，第 17 页。

通过自然及天人合一的礼仪过程，创造出一个视觉震撼、神秘又直通现代人心性的超自然的世界。苍鑫提前几天就来到了青田，除了准备参加五月初八"艺术龙舟"活动之外，就开始做有关实施《敬水仪轨》的前期准备工作。这个行为艺术作品要选择12个男性与12个女性共同配合实施该计划。我详细地了解了苍鑫这个行为艺术计划所要准备的一些条件和环境，就陪着他开始在青田选择实施的地点——水塘。他对水塘要求很高，首先自然环境要好，自然纯净，不能有太多的外界干扰，其次是水塘的水面不能太大，水也不能太深，但水太浅了也不好，最好水深在胸部左右。我们转了几个水塘都不太合适，有些水塘尺度还可以，但正在养鱼，养鱼的水塘都有增氧机轰轰作响。我们走到了村南面的风水塘，风水塘的东面的一个小水塘进入了我们的眼帘，也是在瑞哥的房子旁边，是正在作为"桑基鱼塘"修复的一个水塘，也是瑞哥在精心打理维护。经过一年多的清淤养护初见成效，水质已经有了明显的改观，此时水塘清澈见底，水草漂浮在纯净的水面上，红色的锦鲤在水中游弋。我们都选中了这里，水塘的西岸路面也相对宽阔，适合摆放苍鑫为此次行为艺术制作的"金、木、水、火、土"五行装置道具。一切准备就绪。

6月9日下午两点，天气很好，阳光明媚，苍鑫的《敬水仪轨》大型行为艺术表演正式在青田实施。参加作品实施的艺术家除苍鑫以外，还包括青田村民瑞哥、允平和麦哥，以及参加"艺术龙舟"的艺术家们和广东工业大学艺术与设计学院的师生志愿者们。杨厚基总是干脏活累活，冲在前面，他带领乡建团队的几位工作人员以及志愿者先搭起了艺术家祭拜用的金字塔木架。此时围观的人也越来越多，苍鑫带领着和他一起实施行为的艺术家团队来到现场，首先换上表演的服装和头罩，然后他给参与的艺术家和村民、学生交待了实施作品所要注意的有关步骤和细节。作品分为两个部分，第一步是在水中要实施的仪式和行为，第二部是上岸以后在金字塔周围实施的祭拜仪式。下午3点左右，作品实施正式开始，苍鑫将24位男女表演者分成两组，象征阴阳两界。他先带领12个男性下水，正好和水上12个女性形成阴阳组合，形成水中岸上相互对应的状态，共同配合完成水下与岸上的拜水仪式。岸上的12位女性围绕着"金字塔"造型的材料堆为圆心围成一圈。水中的行为正式开始，12位男性跟随苍鑫逐个下水，苍鑫站在圆圈的中央。12位男性表演者围绕着两丛荷叶组成一个圆圈环绕苍鑫，此时的苍鑫像个萨满巫师，随着他的引导，12位男性与苍鑫一同潜入水中，13人瞬间消失在水中，水面上飘起13朵涟漪，3秒后13人再次出现在水面，连续三次后，苍鑫在水中缓慢地解开缠在左手手腕上系着红绳的银针。他张开嘴，用手指捏紧了舌尖，将刚解下的银针穿透自己的舌尖，旋即舌尖流淌的血液与鱼塘水相融合。用苍鑫的话说，之所以用针穿过舌头，是因为嘴除了进食与说话这两个重要的功能之外，还是一个传达着人思想的发声器。嘴和神圣有关，嘴能够传达思想，象征着血溶于水的寓意，以及生命融入自然的关系建构仪式。水中庄严神圣的艺术结束以后，苍鑫缓缓游向岸边，上岸后直接走向金字塔旁。这个"金字塔"造型有五层，自下而上放置着对应五行的物品。五行在中国的哲学和宗教中有着非常重要的地位，五行对应着自然万物与人之间最基础的关系。苍鑫手拿煤油，围绕金字塔将其浇洒在底层的木板上，随后范本被点燃，并燃起烈火，由木化成火，金字塔的五行形成。苍鑫围绕着燃火中的金字塔走了三圈后跪地虔诚礼拜，最后站起深鞠一躬，剪断舌尖的红绳，《敬水仪轨》

行为结束。

苍鑫的行为表达出对水的虔诚，对自然万物的敬畏，或许对于参与行为和观看的村民来说，他们可能并不理解苍鑫的行为表演，但对于青田这片家家户户都有供奉各神的众神之地上，青田村民和苍鑫一样都有一颗对天地的敬畏之心。苍鑫用这种方式表达了对当地水源、对自然的敬畏之情，警示人们对水资源的爱护和对环境保护的重视。"艺术介入偏僻的乡村、偏远的岛屿，不只是为了带来人潮，更希望唤醒人们对于家乡的热爱。为达此一目的，从来不会之透过单体建筑，单次性活动，一件艺术作品便得以完成，背后需花费大量的时间浸泡社区，找出最贴近在地居民日常生活的一切，透过人文、历史、传统与自然现有条件与资源的发展来'充实地方知识文化、整合社区教育网络'，以达成守护家园永续发展的目标。"（丘如华《引入注目的希望之海，以艺术突显地域价值》）①

第二天，著名艺术家吴高钟的行为艺术作品《一口口水》也开始实施。吴高钟在中国行为艺术史上占有重要的地位，他于 2000 年在南

---

① ［日］福武总一郎、北川富朗：《从直岛启航的濑户内国际艺术祭》，台湾远流出版股份有限公司 2017 年，第 5 页。

苍鑫在与参加作品的
志愿者讲解实施方法

京的一次行为艺术展"人·动物：唯美与暧昧"中的行为艺术作品《五月二十八日诞辰》振聋发聩，石破惊天。这也是中国行为艺术最具争议的作品之一。吴高钟受到了前所未有的关注和讨论，他当时说到自己做这个行为的感受："动物的肉体紧贴着我，这种感觉很特殊，以前从母体中出来是不自觉的，今天我又回到肚子里去了。"对于吴高钟的作品，此次行为艺术展策划人顾振清的解释是"讲述人与动物的相互孕生相互依存的关系"。由于这个作品争议很大，在当代艺术圈和社会上进行了持久的讨论。多年后，一家艺术媒体采访吴高钟，他又谈到这件作品对他的影响："2000 年，我在南京清凉山公园实施了行为作品《五月二十八日诞辰》后，引发大规模的讨论批评。从纸媒到网媒持续一年多的批评争论，一直到 2001 年文化部出台禁令文件。时至今日，我仍然坚信自己内心的感受和判断，这个世界上，人可信的东西不多了。其实其他人的看法有时我不会太在意，因为每个人对作品都有他自己的想法，这是应有的权利。"吴高钟还有"艺术介入生活"的行为艺术作品，这是 2008 年 6 月实施的《瞬间一号》。这件作品来源于艺术家对轿车这种现代交通工具的实用功能和象征功能的反思，是对消费社会里所引发的对于身份、财富、社会地位的思考与诘问。此时汽车已经成为一个消费符号，一种身份的炫耀和满足欲望的代码。汽车作为现代社会的一个消费标志，同时也成为人的一个消费魔咒。

吴高钟看起来不属于性格外露、激情澎湃的艺术家，但他是一个性格内敛沉稳、刻苦勤奋与坚韧不拔的艺术家，他有自己独立的思考与关注的命题，所以他的作品带有强烈的个人思考脉络与个人风格。吴高钟在青田的这件作品虽说像命题作文，其实他还会将其纳入到自己的思考逻辑与习惯的语言系统之中。因为当代艺术的许多展览与活动，经常是策展人先确定一个展览主题和创作方向，艺术家在这个宽泛的思考框架下，用自己熟悉的视觉语言、物质材料和表达方式作出诠释和呈现。我在邀请他参加这个活动时，和他进行了简单的沟通，看来他已经是信心十足，驾轻就熟。他会将自己的思考放在青田艺术乡建的视角下，弘扬"上善若水"的主题和理念。在这个理念之中，他将用参与式的互动方式，诠释和表达这个主题。他准备带领艺术家与青田村民，用物理学"倒虹吸"的原理，将青田河水吸入制剂瓶中，并封存保留。他用这种人与自然的亲近方式表达个体生命和水的关系，提醒人们对当地水资源的爱护和对水污染问题的重视。吴高钟采用生活中顺手拈来的"倒虹吸"原理，号召大家完成一个公众参与式的作品《一口口水》，这是一个习以为常的生活原理。我们在中学物理课上都做过这个实验，取一支柔软可弯曲的塑料水管，水管一端放置于水体或液体内，用手握住另一端，将水管放入口中猛吸进另一口水管插入的水，水管内会慢慢充满水，然后将吸上来的水立刻放置于一个容器内，这时吸上来的水就会越过装水容器的高度自动流出来。所谓倒虹吸实际上就是一个连通器，流水在障碍物的下方，利用高差，从下面的封闭管道中流过。因为像一个倒置的虹吸管，故称为"倒虹吸"。据考证，中国是世界上最早发明、应用虹吸和倒虹吸的国家之一。《管子·度地》对有压倒虹吸水流作过精辟的描述：水之性，行至曲，必留退，满则后推前，地下则平行，地高即控。这个原理后来也大范围地在水利和城建市政工程中使用。我们在生活中也经常会使用这个原理，比如从汽车油箱里抽出汽油来，这就是一个最好的方法。

6月7日下午，吴高钟带领大家完成这个参与式行为艺术作品，地点选择在青田村南面的河涌旁，工作人员早已准备好了几十套塑料水管和玻璃剂瓶，供参与活动的艺术家和村民以及志愿者使用。报名参加该项活动的人有很多，除在青田的艺术家全部参加之外，一些村民也踊跃参加，还有广东工业大学的研究生志愿者，以及榕树头基金会的成员，还有一些少年儿童也报名参加。《一口口水》的行为表演是邀请参与者站在青田河道边，将塑料软管吸入的河水，通过嘴巴再吐到玻璃剂瓶中，反复吸水反复吐水，直到装满500毫升的玻璃剂瓶为止。看似简单的动作，却异常考验大家，因为河道水质的污染，自然会让参与者的心理产生抗拒。正如吴高钟所说："这次行动确实是需要大家付出勇气来参与的，因为我们可以看到这个水质，实际上是非常混浊、非常脏的，大家用自己非常珍惜的嘴亲口把这河水一口口吸上来，我认为有意思的地方是我们用嘴去亲口吸这个水。"当克服了对污水的害怕之后，紧随而来的就是在反复吸入过程中，对身体的挑战。一方面软管的又细又长增加了吸水的难度，另一方面还要掌控好吸入嘴巴的水速和水量刚好不被误喝，再一方面要持续吸入直到剂瓶装满水。虽然只有500毫升容量的剂瓶水，在日常生活中无论吸还是吐，我们都轻而易举，但在这次行

苍溪带领志愿者在水中实施《敬水仪轨》

《敬水仪轨》实施中

为过程中，参与者们却花了 15 分钟乃至更长的时间去完成。持续吸水已让嘴巴变得有些麻木，但却让参与者们更加清醒地认识到水污染带来的口腔不适和保护水的重要性。

每一次从软管到嘴巴再到剂瓶，水在这过程中经历清洗和融汇，嘴巴成了过滤和融合器，一边过滤了部分杂质，同时又将自己口水混入其中，最终完成了一次人与自然的对话。吴高钟说："我们是靠嘴巴进食来维持我们的生命，水在我们生命之中占有非常重要的地位，除了阳光和空气之外，水是我们生命三要素之一。今天我让大家用嘴来吸一下，共同把水与生命的关系更加紧密地联系起来，尤其用我们用最珍惜的嘴巴去吸入最脏的水，警示水资源对我们的重要性。"除此之外，还有一个用意就是将这些剂瓶水存放十年。吴高钟特意强调说："我认为比较重要的是将这一瓶瓶水存放十年，它的变化是什么？我之前有过类似的想法，随着时间的推移，它不断地再变化，这个变化的过程就是时时刻刻在警示我们对水源保护的重要性和迫切性。"村民们也对这次活动印象深刻，瑞哥沉重地说道："这是我们的家园的河涌，在我们小时候，河里的水是干净清澈的，我们对它充满了感情和亲近，用它洗菜洗米，更早时也用它煮饭，夏天毫无顾忌地在河里面游泳嬉戏。慢慢地，我们感觉河里的水越来越脏了，越脏就越不敢亲近了，我们非常忧虑，但又无法改变和逆转，看到艺术家们能来到青田，对我们的家乡投入了真诚的感情与关注，我们非常感动和感谢，我们对保护自己的家园也更有信心了。"瑞哥及村民的感受应该是最深的，他们知道水对村民的意义，换句话说，这里的人们已经忘记了，在顺德的传统中，河涌水塘比陆地养育了更多的人，也培育了更多有价值的东西。"一般说来，艺术品应该要唤醒世人，要有社会与道德的意涵，以作为教化人心的参考教具，作品应该扮演记忆舞台的一个角色，这样才愈能植入个人的记忆，其教育意义才愈能传递、影响人们的行为。"①

　　一瓶瓶从河里吸出来，又被封存起来的河水摆在了荷花池的岸边，在蓝天、白云、荷花绿叶、夕阳的映照下，这些被污染的水显得格外震撼并有意义，它时刻在警醒着大家。在这场公众参与的行为艺术中，乡建院杨厚基9岁的儿子也参加了此次活动，小孩子肺活量惊人，连续吸满了两瓶水，我们问他这河道水是什么味道？他说："这是青田的味道"，"那青田是什么味道？""青田就是青田啊"。这孩子很智慧，回答也很巧妙。但愿《一口口水》可以是长大的味道，像呵护小朋友成长一样，时刻在提醒着我们对水资源的爱护和对水污染问题的重视。这个行为艺术互动的作品参与度很高，艺术的优势在乡建中的重要性也显示出来了，看似好像日常生活中的一个游戏，在这个游戏中，大家不知不觉地完成了我们的主题和意义。吴高钟这件《一口口水》的作品，给我们的体验是深刻和令人难忘的，它使我们日常生活中习以为常的"喝水"变得如此尴尬和狼狈不堪。我们与水亲近的方式竟然这么胆战心惊，我们早已经习惯了喝过滤消毒的纯净水，或者饮用各种饮料，并认为这是自然而然的。特别是年轻人认为只能这样喝水，没有别的方式来给身体补充水分，而大自然的水是不洁净的，不能直接饮用。如果倒退几十年，我们可能都有喝山泉水的经历，虽然河水和湖水不能直接饮用，但我们经常会有饮用自然中这些干净的水的渴望。特别是青田的这条河涌，这条世世代代流过家门口的河水，

① ［法］卡特琳·格鲁：《艺术介入空间》，广西师范大学出版社2005年，第50页。

《敬水仪轨》呈现

村民都用它淘米煮饭，洗菜炖汤，至少他们都有过在小河里洗澡游泳的经历和记忆。今天，我们看到这肮脏浑浊的河水，还有亲近它的欲望吗？吴高钟把我们每个人视而不见的东西重新放到我们面前，使我们震惊且不容回避，也让我们警醒，重新反思我们对自然的破坏，也反思我们自己濒临着如此危险的处境。这就是《一口口水》作品的意义。"如果我们不知道如何保持水质纯净，保护自然。因为打从天地初始，自然便提供给我们干净的水。维护地球生命，水扮演了重要角色，它调节气温，创造生长，维系地球生物所需的要素。它是生命的潮流，神圣的根源。在所有自然资源中，水是最珍贵的……在这个年代里，人类已经忘记本源，漠视生存所需要素。它是生命的潮流，神圣的根源。"①

艺术介入对于乡村及社区的发展尤为重要，可以唤起社群集体的历史记忆，对家园的珍惜，以及对赖以生存的自然的审视和反思。艺

---

① ［加］大卫·铃木、阿曼达·麦康纳：《神圣的平衡》，汕头大学出版社 2003 年，第 79 页。

术深受社会的注目，也具有强大的传播力。通过这个活动，我们也想
让青田村民有更多的参与，但这也不现实，因为村里仅剩年迈者和儿
童，他们没有力气参加艺术活动和创作。在当地村民的力量已经衰退
时，我们有必要拓宽和扩大视野，必须邀请外来人和他们建立联系，
产生刺激激活他们，从而改变地方构成的缺陷和不足。此外，还要针
对当地存在的问题，并将这些问题巧妙地融入到艺术主题之中，揭示
一个或者引导出一个解决方案。这个方案必须能使青田逐渐恢复自然
秩序的期望，向守护青田家园的先祖致敬，也向在青田生活的村民致
谢，让他们重新展露笑容。这就是我们做这个艺术活动的初衷。

水乡民谣

这种年节歌谣的内容和作用就是要证明自己以前顺从大自然的法则，同时，也宣誓未来依然顺从这样的规则去生活，歌谣的力量使的人与大自然和谐相处。

——［法］葛兰言 《中国人的信仰》

青田引

词作者：刘智峰

青田青青，有水卷云

玉珠为露，鱼翔鸟鸣

榕树下，栀子花落花有情

池塘边，耳语声语长乡音

泥土中，芬芳雨露竞峥嵘

炊烟里，味道我思念至今

天边的薄雾，引游子回望初见

心里的故事，祠堂中祖荫福天

用梦去书写，那些已逝的流传

捧一颗真心，搭建乡愁的宅院

陈碧云主持"青田引"青田端午演唱会
"青田引"青田端午演唱会正式开始

妞妞（赵慧儿）演唱

青田青青，春雨秋风
听水观榕，何谓乡音
多少往事，垂青水国家园
多少美味，承续百态千年
多少面孔，映照着我的脸
多少乡音，梦中呓语呢喃
榕树下，有我懵懂的童年
池塘边，再听取蛙声一片
泥土中，埋藏了历史慷慨
炊烟里，飘荡着家国情怀
青田青青，凭味识音
云烟飘象，佑我祖灵

在北京生活与创作、多才多艺的山西籍艺术家刘智峰为青田书写了优美的歌词，这是他继《松烟镇》之后写出的第二首乡村民谣的歌词。他也是 2017 年受邀参加许村国际艺术节的驻村艺术家。邀请他是因为他是个很优秀的画家，没想到他还有写诗作赋的能力。后来通过对他的不断了解，发现他还有高超的烹饪才艺，这是后话。刘智峰大智若愚，带有山西人憨厚淳朴的特征，在许村创作之余的时间里，他会在不经意间有感而发。在他写出了振聋发聩、大气磅礴的《松烟镇》民谣歌词后，我们对他刮目相看。

中国乡村的民间歌谣历史悠久，最早见于《诗经·园有桃》："心之忧矣，我歌且谣。"古人将歌与谣统称为"歌谣"，同时也会把"民间歌谣"称谓为"民歌"。民间歌谣起源于人类早期的生产与日常活动，它也是人类社会最早出现的口头创作形式。初期的民歌创作通常与音乐密不可分，有的还与舞蹈、音乐呈现为三位一体的形式。后来的民歌仍然与音乐有密切关系，如歌词的重叠、衬字等都是因为歌唱的关系而形成的特点。民间歌谣是中国民间文艺中的基础类别，是民众生存状态乃至心理情绪最直接的表达方式。在所有民间文学艺术中，歌谣也是至今为止在乡村流传最活跃、最有传承和感染力的民间艺术形式，在乡村一直没有中断并广受欢迎。乡村的歌谣传承活动通过生产劳动、民俗礼仪、社交生活中的歌谣表演口耳相传。乡民也用自己的口头创作延续着乡村歌谣的表现形式。比如顺德一带广为流传的民间歌谣当属"龙舟说唱"，龙舟说唱是岭南地区的一种民间说唱艺术，起源于清代，20 世纪 50 年代前流行于县境及广州方言地区，以顺德腔为正宗。据记载，这种说唱体的"龙舟说唱"始于清乾隆年间，民间歌者手持一具木雕小龙船作道具，胸前持小锣小鼓，边唱边敲，极富感染力，内容多为弘扬正气、讴歌英烈以及祝福美好生活等，其谐趣的故事也被广为称道。顺德目前传承较好的还就属杏坛镇，现已成为国家级非物质文化遗产。

早在 2018 年年初，我就有个设想，想请姐姐在青田端午节给青田做一场民谣演唱会。这个想法是出于对姐姐的喜爱，这姑娘内心纯净、善良并热心于公益事业。我在 2017 年"神圣的家"第四届许村国际艺术节上邀请过姐姐和她的父亲——著名艺术家赵勤来参加许村艺术节，才第一次见到姐姐，也才知道她学名叫赵慧儿。姐姐纯净慧美，富有爱心，在许村迅速地获得了所有人的喜爱，特别是许村的孩子们整天包围着她。她为孩子们辅导钢琴，教孩子们唱歌、排演节目，有声有色，有板有眼。她在孩子们面前像个老师，也更像一个可亲可爱的大姐姐。姐姐多才多艺，这点很像他父亲赵勤，赵勤早年毕业于南京艺术学院，20 世纪 90 年代就开始做当代艺术，各种媒介和表现都有尝试与涉足：画油画、玩摇滚、做动画、弄影像、演活报剧，听说他还做过雕塑作品。赵勤为人诚恳朴实，幽默诙谐，语言表述能力很强，准确生动，一次到位不拖泥带水。他对内严于律己，对外宽厚待人，给人轻松愉快的感觉，走到哪里，都会获得大家的认同和欢迎。赵勤不但在当代艺术的本职工作领域卓有建树，对音乐也充满了痴迷和热爱。他在 1990 年就组建了"爱国者"摇滚乐队，自己作为乐队的主唱、编曲和吉它，一人身兼数职多才多艺。再说姐姐，她继承了父亲优秀的艺术基因，从小受到家庭环境的影响以及艺术氛围的熏陶，喜爱艺术，对音乐有着超强的敏感和难得的音乐天赋。上帝给了她一个独特的好嗓音，声由心生，柔美而富有感染力。姐姐不但有超强的艺术天赋，还有一颗充满爱意和善良的心，不但把快乐传给别人，也喜欢帮助别人，在许村助学活动中尤为明显。她连续两届积极踊跃地参加了许村艺术节的助学项目，第一次她就得心应手地辅导许村的孩子们钢琴以及声乐教学，第二次她就参与更多的教学内容，除了常规的钢琴和声乐教学之外，她又主动给孩子们增加了戏剧表演的课程，这门课程很受许村孩子们的欢迎。妞妞是一个天生的老师，不但富有爱心和耐心，还能把课程安排得丰富多彩，有意识地增加一些表演形式和沉浸式的体验。她还会自己编写教材，因地制宜、因材施教。她知道这些在山区的孩子无法和大城市的孩子相比，接触到的艺术信息和师资很有限，因此她针对许村孩子的这些特点，以及时间的局限，编写的课程就不偏重技能和技巧的训练，而更多地是想让每个孩子都有充分的机会接触并体验更多的艺术形式，释放自己的天性，培养和启发他们的创造力，提升孩子们的自信心和艺术素养。

在 2019 年的许村艺术节期间，最精彩的就是妞妞带领孩子们以肢体剧的形式自编自导了一部实验舞台剧。在选择剧本时，妞妞首先考虑到应该让许村的孩子演出中国的故事，而且应该是包含人与人、人与自然和人与信仰的神话故事，要与中华大地的炎黄子孙息息相关的文化传统，更应该与山西以及许村的乡村生活有所关联，还要具有一定的教育意义，让孩子们能够在排演过程中巩固所学的知识，学习做人的道理，并且激发起他们对家园的热爱和守护之心。所以，她选择了中国人家喻户晓的神话故事《大禹治水》。这个中国历史神话故事简单明了，叙事宏观，可以较好地做到本土化和互动化，而且人物形象鲜明，有详有略，用肢体来创造表演的可能性也比较大。虽然没有复杂的调度和强烈的戏剧冲突，但这恰恰是她带着孩子们用了 8 次左右的排练，让完全没有表演经验的孩子们解放天性，迈出舞台表演的第一步。她在改编的剧本中最后一句是："后代人们感念大禹的功绩，为他修庙筑殿，尊他为'禹神'。"也准确和恰当地传达出了许村艺

青田村民刘宝庆
演唱自己创作的
《青田行吟》

青田村民伍翠芬
富有激情的演唱

术节的主题和意义。

　　妞妞希望许村的孩子们在艺术节的时间里，意识到寻回和延续精神家园的重要性，继承中华民族传统文化的灵魂，坚守自己的灵魂家园。她将这些理念很好地融入到艺术教学之中，而不是用所谓"传统"的大道理来进行说教。由于排练的时间紧、任务重，妞妞采用了肢体剧的形式即用动作和肢体来表现剧情。除了主演是特定的演员外，其他大部分演员都要扮演许多角色，比如房子、洪水、树、山、群众等等。全剧没有对白，由旁白来为观众解说剧情，帮助观众理解肢体表演。音乐方面由艺术家赵勤和闫栋进行现场配乐，丰富了整部舞台剧的层次。她采用的寓教于乐的教学方式，很受孩子们的欢迎，这些令人耳目一新的玩法让大家充满了好奇心和兴趣，而这正是最重要的。孩子们排练得十分认真，每一次基本都能全员到齐，有时还在户外排练，但孩子们不怕天气炎热，坚持做好每一个动作。在艺术节的闭幕式上，大家非常期待孩子们的这场演出也准时拉开帷幕，妞妞和孩子们也做好了精心准备，她们自己画了舞台布景，又向村领导借来了舞龙舞狮队的服装。穿上戏服的孩子们一站上舞台，就进入了角色，在铿锵有力的配乐和舞台屏幕、灯光的映衬下，整个舞台剧熠熠生辉，并和突如其来天降的大雨交相呼应，演出十分成功。

　　离开许村时已到秋末，转眼到了来年的春天，我在青田筹划着端午水乡艺术季的活动，就想把妞妞请来，在青田举办一场民谣演唱会。此时妞妞还在香港城市大学读书，听说即将硕士毕业。我正好要去香港参观"艺术巴塞尔"，顺便去邀请她，也以示我的诚意。我约她在尖沙咀附近的一家酒吧见面，大老远就看到妞妞如沐春风般地扑面而来，也正好春天，但盛夏在许村她也是这个温暖的状态。这也是她发自内心的流露，没有任何刻意和修饰，我从没见过她有任何忧愁和丝毫忧愁，虽然安静下来时偶尔会沉默一会，但只要有人和她打招呼，她立马就会露出灿烂的微笑。这与她内心的纯净友善有关，也和温馨友爱的家庭氛围有关，她的生活中充满了艺术，她成长也伴随着童话和浪漫。我正式邀请她为青田举行一场民谣演唱会，并且是纯公益性质的，她立马露出灿烂的微笑应声答应了我的邀请。从香港回到顺德后，我们就开始了紧锣密鼓的准备工作，由于第一次在青田举办如此规模的演唱会，提前向有关部门报批是顺理成章的事情，镇里也非常重视此次活动，也为节假日中在青田举办此类活动的安保工作，做了一些必要的预警和评估工作。作为执行单位的基金会、乡建院以及青禾田公司的工作人员开始忙碌起来，我也让研究生团队开始设计有关演唱会的招贴和视觉系统。工作人员在顺德联系专业舞台及音响设备的相关公司，一切准备工作都在按部就班地进行。演唱会的前两天，妞妞和赵勤父女俩如约来到青田，他们顿时被青田的氛围所吸引，被当地人的热情所感动，一路奔波的疲劳也烟消云散。

2018 年的端午节，"妞妞与歌"青田民谣演唱会正式在青田拉开帷幕。妞妞的父亲，艺术家赵勤作为乐队主吉他手亲自上台伴奏，这在青田也是破天荒地第一次举办如此规格的民谣演唱会。扶老携幼的青田村民早早就来到了村南的篮球场，也是演唱会的会场。演唱会同时也吸引了许多在外工作的青田村民，他们带着孩子回乡，而周围几个村庄的的村民也应声前来助阵。傍晚时分，随着天色暗了下来，舞台现场的灯光随之亮了起来。此时村民和闻讯而来的观众也越来越多。音乐会正式开始，主持人由岭南乡建研究院常务副院长陈碧云女士担任，她用纯正的顺德当地方言开场，宣布民谣演唱会开始，并向在场的村民和观众简单地介绍了主唱妞妞。陈院长声情并茂的主持风格让大家惊喜万分。音乐响起，妞妞甜美的声音弥漫整个会场。随着音乐会的深入，妞妞一首首歌曲都倾情奉献给了青田村民，有普通话的，还有英文歌以及村民熟悉的粤语歌。此时，演唱会也将青田端午的节日气氛推向高潮，青田村也迎来了久违的欢乐气氛，村民们也喜气洋洋地沉浸在音乐的气氛中。妞妞的歌声暂时告一段落，青田妇女歌舞队开始了登台表演，这些由青田村民组成的歌舞队热情很高，她们每天晚上都在这里跳广场舞，听说民谣演唱会要在这里搭起正式的舞台，她们异常兴奋，有登台表演的强烈愿望。她们找到我，向我申请可不可以登台表演节目，我欣然答应了他们的要求。妞妞的演唱一结束，青田妇女歌舞队穿着鲜艳的演出服登台。妇女们情绪高昂饱满，富有激情地狂歌劲舞，将端午演唱会推向了一个高潮。

转眼又到了 2019 年的端午节，我们在青田延续和举办了"妞妞与歌"民谣演唱会，这次的演唱会增加了许多新的内容和形式。最重要的就是要在青田民谣演唱会上，首次推出专门为青田创作的歌曲《青田引》，为青田所歌，富有诗意和浪漫。歌词是刘智峰所写，艺术家赵勤继《松烟镇》之后，又为这首《青田引》谱了曲。妞妞也与青田结下了不解之缘。乐队更新了阵容，更加专业，除了赵勤之外，又邀请了音乐人韩俊作为乐队的主音吉他以及和声部分，闫栋作为贝斯手，他也是视觉艺术家。他们都是多面手，就像艺术家赵勤在许村一样，拿起画笔就画画，放下画笔就登台演唱，撂下吉他就和许村的孩子们踢球。所以，这种"多功能"的艺术家最适合做乡建。事实证明，他们在乡村中最受欢迎，也最有人气，赵勤每次离开许村，许村的孩子们都恋恋不舍。第二次青田的民谣演唱会的前期工作比第一次从容很多，准备工作驾轻就熟，文宣更富有表现力，舞台也搭建得更漂亮专业，一切都在紧张有序的推进。随着艺术乡建理念慢慢深入青田村民的心里，他们的认可度和参与度也逐渐增高，我们也更欢迎村民来参与演出和互动。消息传出后，立马得到村民的响应，我们就决定邀请青田村民刘宝庆和伍翠芬参加，演唱他们专门为家乡创作的歌曲，表达对家乡的热爱和美好的祝愿。我们在前面专门介绍过刘宝庆成功地修复和改造了自己的祖屋老宅，他是杏坛梁銶琚中学的退休老师，爱好书法、诗词，平时写书法时喜欢边写边吟唱，这也是他独特的嗜好。在今年开春之时，他特意为家乡赋了一首优美的词《青田行吟》，并反复推敲每一句词，"'霞落彤云'，虽然景致很迷人，但感觉不及'碧落彤云'来得婉美动人"。在演出的前一天，赵勤及乐队成员特意和受邀演出的两位村民在青田学院进行了合练，果然效果很好，刘宝庆吟唱诗词不同凡响，有文人之风、君子之气，用古老的吟唱方式，唱出赞美家乡的歌谣。吟唱在今天会者不多，有些年轻人不但没见过，也没听说过。作为中国最古老的歌唱方式吟咏流传至今，高亢磅礴，优雅矜持。吟唱最早出自《和党承旨诗》之二："白头两遗编，吟唱心自足。谁为起九原，寒泉荐芳菊。"吟唱者一般会依着一定腔调缓慢地拉长了声音放慢了节奏，像歌唱似的读，像朗诵一般的唱，既抑扬顿挫不急不慢，又韵律性极强、节奏有度。诗词吟唱表演性强，是文学与音乐相结合的古老艺术形式，也是传统文化中古典诗词音乐的完美结合与升华。这种"文人唱诗"的表现手法，使其重新绽放出时代的美感与魅力。

6月6日的晚上，民谣音乐会如期开锣，村民如约而至，台下嘉宾如云。广东工业大学校长陈新亲自来到现场助阵，顺德区政协副主

青田妇女舞蹈队的
表演活力四射

席徐国元、广东工业大学艺术与设计学院党委书记刘琼辉以及广东工业大学艺术与设计学院的许多老师均前来出席演唱会。主持人依旧是岭南乡建院的常务副院长陈碧云，陈院长魅力依旧，主持风格则更加老辣娴熟，顺德话的舞台表现力更强，亲切没有违和感、距离感，极受青田村民的欢迎。不知道的人还以为这是在文艺单位聘请的专业主持人呢，没想到陈院长是专业做乡建，业余客串一把主持人。演唱会以专为青田创作的歌曲《青田引》作为开场，著名艺术家、摇滚老炮赵勤引领着一众艺术家和村民代表进行大合唱，而粤语的副歌合唱拉近了与村民们的距离，歌曲优美委婉，柔情似水，悠扬感人，瞬间点燃了现场的气氛，为演唱会的成功打响了头炮。这首歌也是艺术家代表乡建团队献给青田村民的礼物，以音乐传达"引游子回望家乡，唤村民珍爱家园"之情。赵勤的艺术表达力与感染力空前爆发，无论是现场发挥，还是声音表达都气势磅礴。"榕树下栀子花落花有情　池塘边耳语传声长乡音"，艺术诗人刘智峰感受着青田青葱四月的春色和绵绵细雨的润意，写出了深情细腻的歌词《青田引》，传达着轻语道来的乡情。赵勤对音乐的痴迷和对影像的敏锐，让他很快将宁静素美的青田用乐谱描绘出来，将民谣和地方特色音韵完美结合，为《青田引》谱上了乐曲。赵慧儿（妞妞）歌声悠扬，美妙的音色带着年轻的活力和气息，传唱着青田的美好，让传统古朴的青田传递出清新和朝气。演唱会还加入了韩俊、闫栋两位顶级的吉他手，令歌曲的表达层次更丰富。许多青田村民和乡建团队的研究生们跃上舞台，加入合唱的队伍，他们承载着传承千年的乡情和载有乡音的船歌，在青田的端午，用沧桑、深邃、厚重的情感，一并绽放在青田民谣的舞台上。惊叹天地人神共舞。"各色各样的场景汇成了一幅声情并茂的圣地画卷。这一画卷不仅仅是姿势和声音的再重复，其所描述内容的丰富性远远超过了声音固有的意义。他们它们再创造了节日的符号，并且已经赋予了象征意义和强烈的传统情感。"①

青田村民刘宝庆登台开始登台吟唱，《青田行吟》是以传统吟唱方式进行的："东风轻送，娇花争艳，枝头彩蝶迷离。百鸟和鸣，青鳞戏水，生机勃发透迤。绿树绕河湜。众芳暗传醉，风物方滋。碧落彤云，景明人朴美如诗。木棉独占风姿。看更楼出浴，玉带环湄。曼舞欢歌，长街倩影，荷塘月色娇媚。村甸且耽醴。更有兰舟渡，击桨纷追。直往咁龙门呷浪，勇夺锦标麾。"刘宝庆此时完全沉醉其中，娓娓道来，轻唱吟词，青田如一幅长画卷缓缓展开。

伍翠芬是青田舞蹈队的队长，性格开朗、热情大方、童心未泯，欢畅于心。伍翠芬以她最喜欢的歌曲《拥军花鼓》为原曲，填上以青田八景为主要内容的词，创作出《青田八景好风光》："萧疏淡雅的青螺翠竹、美丽芬芳的青塘荷花"，赞颂家园美好，生活幸福、康裕。芬姨每天在大树荫下颂唱，歌声悠扬透彻，与水声、蝉鸣融为一首自然之曲，每一个音、每一个词都传达着芬姨对歌唱和家乡的那份纯粹

---

① ［法］葛兰言：《中国人的信仰》，哈尔滨出版社 2012 年，第 8 页。

的爱。芬姨积极参加每次的排练，并带上全套演出装备：麦克风、音箱、歌词架，即使是排练也是一丝不苟、精益求精，音准、咬字反复练习。芬姨说："我很开心能参加到这个演唱会活动，能有个平台让我一展歌喉，实现我年轻时候的梦想，让更多人听到《青田八景好风光》，让更多人知道青田的存在。"

伍翠芬此时在舞台上向着家乡父老高亢欢歌：

青田八景是好风光，玉带环村小河水长流。百年树下坐满了老和少呀。萧疏淡雅的青螺翠竹。嗨呀大红花。嗨呀紫薇花。富裕的生活更美好。

人来人往的千石长街，培养人才的两座书舍，是报父，效国，名扬后世呀。学有功名代代传。嗨呀大红花。嗨呀紫薇花。幸福的生活千年万年长。

两座炮楼伴随着青田村，是保护村民的生命和财产。我们携手走过了青龙桥呀。子孙后代永相传。嗨呀大红花，嗨呀紫薇花。风生水起，财源滚滚来。

美丽芬芳的荷塘花，荷花向我们笑着自然开，灯火辉煌的青田篮球场呀，有跳舞，打篮球。小孩在玩耍。嗨呀大红花，嗨呀紫薇花，共创美好的新明天。

刘宝庆优雅吟唱，伍翠芬高歌激昂，一男一女，一阴一阳，他们两人饱含激情的乡音演唱，再次引来了乡亲们及观众的热烈回响。伍翠芬极具感染力的舞台风格赢得了许多粉丝的喜爱，她乐观向上、热情大方的形象在许多观众的心里留下了深刻的印记。刘宝庆淡定的台风和平稳的吟唱将观众带入一幅诗卷，青田美景缓缓展开，美不胜收。

演唱会终于落下帷幕，村民们久久不愿意回去，优美的乡谣乡音

村民的节日

在他们的心中久久回荡。艺术的魅力是无穷无尽的，也是润物无声的，会慢慢地植入村民的心中生根发芽，不久就会成长出参天大树，这些大树就会护佑着青田的子孙后代。青田终于有了自己的民谣《青田引》，村民也将在自己的家园里继续传唱这首民歌。

2019年末，榕树头村居保育公益基金会在青田举行年会，这次会议其乐无穷。参加会议的有顺德区相关领导，广东工业大学艺术与设计学院领导，榕树头基金会的全体成员，顺德区热心公益事业的企业家，青田乡建驻村团队，青田村民，杏坛镇及龙潭村的相关镇村领导，顺德地区有关媒体，以及热爱乡村建设及公益事业的朋友。大家欢聚一堂，总结一年的工作经验及成果，会议到最后一个环节令人感动，许多青田村民和少年儿童登台同唱《青田引》："青田青青，凭味识音，云烟飘袅，佑我祖灵"。

成人礼仪

在古代节日中，最重要的是成人礼，这个成人仪式把此前关在家庭
里面的年轻人带入了社会交流之中。

——［法］葛兰言《中国人的信仰》

说到成人礼之前，我们要先说流传于岭南一带的中秋烧番塔民俗
活动。烧番塔在青田叫烧奔塔，为什么叫烧奔塔也无从考证，但青田
也有一些村民称之为烧番塔。2017年我第一次参加他们举行的这个活
动，还称为烧番塔，2018年他们就说是烧奔塔了。我们暂且不管这个
关于命名的说法。我只听说了一些"烧番塔"的由来和有关的历史成
因。烧番塔是流行于顺德一带的中秋民俗活动，中秋的白天，村民跳
到河涌里挖塘泥垒砖塔，将柴禾集中在一起，晚上烧番塔，各村之间
还经常比拼谁烧的火苗上蹿得高。而火苗越高就代表这个村子来年风
调雨顺、万事吉祥。在反传统的文化改造时代，青田和顺德一带的乡
下也被迫中断了这个活动，前几年才逐渐恢复。"烧番塔"的起源民
间有多种说法，由于历史久远，又中断多年，虽然我咨询了一些村民，
但他们也说不太清楚。我查阅了一些资料，有传是为了抵御外敌，以
清代抗法将领刘永福把逃入塔中的法国侵略者（番鬼仔）烧死的义举

八月十五前，青田村
民开始垒番塔

为由；也有传是元朝末年汉族人民为反抗蒙古统治者，中秋起义时举火为号，后来就逐渐演变成祈福吉祥和庆贺丰收的欢庆仪式。青田的烧番塔还有别的叫法，这个叫法只有青田所特有，根据有的村民记忆叫"烧奔塔"。他们也说不清楚来源于哪里，为什么这么叫。没有来源的说法和解释系统如何能站住脚，我不得而知。

我第一次知道青田有传统的烧番塔活动是在 2017 年秋天，听瑞哥说他们慈善会要筹备烧番塔活动，地点在村外西南边的篮球场，这里也是青田唯一的公交汽车站，在此可以坐公交车去杏坛镇，青田村的酒亭也在篮球场西侧。由于青田村里非常紧凑狭窄，村里没有一处开阔地可以举办大型活动，千石长街比较狭长，摆围餐和酒宴还可以，但不适合做为公共空间举办大型聚会和活动。所以，村西南的篮球场就成为唯一的选择，前面介绍的"青田民谣音乐会"也是在此举办。我听瑞哥详细介绍了青田烧番塔活动的来龙去脉，顺德以及佛山南海地区都有烧番塔的传统，由于"文革"的破坏一度中断，近几年才慢慢恢复了这些传统的民俗活动。由于乡村日渐凋敝，乡村里年轻人越来越少，很多活动都恢复不起来了。幸亏青田有一些坚守家园的村民，他们坚定不移地在乡村恢复和延续祖先创建的这些活动。瑞哥和一些村民他们就是这样做的。听完瑞哥的介绍，我顿时产生了强烈的兴趣和好奇。在许村的艺术乡建实践中，我们恢复了许多优秀的民俗活动，包括中断了几十年的"打铁花"民俗活动，我们在璀璨的花火中感受到了先民顽强的生命力和卓越的创造力。青田的"烧番塔"也是岭南特有的澎湃激情的花火景观。

离中秋还有几天，瑞哥等几个村民开始提前准备砌砖塔的相关工作，番塔一般用红砖砌成，底座为圆形围叠而上，塔身由下至上逐渐缩窄，顶部留一出火口，底下留两个炉口，方便往里续柴火燃烧。到现在，龙潭一带也只有青田每年还延续着这项活动。据瑞哥回忆，每逢快到中秋的前几天，青田的孩子们都会到处去找废弃的砖头和瓦片作为砌番塔的材料，并挨家挨户讨要柴火，去村外捡水松枝条作为烧番塔的柴火。村民也都乐意给他们柴火，以便能讨个吉利。因为番塔的火越旺，来年的生活就越是幸福吉祥。以前烧番塔都是在石板长街的正中央举行，现在因为长街上架满了电线，才把地点转移到村西南相对宽阔的篮球场。每到中秋夜晚，年轻人会先把家家户户的柴火聚在一块点燃，在火烧的正旺的时候投入大量木屑和松枝，再用竹竿从底下的炉口不停向上搅动塔内的火苗，一会儿火花便从塔口喷涌而出，一抬头就是漫天的星火。中秋日益临近，广东顺德的天气依然炎热，秋老虎也还是老虎。我赶到村口，瑞哥等一干众人正开始在篮球场砌砖塔，按传统砌砖塔的泥要从河塘里挖，不能用水泥，不是因为以前没有水泥，可能是因为烧过砖塔后要拆除掉，水泥砌好再经火烧会坚硬无比，拆除会很困难。但挖塘泥真正的作用却不在于此，原来另有深意，瑞哥告诉我来龙去脉。以前的烧番塔是伴随着乡村青少年的"成人礼"仪式一起举行，这才是青田烧奔塔民俗活动所包含的文化意义。中秋时节天气逐渐变冷，水也很凉，青少年要潜入河塘挖上淤泥垒砖塔，以此考验他们的身体承受能力，经受此种考验，才能向族人和世人宣布自己长大成人，才能成家立业，承担起相应的家庭责任和社会责任。

看来哪个民族都一样。我想起了东非草原的马赛人，他们年轻人的成人礼惊世骇俗，要冒着生命危险才能完成此项人生大考，就是要杀死一头狮子才算完，提狮子头来见族人和酋长。我听了吓出一身冷汗并询问他们，那打不过狮子怎么办？据说，要是年轻人打不过狮子那就让狮子吃了，就不要回来了。结局有点残酷。我正好2016年春天去过东非草原，也去了马赛人居住的寨子，了解了一些那里的风俗，现场感受到了他们的强悍，渴了拿起刀就往马脖子下面捅去，用盆接着流出的马血就当饮料喝下去，这也和他们长期的生存坏境之险恶有关。草原之王狮子的确有点怵马赛人。

再说青田。由于近代不断的文化改造与反传统运动，乡村中的民俗活动逐渐抽离其文化内涵，青田也是这样，今天的"烧番塔"活动也就变成娱乐层面的节庆活动了。我询问了瑞哥今年谁在挖塘泥，有没有年轻人参与，瑞哥无奈地苦笑了一声，说村里的年轻人越来越少了，根本没有年轻人有兴趣参加这类活动，村里也只剩下我们几个老人和中年人在苦苦支撑这些活动。我顺着瑞哥的指点走过篮球场往北穿过酒亭后，看见一个小池塘，池塘里只有一位老人在忙活，岸上也没有一个人在帮他，一会潜入水底挖出塘泥，自己又用水桶将塘泥拎上岸送到篮球场。我看了无比悲凉和担忧，这些老人都在日渐老去，未来这些活动靠谁来传承呢。今年中秋青田垒了有史以来最高的砖塔，也从外面买来了烧火的木材，考虑到安全的需要，也无奈于青少年的出离，瑞哥和村里的长者就承担起垒塔的任务，他们经验很丰富，搭

参加成人礼的少年们
在河塘里挖淤泥

建的过程也很顺利。

　　中秋到了，青田村比往日苏醒得格外早，天刚拂晓，就响起了此起彼伏的鞭炮声。青田的老婆婆和妇人都陆续从家里出来，每人手里拎着一篮子的鸡鸭鱼和水果，忙着给村里的大小神灵上香祭拜。从屋里供奉的菩萨观音，到家门口的土地神和社稷神，再到千石长街中间的关帝庙以及河涌水边的土地公土地婆……大大小小的神灵一个不落。到了中午时分，平时安静的村口也迎来了久违的热闹，有从城镇经商务工回来的青田村民，有带小孩回来过节的年轻夫妇，也有骑着小三轮外出买菜准备团圆饭的留守老人。此时此地一片喜庆祥和。到了晚上，精彩的大戏拉开帷幕，青田人拜过月亮娘娘，吃过饭，或三五成群结伴而行，或一家一户扶老携幼，都陆续来到村头篮球场看

参加成人礼活动
的青少年

表演，烧番塔。晚上来的人很多，村里村外的都有。火花也比往年的更高更壮观，搅动火苗的村民齐齐喊着号子助力，每当火焰生起，围观的人们都会一阵欢呼，不时地赞叹着"好靓啊，好靓啊"。期间村民还会不时向塔内投放一小串爆竹，发出噼啪作响的声音，小孩们尤其高兴，捡起地上的铁锹，学着大人铲起一堆木屑也想往顶上的塔口抛。可那两三米高的塔口小孩哪能够得着，只能等来年长高长大再来证明自己的能力了。

现如今，尽管烧番塔的活动每年都举行，但仍敌不过现代生活方式的改变和青少年的缺席。塔身越堆越高，火花也越烧越旺，但其承载的"成人仪式"和"祈福仪式"的文化意涵却渐渐被遗忘、被抽离。"烧番塔"活动的文化意义是乡村青少年的"成人礼"仪式。汉族成人礼延续数千年，是中华礼仪文化重要的组成部分，可惜被历次社会改造和文化激进的运动破坏以致中断。今天的"烧番塔"活动少了仪式的庄重与神圣，变成了茶余饭后的娱乐和消遣。以前的参与者变成了旁观者，原本是全村老少协力完成的一项传统的活动，现在仅靠一群老者在持续。不过可喜的是，青田村民已经意识到礼仪仪式在民俗活动中的重要性，从明年开始，将要慢慢恢复这项活动的文化意义。但无论如何，正是因为有老一辈人的坚持，节日所传达的情感与信仰需求还能在现代生活中延续。搅动火苗时的齐心协力、亲朋之间互送好礼、儿女回来与老人相聚，每一次的节日都是在这样的情感与礼物的流动过程中，维系着族群的凝聚力以及人与人之间的亲密关系。这是乡村自发的秩序，也是传统节日存有的现实意义。

看完 2017 年青田中秋的烧番塔，我受到了强烈的震撼，乡民还能顽强地传承下来如此优秀的民俗节庆。在多灾多难的乡村浩劫中民俗还能幸免于难，真的多亏这些村民的坚守和执着。但随之我又非常感慨和遗憾。由于长期的社会改造和反传统，传统文化就只剩下娱乐和游戏功能了，和前面章节我谈到的"龙母诞"庙会的活动一样，当下民俗活动的举办都抽离了先民早期举办这些活动的精神内涵和完整的文化意义，其象征意蕴也大打折扣。我顿时有了想法，一定要在这个烧番塔节日中重新恢复早已丢失的"成人礼"仪式。

现代社会是一个法治社会，而中国的乡土社会在法治的覆盖下还有"礼治"的内涵，它体现了熟人社会的一种特殊的秩序。费孝通先生认为，礼是社会公认的行为规范，合于礼俗的就是行为正确的，而维持礼这种礼俗规范的是传统，传统就是社会所积累的经验，礼俗便是通过传统维持着乡土社会秩序。但是，在当今快速发展的社会中，人口、资源高速流动，于是，长时间积累和承传下来的传统，便逐渐失去了维持乡土社会秩序的效力。经过多年的社会发展，我们丢失了很多可以承载民族人文品格和精神气度的传统，以致社会出现道德崩溃的征兆和危险。我们必须重新确立自己民族的文化尊严与荣辱道德观，才能扭转社会风气与道德危机。"仪礼"就是其中之一，而"成

青田的老人告诉晚辈们传承成人礼活动

人礼"始于汉代,是中国传统四大礼仪之一。人生四大礼仪是指诞生礼、成年礼、婚礼、葬礼,其中成年礼是重点。关于礼的起源,说法不一,归纳起来有五种起源说:一是天神生礼仪;二是礼为天地人的统一体;三是礼产生于人的自然本性;四是礼为人性和环境矛盾的产物;五是礼生于理,起源于俗。李泽厚先生在《从巫到礼、释礼归仁》一书中说道:礼仪作为中国文化传统中最重要的价值观传承至今,为社会稳定起到了非常重要的作用。荀子说"人无礼则不立,事无礼则不成,国无礼则不宁"。成人礼就像一个仪式,一个庄严的典礼,我们需要在尊重文明传统、汲取既有文明合理内核的基础上,为传统注入新的时代精神。今年青田中秋烧奔塔民俗活动重新注入文化内涵,重现成人礼仪式,让村民回到曾经熟悉的礼俗传统中,让社会重新认识礼俗的意义和传统的力量。

说来容易做起来难，传统不是一日被毁，恢复起来也很难一蹴而就，一呼百应。本来青田人口就大量流失，是颇典型的空心村，年轻人大多在附近城镇打工和做生意，少年儿童也随父母在成立生活和读书。乡村人口大量减少还有一个重要的原因，就是乡村已经没有学校了，别说中学，就是小学在村子里也很少。在烧奔塔民俗活动中，组织孩子们的任务就落在基金会成员马哲行身上，小马哥对顺德民俗文化了如指掌、烂熟于心。他开始信心满满，在青田乃至龙潭广发通知，让适龄的孩子们积极踊跃报名参加中秋"成人礼"仪式，瑞叔也积极配合响应，写了通知贴在村委会的宣传栏上，在青田招募16-20岁的青少年参与其中。这中间，乡建团队的成员也在为推动"成人礼"活动做了大量的前期准备和推广工作，一切按部就班，准备就绪，就等青少年来报名了。没想到出师不利，开头就碰了大钉子。由于乡村日渐凋敝，青少年根本没有在村子里待着的，所以响应者寥寥无几。我们询问了村民，知道了其中的一些原委，除了青少年不在村里之外，还由于青田周围的河涌污染严重，特别是烧番塔的地点紧挨着摆酒席的酒亭，做饭的泔水和油污都往河涌里倾倒，瓶瓶罐罐也都往河里扔，村民们都有顾虑和担心，害怕自家的孩子潜到水里挖塘泥时，被碎玻璃渣子划伤或有其他危险。毕竟这个"成人礼"活动中断了几十年，年轻的村民根本没有对此的记忆和印象，更缺少对恢复这个活动意义的认识和理解，所以反响平平，这也可以理解。但更令我们不解的是，有些村民询问参加活动有没有红包发放。这是乡村中普遍存在的风气，对公共事务感兴趣和热心参与者越来越多，村民也会拿一些旅游村的做法来判断这些活动。而为了招揽游客，旅游公司会组织动员村民做一些民俗表演，当然就要给村民一些佣金和报酬，这也是天经地义无可厚非的事情。但"成人礼"活动不能同日而语。由于时代的变化，"成人礼"活动作为顺德地区文明和礼俗复兴的标志性事件，就不能延续过去的做法，规则也要相应的调整和改变。所以我们就扩大到龙潭村和杏坛镇的范围内招募青少年，其中在杏坛中学和杏坛职业中学里选拔了 10 多名积极参与的中学生，当然他们也都是本地的青少年。青田的麦哥自始至终都是乡建的积极参与者和支持者，为了支持这项活动，他特意把他的儿子叫回来，基金会的胡会长也把自己的儿子叫来参加此次活动。总算凑齐了人数，此时台风"山竹"也擦肩而过，万事俱备，只等开场。

9 月 15 日（农历八月初六）下午，艳阳高照下的青田，13 名 18 岁的杏坛本土少年齐集青田村榕树下，挖塘泥活动提前启动。少男少女们精神抖擞，都穿着统一定做的中式服装，靓仔们身穿蓝色马甲和灯笼裤，靓女们身穿粉色长袖上衣和长裤。这些青少年手拿竹筐从青田的石板路走出村子，每个孩子的脸上都洋溢着青春与笑容，来到青田村荷花塘对面的河涌旁。这里的河涌离酒亭相对远一些，河里的污染情况也好一些，孩子们下水也会少一些被扎伤的危险。孩子们情绪高涨，身临其境地体验成人礼的文化意义。乡建团队也请来了熟悉活动的教练指导学生，并详细了解少年们的水性和特长，向他们讲解青田河涌的状况和下水注意事项。"成人礼"启动仪式正式开始，青田村唯一青少年代表刘嘉聪走到前面跃跃欲试，他非常熟悉青田的河流水系，凭借自身的身高优势和纯熟的水性，一马当先，步入河中，俯身挖出第一铲河泥。其余少年紧跟其后，有序地传送着这黏黑的泥土，而女生也不甘示弱，扎身于水中扶泥、传递、收集。少年们在这一传一送中展现出勇敢、坚毅和担当，为他们的成长历程增添了一抹特别美好和难忘的色彩。此时，在岸边围观的青田村民也显得异常兴奋，他们纷纷回忆起儿时的情景，那时候村里的青少年主动下水挖泥，由有经验的村民进行砌塔，小孩们就走家串户要水松枝或柴枝，好不热闹。"成人礼"分两个阶段举行，挖塘泥是第一阶段，而中秋晚上烧番塔才是第二阶段的重头戏，并将在热闹的烧番塔活动中，隆重地为青少年举行"成人礼"宣誓仪式。为了增加这项活动的文化含量和学术意义，我特地从北京邀请来了北京大学哲学系的吴飞教授，他也是研究中国传统文化礼仪方面的专家学者。

2018 年农历中秋晚上，大家期待已久的烧番塔暨"成人礼"活动正式开始。村头广场人头攒动，热闹非凡，村民们也早早吃过晚饭来到广场，在外工作和打工的村民也大多回来吃团圆饭，这也是青田村除了春节以外最热闹的时候。广场充满了节日气氛，周围挂满了彩灯，广场上已耸立起巨大的番塔，番塔旁边专设"捐赠柴火灯笼认领处"，只要有村民捐赠柴火钱，就可领到一盏灯作为回报并悬挂在广场上，筹集的善款将用于烧番塔等公益活动。一个搭好的舞台作为举行"成人礼"仪式的现场，参加"成人礼"仪式的青少年们在父母的陪伴下来到现场，他们身着正式的服装带着神圣和庄严的神情等候仪式开始。舞台的大屏幕上滚动播放着为此次活动制作的专题片，其中就有前几天年轻人下河挖塘泥的过程。在大家的期待中，主持人登上舞台宣布"成人礼"仪式正式开始，在台下的青少年听到主持人叫到自己的名字依次上台，他们满怀喜悦和感恩的心情站在一起，由主持人带领他们朗读成年的"宣誓词"："2018 年 9 月 24 日，父母已经把我抚养成人，从今以后，我必须承担责任、严于律己、宽以待人，做一个光明磊落、问心无愧的人，以报答父母、社会、国家与天下的恩德。"
每个青少年宣读誓词，自豪地读出自己的名字，然后行冠笄之礼，正
式宣告成人，从此迈向了人生的一个新阶段。随后，参加仪式的青少
年父母上台和自己的孩子们拥抱，父子和母子、父女和母女紧紧抱在
一起，有的相拥而泣，互诉衷肠。这感人的一幕催人泪下。现场的村
民们和观众给他们报以热烈的掌声，这对台下的孩子们也是很大的激
励和鞭策。

　　一长串震耳欲聋的鞭炮声后，我和吴飞教授、榕树头基金会的马
会长、胡会长，以及青田的刘村长一起开启了隆重的点火仪式。青田
村几位有经验的村民开始往番塔里续柴火，番塔上面的出口很快蹿上
去了火苗，番塔垒得很科学，像个巨大的拔火筒，炉膛地下的火迅速
通过炉膛，被抽拔得很高。火越蹿越高，璀璨的花火照亮了夜空，壮
美无比。有个村民还借助梯子爬到番塔的高处将木屑从上面的炉口投
放进去，火势瞬间喷向夜空，火星随之爆发，向上升腾，随后再落向
四周。此时现场气氛达到高潮，烧火的村民们奋力搅动燃烧的柴火，
让木屑和火焰充分融合燃烧，一条条火龙一阵阵蹿起，热烈的火苗和
斑驳的火星，将村民的情绪映射到最高。村民们露出欢快的笑脸，孩
子们在番塔周围嬉笑玩耍，有些村民走到"捐赠柴火灯笼认领处"踊
跃捐助柴火钱支持公益，以期图个吉利。现场的气氛也和火焰一样继
续燃烧升腾，村民们一阵阵呼喊着助威鼓劲，让炉火更旺更火，以期
来年大吉大利，风调雨顺。此时的青田，也恢复了它久违的魅力。

　　这次"成人礼"活动让村民们十分感慨，他们认为这是恢复青田
传统礼俗的一个很好的机会，既让老一辈青田人重温当年的盛况和礼
俗内涵，又让年青一代认识和感受到传统的文化意义，传承礼俗的精神。

少年们在成人礼
上庄严宣誓

　　2019 年中秋的烧番塔暨"成人礼"活动就顺理成章很多了，凡事
要坚持，坚持才有效果，积累能见成果。经过前一年的"成人礼"活
动的恢复，获得了青田村民和社会的认可，再下去就是继续举办活动
和巩固所取得的成绩。青田也逐渐确认了春秋季两个文化和艺术的品
牌活动，一个是春季端午的"艺术龙舟"当代艺术活动，一个就是秋
季"成人礼"传统民俗活动，一个传统，一个当代，相互呼应并相得
益彰。这两个活动已明确列入"岭南乡村艺术季"的固定项目，成为
杏坛镇人民政府引导下，广东工业大学和榕树头基金会以及青田共同
举办的文化和艺术活动。"成人礼"活动虽只举办过一届，但在青田
和杏坛镇以及顺德地区都获得了很好的反响，也是顺德地区首家恢复
"成人礼"活动的村落。万事开头难，做好了第一次，下面再做也不
难了，既可以顺理成章，又可以扩大影响。虽然青田的青少年适龄者
不多，但以青田为基地向外辐射和扩大影响势在必行，今日的乡村开
放的乡村，也是面向世界的乡村，通过青田的活动凝聚和吸引周围的
村民来参加，扩大社群和社区的概念。从青田到龙潭村，以及扩大到
杏坛镇的想法和思路得到了广泛的认可，区政府和镇政府也非常认同

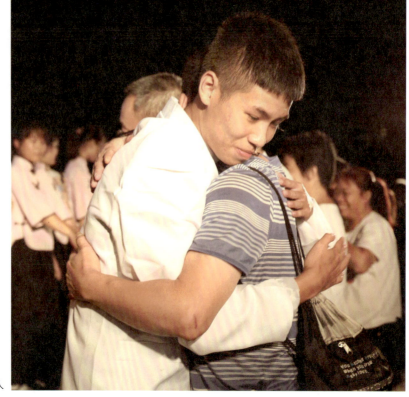

父亲祝福儿子长大成人

和支持，工作团队也和杏坛中学以及杏坛职业中学达成很好的默契与
合作。中秋又快到了，乡建团队在这两所学校选拔了男女共 20 名高
中学生，学生们报名也非常踊跃。在 2019 年中秋的烧番塔暨"成人礼"
活动中，我们邀请了中国文化集团新闻总监、著名文化学者王洪波作
此次活动的文化顾问。王洪波老师对传统礼俗文化颇有研究，对艺术
乡建也理解颇深。2012 年就接受过我的邀请，参加过早期艺术乡建的
《许村论坛》学术活动，又参加过 2013 年的许村国际艺术节活动。
他作为此次活动的文化顾问实至名归。他对此次活动的文化意义做出
了精彩的阐释："成人之礼在顺德，风俗活化于青田，激扬生命，记
录成长，由此触摸到生命的温暖与庄严。"

转眼又到了中秋，提前几天的挖塘泥活动如期举行。参加"成人礼"
仪式的青少年们从开始就面对了许多考验。午后艳阳将石板路炙烤得
滚烫炽热，等到傍晚，石板路热度未减。青少年们光着脚板在这滚烫
的石板路上行走，姑娘和小伙子们提着木桶，拿着簸箕，沿着千石长
街奔向河边，挖取河泥。石板炙热，河水清凉，少年们用身体接受大
自然的考验。河面平静，河底情况却复杂莫测，松软的河泥混着尖锐
的石子或垃圾，让人每一步下脚都需要谨慎选择，少年们亲身体会到

社会发展对环境的污染。挑战难不倒出生于水乡的孩子们，水性好的男孩自发远离河岸负责潜水挖泥，将挖来的河泥互相传递，运送至岸边，并在村里长者的指导下垒砖砌塔，将红砖在地上摆放成一个圆。少年们将他们刚从河中挖来的河泥倒在地上，仔细地将河泥涂抹在红砖面上，一个一个砖垒好。塔基是整个奔塔的基础，高达三米的奔塔，塔基的砌建不能马虎。参加"成人礼"活动的青田少年刘泽升说："能在从小到大生活的村子，在族人面前完成成人礼的考验，自己非常自豪。与学校举办的成人礼相比，在村中的成人礼能够得到切身的体会和深刻的感触，通过成人礼，让自己认识到成人后肩上将要担起的责任。"刘泽升希望将来能够为青田村出一分力，让青田村越来越好。家长们看到自己的孩子下河挖泥，砌建塔基并经受考验，眼神中透露着欣慰和赞赏。另一位参加成人礼的少年覃龙的母亲说："看到孩子通过成人礼，内心非常自豪。"她丈夫的身体不好，儿子在学习的同时还兼顾生病父亲，她自己每天下班回来时儿子已经把晚饭做好等待自己回家，在她心目中儿子虽刚成年，但已经是一位有担当的成人，已成为家庭中的支柱。

今年的"成人礼"活动上，青少年们宣读的是王洪波撰写的宣誓词："今天，公元 2019 年 9 月 13 日，时值农历己亥年八月十五，成人之礼在顺德，风俗活化于青田，激扬青春，记录成长。由此触摸到生命的温暖与庄严，我为之高兴，为之激动，为之感恩。步入成年，意味着更加独立，更大责任，更多坚强。我将不断澡身浴德，勤勉精进，诚实而明辨是非，善良而勇敢担当。做一个阳光健康、正直快乐、眼界开阔、有所作为的人。有益于家庭，有益于社会，有益于中国，有益于世界。礼成人立，不负自我，不负他人，不负人生。"青少年们在家长和族人面前宣告自己步入成年，将更加独立，更担责任，更显坚强，正如誓词所言："礼成人立，不负自我，不负他人，不负人生！"冠礼结束，鞭炮开投，番塔炉火燃起。火花贯通塔身喷出塔口冲天而上。火光照亮了围在塔旁的人们，也点亮了青田中秋的夜空。烧奔塔寓意代代繁衍不息、开枝散叶、风调雨顺。火焰冲天伴随火星点点如雨飘下，如上天在回应这片土地虔诚的人们。每年的烧番塔将会伴随着"成人礼"仪式，每次点燃的花火都宣告着一群青少年步入成人的殿堂，庄严而神圣，如青田这片土地一般，绵绵不绝，生生不息。

以下是青田乡建团队成员王雪云对王洪波老师的采访：

时间：2019 年 9 月 13 日

地点：青田学院

访谈者：**A** 王洪波　　**Q** 王雪云

Q: 王老师，您是第一次来青田，对青田的印象如何？参与了这次青田中秋"烧奔塔"成人礼俗活动后感想如何？

A: 这次来青田，给我了一个特别深的印象。首先来讲，也许青田在学术上不一定是南方特别典型、特别有优势资源的村落，包括古迹、自然风景等方面，比如像周边村的刘氏大宗祠等都比青田的祠堂规模大，历史也更悠久；还有其他村的文物定级，有些是广东省省级的保护单位。但青田村这边恰恰是老百姓的日常生活。作为艺术乡建，跟老百姓的日常生活能结合起来，我觉得也许比资源优势特别明显的名胜古迹、优质的自然山水资源，更有意义。在那种地方做的话，第一没有

烧奔塔民俗活动正式点火

村民为番塔添柴

你的时候人家本身资源也不错，第二你做出来的时候不具有可复制性，因为在不具备优势资源的时候，你的方法到我这里来就不行了。但恰恰是普通的村落，老百姓的日常，这种探索可能在别处也有借鉴意义。在一个普通村子，有这样的机缘，来做这个事情，我觉得这个给我蛮深的印象。

青田村"烧奔塔"跟成人礼是一个很好的结合。首先，是给年轻人一个欢快的时光。因为大家现在在学校或者别的地方，除了带有强制性的集体生活、集体活动之外，平时也没有更多的特别有意思的集体活动，一般村里边更没有集体生活、集体活动的号召力。但是通过这个成人礼，自然形成了一个号召力。因为成人礼本身孩子受到关注，他们自己心里会感到提气为之一振，同时也是整个家庭都关注的事情。这是对年轻人有特别意义，带有仪式感而又好玩儿的集体活动。除此之外，还有一些其他的发散性的意义，比如说之前提到了，中秋在往年已经进入偏冷的时候了，水偏凉，孩子们下水挖淤泥是对他们的意志力和身体的考验，成人了意味着要有克服困难的能力，要能承担。但是今年还是很热，甚至有人脚底板在岸边的石头上被烫伤，其实这是另外一种担当，冷是担当，那么热也是担当，所以说有的时候一切都是最好的安排。

第二个方面，挖淤泥、砌奔塔具有公益性环保性等现代意义。挖淤泥是公益性活动，本身这个淤泥是在河道里，是大家公共的区域，挖了淤泥用于砌奔塔，同时也清洁了河道，这意味着在我成年的那一刻做了公益的事情，哪怕仅仅带有象征意味，而其实挖出两三千斤的淤泥对于净化河湖是具有实际功效的。同时，通过挖淤泥这件事，对于村民和孩子也是一个很好的提醒，提醒大家平时不往河道里扔垃圾，提醒全村的人要爱护水资源。孩子们下到水里，能更直接感受到水是不是干净，下面有没有垃圾杂物让人恶心，有没有玻璃等尖锐物扎破脚掌。有了这样一个成人礼，出于对孩子们的爱护，村里的人们也会相约相戒，自觉不往河湖里扔垃圾、玻璃瓶子等。长此以往，水就会更加安全，更加干净。爱护水资源、保护水资源的意识，也就更容易建立起来。而这种提醒又很容易形成他们的自觉，因为这跟大家生活有关系，跟未来有关系，这既是一个有意味的形式，又是一个与现实紧密关联的钥匙。成人礼引发大家对我们家园的爱护，会成为一种自觉，其作用可能会远远超过立一个乡规民约。这个成人礼只要坚持下去，村里就不会有人往自己的河湖里扔垃圾了，都不用号召。

第三个方面，成人礼包含着丰厚的文化内容与内涵。挖淤泥，是从河里从土地上采东西，然后砌奔塔，烧奔塔过程中火光冲天，在中国传统文化里，这是天、地、人的合一，是水与火的洗礼。孩子们的成人礼，以这样一种方式接通天地，让水火相近相济，带有一种启示真理的意思。我们经常说水火相克水火不容，但其实水火又是可以相济的。在中医里面，水火相济是一种身体的平衡，平衡了人就健康；在自然中，也是既需要水，也需要火的，水火平衡，寒温适度，这样的大自然就适合人类生活。同时，水其实也是可以助火的，我们大家知道，用水往火上泼，水泼得太大，一下子可以把火浇灭，但当水泼少一点的话，火苗有时候反而会更大。这启示我们，水火并非是完全不相容的，这也是一种我们理解生活和世界的逻辑和分寸。想一想这其实可以给我们带来很大的启发，如果我们更加自信，有更强的包容能力，很多表面上看来对立的东西都可以通过一种力量实现平衡，我们不需要把什么事情都看成是对立的。哪怕是你的敌人，也不一定就是完全对立的，有可能敌人也会帮到你，敌也可化为友。这些东西在哲学意义上会给我们启发。这样的阐释，也许会在成人礼的时候给孩子们带来心灵上的启示。文化和哲学并非远在天边，有时候就在我们眼前。

第四个方面，跟当地的历史和民俗有了很好结合点。这是水乡，有水文化，在这边水可以说象征着财，而火光冲天的时候大家说红红火火，也象征着生活的美好兴旺。烧奔塔越烧越旺的时候，大家心情激动，就像过年放烟火打铁花，其实道理都是一样的，大家心里开心。虽然说是这二三十个孩子的成人礼，但是却变成了我们村民共同的一个节日，大家都开心，因为它被赋予了美好的希望。包括我们放这个投炮，对于竞争得到这个投炮的人，他今年有这样一种期望，丁财两旺等等，但同时在这样的一个集体场合也包含着众人的祝福。当你竞争拿下这个投炮的时候，大家为你高兴，为你鼓掌，就是为你祝福。其实这种祝福是有力量的，这个人接受了众人的祝福收到这样的福报，具有一定的合理性，有社会心理学的意义。简单地看祝福是一种语言和形式，这种语言和形式是能够影响我们生活的，这个祝福是有意义的。为什么说人心齐泰山移，是因为人心是有力量的。他自己有这样的期待，众人也有这样的祝福，就能帮助到他，这种心理就形成一种力量。这样的话，对自己就有信心，日子才能过好，对生活抱有信心希望，才会有更好的未来。我觉得成人礼做这样一种解读，我想是大家可以认可的，那成人礼也就更加具有不同寻常的意义了。

我希望能认真地把这成人礼民俗活动办好，并且对它进行一些研究和阐发。当然，研究和阐发，一定是有学术的依据，有逻辑的依据，符合大家的人心。其实学术也好，文化也好，都是从生活来的，就是你不能离开生活，不能离开现实，你说你胡说八道，硬编一套那肯定不行。

Q: 王老师刚才给我们的"成人礼"活动赋予了很多当下的社会现实意义。在古代的成人礼活动中，它于个人是克己复礼，于父母、与社会是宣告担当。您作为本次活动的文化顾问，特意为成人礼作了定位，并撰写了宣誓词和寄语。请您详细谈谈您的初衷和想法。

A: 成人礼仪确实古已有之。在过去成人的一刻，女子需要带上发簪，行笄礼。男子要及冠，行冠礼，其实都是一个象征，提醒少年从现在开始是成人了。过去上学是要有礼仪的，比如说要拜先生，是一个很隆重的事。我们说的礼仪或者礼节是什么意思呢？其实就是一个提醒，所谓的节日跟日常的区别，其实就带有一种提醒的功能。比如说像竹子的竹节，它就是竹子生长过程当中的一个变化。如果竹子都是一个空洞，一直生长，中间没有竹节的话，那可能这根竹子就生长得不结实。人的生命也是这样，需要一节一节地建构，人生活当中的节日也是这样的，人对生活形成一些记忆，需要有节点，这些记忆的节点就是人成长的标志。这也是我给这个成人礼的定位，叫"礼仪养成"。

村民们庆祝自己的传统节日
火热的节日气氛

第二句话是"风俗活化",我们的风俗要跟我们今天的时代结合起来,不是一个死的风俗,而是要把旧的风俗活化,让我们社会更多的人接受。第三句是"激扬生命",就让少年在这个成人礼的过程当中,感受到自己的生命获得了一种激昂的力量。最后一句话是"记录成长"。这十六个字,这是我对成人礼的定位。这个定位并不是我所创造的,而是我对成人礼思考之后给它一个描述,是对这个规律进行揭示。一个礼仪的养成,有它的初心和依据,同时也需要过程。

我们青田村从去年开始恢复成人礼,那就是风俗的活化,未来还需要慢慢地养成。经过若干年的建造与努力,一定会对我们村子、对我们村民产生影响。对孩子们是记录成长,我相信每一个孩子在过若干年之后,回顾他们参加成人礼时候,会有一个很好的记忆。参加与没参加过成人礼的一定是有区别和不同的。我在给孩子们成人礼的证书上写的寄语是"诚实而明辨是非,善良而勇敢担当。爱自己,爱这个世界。"作为一个人,我们必须要讲诚实,但是这个诚实不是一种虚伪的假诚实,诚实是要明辨是非,得做一个明白人。我们讲善良,但是不能窝囊,我们的善良要勇敢担当,这是我对孩子们的期许。孩子们如果懂了这句话,我相信对他们的未来应该是有帮助的,他们会成为顶天立地的人。最后是写道"爱自己,爱这个世界"。人必须爱自己,但是同时也不能仅仅爱自己,还要爱这个世界。同时,爱这个世界是要有内心基础的,而不是一句虚伪的口号,没有爱自己的内心基础,空喊爱国家爱世界是虚伪空洞的。

Q: 这次"烧奔塔"成人礼活动不仅只是本村人参与,还吸引了其他村的参与。你之前也提到说这是联谊了村与村之间的互动关系。也就是说通过青田可以探讨社群、社区的关系。

A: 一方面我们目前打破了原先的自然村界限。另外，我们在举办这个活动的时候，要有开放善良的态度，吸引其他人参与，而他们参与进来后还不让他们自己觉得是外人。这种好客开放的心态，大家能够互相感染。比如说我们国家为什么讲改革开放而不是封闭保守，就是我们封闭保守这条路会越走越窄，而我们走改革开放的路线才会越走越宽。我们成人礼活动也是这样，我们与附近的村子一起过这个节日，特别好。而同时，我们通过氛围营造，让大家都觉得自己是主人，其实拉近了附近村子村民之间的距离。

Q: 面对乡建话题，我们一直在说有很多的困难和复杂，事实也确实如此，甚至是远超于想象的，但是在这过程当中，渠岩老师做得还是非常成功，也形成了很大的影响力。这其中是不是他的艺术家身份带到的优势？您怎么看？

A: 艺术家首先得是一个常人，渠岩老师到青田之后，姿态不是高高在上的一个艺术家，而是慢慢融入村民中。作为一个彼此间能够接纳的人，这是一个重要的基础。大家经常说艺术源于生活高于生活，那么艺术家在一定的意义上来讲，他比其他人在生活上更加敏锐，他观察到一些东西，有他一定的预见性和敏锐性，那么他提出来的东西，大家觉得会更有价值。所以说，是生活塑造了艺术还是一些艺术塑造了生活，其实这是一个互动关系，艺术从生活中产生，但是艺术反过来也塑造了生活，艺术使生活更丰富更美好。其实是一种彼此的塑造，彼此的影响。

所以艺术家介入乡村建设与改造，我们称之为艺术乡建，具有特殊的意义，也具有相当的优势。在人们基本的物质生活获得满足之后，追求美、追求美好生活，会在未来生活中占有越来越重要的分量。随便举个例子，倒退二十年，很多博物馆门可罗雀，但是现在无论国外还是国内，大量博物馆成为人们经常要去的地方，为什么这样？因为博物馆是人类文明与美的创造的最大宝库和展示场所。

与此同时，我也看到青田艺术乡建另外的力量，就是企业家群体的力量。企业家群体发起成立了榕树头村居保育公益基金会，资助村居修缮，保育乡村文化。艺术家的才华，企业家的力量，与当地政府和村民对美好乡村建设的需求结合起来，这是广东的优势，也是青田村的优势。当然，跟任何其他地方一样，这里也会不可避免遇到很多远超过想象的困难和复杂情况，但我相信未来都能获得解决。因为渠岩老师是一位非常纯粹的艺术家，他对艺术乡建有着极大的热忱，也积累了十分丰富的经验。广东工业大学城乡艺术建设研究所也为艺术乡建工作搭建了很好的平台，再加上广东地方经济发达和广东人重视家乡建设、珍爱乡村生活的习惯习俗，以及当地企业家、基金会和政府的务实思维与工作作风，我相信广东的艺术乡建一定会取得别开生面的丰硕成果。

青田学院

教育是"贤人"的第一要务，孔子把它看成是上天的使命，而他的一生也是传道授业解惑的一生。

——［法］葛兰言《中国人的信仰》

1933 年到 1957 年间，美国一所非传统意义上的"黑山学院"创建于北卡罗来纳州艾西维尔市附近，创办人为约翰·安德鲁·莱斯（John Andrew Rice）等进步学者和艺术家。这所大学虽然仅存在 23 年，教过不到 1200 名学生，但却因其引领现代艺术教育革新而闻名于世。短暂的黑山学院为确立"美国精神"的当代艺术做出了巨大的贡献，并获得了世界意义上的承认和国际上的崇高地位。黑山学院在美国艺术中具有崇高的威望和地位，被称为是美国艺术的"黄埔军校"，与许多正规的艺术学院相比，其更像一个艺术"试验场"。黑山学院在美国艺术中的地位，不亚于包豪斯在设计界的地位。二者虽然寿命短暂，却都孕育了无数的大师。黑山学院为上个世纪的美国造就了数位非凡的前卫派先锋艺术家：约翰·凯奇、铃木大佐、罗伯特·克里利、查尔斯·奥森、波洛克、克兰、塞·汤布利、劳申柏格……这些名字闪烁并映照了上个世纪的艺术天空。黑山作为一个耀眼的符号和文化

建设中的青田学院

象征，成为美国实验艺术的精神绝响，现代主义思潮的历史神话。

　　20世纪"二战"时期，德国纳粹无意间将一批艺术精英们从德国赶到了美国，阴错阳差，黑山学院聘请了遭到纳粹镇压的包豪斯创始人之一约瑟夫·阿伯斯（Josef Albers）为艺术系主任。当被学生问及打算教什么，英语还说不流畅的阿伯斯说："打开你的双眼。"观察与感受、学习与经验、实验与行动等结合的教学方法，令人耳目一新，并成为黑山学院的艺术教学理念。学生们通过乡村在地的作坊授业和思维训练，充分领悟艺术的标新立异，以及在设计提倡"每日生活中的艺术"理念，使艺术教育全面地走出学院和教室，进入乡村，感受生活，强调"一对一"的师徒教学，耳提面命的教学方法，倡导学术自由和实验精神。美国著名哲学家杜威曾到过黑山学院，学院也将他的实用主义哲学体系中的"知行合一"转化为教学实践，强调教育应该广泛存在于人们的经验与感知中。他们批判传统的学院式、填鸭式教育和僵化的学术制度，认为空洞的知识积累对学生毫无益处，

青田学院

并尤其注重教学中的问题意识，强调学生要在探索和研究的基础上领悟艺术。

虽然黑山学院因为财政危机于1957年关闭，但在黑山学院学习后的学生大部分回到了纽约生活和创作，并意想不到地迎来了20世纪60年代高度实验性和创造性的艺术黄金期。战后欧洲的许多先锋艺术家先后来到了美国，并以面目全新的方式将欧洲的先锋艺术带到了美国。自从三十九岁的劳申柏格赢得了第三十二届威尼斯双年展的金狮奖后，欧洲人才彻底臣服并承认当代艺术中心的确转移到了美国。劳申柏格是当代艺术从欧洲转向美国的标志性人物。此前欧洲人不会承认当代艺术中心转移到了纽约，骄傲的欧洲人由此非常愤怒，但也被迫承认了这个现实。劳申柏格也是威尼斯双年展史上第一位获此殊荣的美国艺术家，他也是美国波普艺术的开创者之一，使波普艺术登上历史舞台。他将达达艺术与抽象表现主义结合，创造了属于自己鲜明风格的"综合绘画"，开启了当代艺术的新篇章。劳

申柏格也是对我产生重大影响的艺术家。罗伯特·劳申伯格（Robert Rauschenberg），1925年出生于美国堪萨斯州阿瑟港，他早年学医，"二战"时应征入伍在美国海军服役。退伍后学习艺术，后就学于美国黑山学院，投入在美国黑山学院任教的包豪斯老画家艾伯斯的门下，成为这位抽象构成派画家最得意的弟子之一。劳申柏格几乎是跟中国渊源最深的西方艺术家，早在1982年和1985年，他就两次造访中国。1985年12月，"劳生柏作品国际巡回展"第一次在中国美术馆展出，当时正逢改革开放的黄金时代，也正是中国当代艺术的初始萌芽阶段，全国各地的现代艺术运动风起云涌，当时的很多艺术青年都来北京观看他的展览。这个展览对中国1980年代的当代艺术起到了推波助澜的积极作用，成为"85新潮"运动的直接推动因素。

参观劳申柏格的展览我至今还记忆犹新，那是1985年的冬天，当时我还在山西大学艺术系读书，听说劳申伯格来北京举办展览，当时还处于地下状态。我们这些做当代艺术的年轻人就奔走相告，我和

方海院长在青田学院
给研究生讲课

刚从天津美术学院毕业，在山西大学艺术系工作的青年教师王纪平相约一起去北京，观看劳申柏格的展览。听说他在中国只办两个展览，一个是在西藏拉萨，一个是在北京，我们当时还很纳闷，在拉萨办他的展览有点可惜了，估计没有多少人懂他的波普艺术作品。我和王纪平从太原坐上火车先到了石家庄，从石家庄又转车先到了保定，因为王纪平要路过保定看望他的天津美院同学，他同学在保定工艺美校任教。我记得火车到了保定是半夜三点，火车在保定前一站我们就下来了，据说保定工艺美校就在郊区，我和王纪平夜里沿着铁道走了一个多小时才到了学校，当时校门紧锁无法进去，我和王纪平爬墙进了学校找到了他的同学。第二天一早，我们又登上了开往北京的火车，如期地赶到了位于东四沙滩的中国美术馆。在劳申柏格艺术展的开幕式上，我见到了大名鼎鼎的劳申柏格，并让他在展览画册的封面签名，如潮水般的观众拥上去请他签名。我站了一会，感觉让他签一次名还不过瘾，我又挤开人群冲到劳申柏格面前，翻开画册的扉页，又让他签了一次名。由于人多拥挤，他也没有认出我怎么签过一次还要再签。我在他签名时才仔细地看了他一眼，给我印象最深的是，我就等于一本画册有了两个他的签名，心中暗暗得意，又看了一上午他的作品，脑洞大开，醍醐灌顶，不虚此行。通过劳申柏格，我才知道了黑山学院，而这所学院的神秘和魔力使我魂牵梦绕。通过此次的展览我茅塞顿开，劳申柏格完全颠覆了我以往对艺术的理解，颠覆了我对艺术的有限认知，打开了自己的创作思路并由此受益匪浅，从此义无反顾地走上了当代艺术的探索之路。

由于黑山学院以及劳申柏格对我艺术之路的重大影响，他们独特鲜明的艺术创作与教学也在我脑子里挥之不去。当我来到青田后就逐渐产生了这个想法，再加上我在广东工业大学艺术与设计学院任教的感受与体会，假如能在青田成立一个教学机构，将对青田的乡村建设和广工艺术与设计学院的教学两方面都会产生很好的效果。由于目前中国的大学教育出现了严重的问题，艺术和设计教育也首当其中，教学与实践、技术与艺术、创作与理论严重脱节，艺术教育变成了简单的技术培养和教学，严重违背了艺术与设计教学的规律。艺术教育革新势在必行，但在传统院校改革困难重重，主要是有些教师不愿意改变和提高，一辈子就教授自己的一点技术，把学生教育得千篇一律，毫无个性与创造性，离真正的艺术越来越远，有觉悟的学生也非常失望和沮丧，有些学生也由此对艺术丧失信心。我想在青田乡村创立一个教育机构，即可以避开学校保守势力的影响和干扰，又可以让学生在乡村的现场感受历史的文脉，以及鲜活的生活。青田学院不是传统意义上的大学，它是一个思想的"试验场"，是艺术的"发生地"。在乡村进行在地的作坊授业和思维训练，它将在中国当代社会全面转型的背景下，以崭新的方式，将国际当代艺术引入青田学院，以乡村为文化背景和历史出发点，以当代艺术为核心理念，逐步建立起跨学科的当代艺术思想体系。寻找出一套行之有效的艺术教学方法，杜绝学院派僵化式的教学模式，从差异化和个人感受中寻找出自己的风格，推崇作坊式现场教学，强调师徒授业的传道方式。在现场感受自然，在乡村尊重生命，在民间学习工艺，在行走中寻找艺术的方向，重建艺术与生命的关系，重建艺术与灵魂的关系，重建艺术与生活的联系，重建艺术与社会的联系。给陷入泥潭和困境的当代艺术与教学寻找出一条可行的出路，让艺术重新回到生活的现场，回到文化的母体之中，在乡村获得灵感、活力与激情，同时，艺术也将再次获得新生。

青田学院就是基于这样的思考应运而生的，青田将以复兴岭南文化和乡村建设为主要的宗旨和使命，使青田学院成为培养乡村建设人才的孵化器和推进器。青田学院将为岭南乡建提供思想资源和艺术智慧；通过激发人们的创造潜力，让人的创造性活动为乡村振兴和社会进步服务；通过搭建高校和乡村的艺术桥梁，让学生在青田学院学习并为顺德乡村建设服务，让学生通过动手和实践来学习艺术，建设岭南乡村建设的"黄埔军校"。青田学院是广东工业大学、顺德区杏坛镇政府、榕树头村居保育公益基金会合作的乡村建设教学与实践项目，也是广东工业大学落地青田的艺术与乡建研究与教学机构，承担着艺术乡建的教学、科研、实践、创作与交流任务。从"青田乡建"到"青田学院"，将从乡村建设的具体实践转化到乡村未来的知识生产。青田学院将教学融入乡村，用传统文化启动艺术，用在地实践改革艺术教学，用乡村文化激发当代艺术的创作。

广东工业大学陈新校长非常关心青田学院的落地与建设，几次莅临青田学院指导工作，陈新校长表示，广东工业大学将深度参与青田乡建工作，支持青田学院运作，把青田作为学校探索和实践乡村振兴的重要支点，投入更多力量，积极探索高校参与推动乡村文明复兴的路径，让新一代年轻人深入理解乡村文明与乡村振兴，构建学生未来发展的世界观与价值观。广东工业大学艺术与设计学院方海院长、黄学荄书记、胡飞执行院长都对青田学院的建设给予了鼎力的支持。刘琼辉书记接任艺术与设计学院党委书记以后，也继续为青田学院提供全方位的支持，并安排了专职教师届行甫、王雪云负责青田学院的运行与管理工作。

2018 年 12 月 10 日上午 10 点，"青田学院"（Qingtian College）在广东顺德青田村正式挂牌启动，广东工业大学陈新校长、广东工业大学艺术与设计学院黄学荄书记、顺德区委常委谢顺辉、顺德区政协副主席徐国元、杏坛镇党委书记柯宇威、顺德区榕树头村居保育公益基金会会长马锡强等出席揭牌仪式。挂牌结束后，陈新校长在青田学院学术报告厅与青田乡建团队和广东工业大学艺术与设计学院的师生代表座谈，进一步推进青田学院的各项工作，并勉励青田学院的团队成员立足青田，放眼国际，为复兴乡村，完成中华民族文化的传承和复兴做出努力和贡献。

青田学院坐落于青田村北街，由一座红砖老宅修复而成，屋旁400 多年的老榕树一直守护着青田，和这里世世代代的村民一起经历着风雨变幻、沧海桑田。如今，大树依旧屹立，枝叶依旧繁茂，河水依旧清澈，这个天地人和的乡村环境引来了具有学术引领性、研究创新性和在地实践性的青田学院，思想、艺术、乡建的资源不断集聚，探索、求真、务实的传统不断升华，让青田焕发出新的生机与魅力，

青田
范式

更让"青田范式"有了更深层次的内涵和划时代的影响。

作为"青田学院"的发起人，在以后较长的一段时间里我也会成为青田学院的负责人，很多人会问我也确实有人问过我，为何会在一个名不见经传的岭南小乡村办一所艺术教育学院。看起来似乎是异想天开、匪夷所思，仔细一想又在情理之中。我们的艺术教育出现了偏差、失误，甚至与艺术自身背道而驰，首先是一道道筛选的艺考，阴错阳差，剩下了九死一生的学生侥幸踏进校门，进校后百般蹂躏的僵化教条，最后也就无可奈何和茫然地走出校门。走入社会和江湖他们才发现自己学的一点技术，不但和艺术无关，甚至和技术也无关然，甚至还不如一个优秀的工匠，一点三脚猫似的雕虫小技很难挬清复杂多变的现实世界，以及色彩纷呈的艺术生态。失望、迷茫、绝望、无奈与伤感会久久难以离去，若要想学习真正的艺术，就要再从头再来，在社会上重新学习，而多年在艺术院校学习的经历，反倒成为了负担和挥之不去的梦魇。一切重新开始谈何容易，还不如一张白纸，必须将多年沉淀在内心的污垢清洗干净。排毒的过程饱受痛苦和折磨，一方面对学到的一点技术患得患失，难以取舍，就像刮骨疗伤，也如鸡肋食之无味，弃之可惜；另一方面，错过了学习的黄金年华，系统建立自己的知识体系和文化脉络难上加难，万一再受到社会上急功近利的当代艺术影响，或者被庸俗、虚伪的当代艺术所俘获，就如雪上加霜，积重难返。

究其原因，由于失去文化主体精神的依托，丧失了文化的传承，中国当代艺术就在被权力和资本裹挟的尴尬中失去自我和本真，像一只被"斩了头的鸡"，只是身体在扑腾，看着挺热闹，然而人们往往还会被舞动的美丽翅膀所诱惑、蛊惑。这是中国当代艺术集体"失语"

广州美术学院刘庆元教授带领学生在青田研学

的症候，没有社会现场的感受和生命意义的感知，只生产建立在"人工"语言和意义上"纯形式主义"的艺术。于是，一种平庸的艺术——无传说、无文本、无所指、无深意的艺术从 1990 年代开始在中国泛滥。这种作品唯一的文本就是视觉效果，只有"做"是唯一重要的，重要的是做出作品，而不再追问为什么而做，以及做什么样的作品，这类作品有什么意义。就这样，当代艺术获得了市场的眷顾，并赢得了消费时代的爱慕。为了在场而在场，或者只谈论自身的符号，这才是中国当代艺术的虚假繁荣对学生造成的误导和危害。这种作品既接近时尚，又迎合市场，也很能诱惑一些不明真相的学生，并认为这就是当代艺术。学生在学校面对的就是这两个选择，退回去是陈旧腐朽的老生常谈和陈词滥调，往前走就是这类照猫画虎的后殖民当代赝品。我理解学生的无所自从和进退两难。

中国艺术整体也正遭遇"转型拐点"的魔咒。从 19 世纪至今，西方艺术完成了其内在的思想变迁与美学转向，包括一整套完善的政治体制、经济结构与大众文化变迁等宏观的社会基础及思想资源。我们则一味将西方表层技术层面的表达方式嫁接过来，貌似当代，实则是急功近利的技术挪用与移植，其中还有一种虚无缥缈的"东方"想象，将各类传统符号简单地套用在西方语言中"借尸还魂"。连起码的历史传承、社会批判、文化反思及学术深化都无从谈起，更无法做到。这就给学习艺术的学生造成了前所未有的认知迷茫和价值观的混乱，而教授艺术的老师也大多还停留在现实主义、印象主义，或者表现主义的技术表达阶段，他们在技术和材料上都不愿意做任何改变，观念上更是落后西方百年，不思进取不求改变，貌似自己的技术具有天然的"合法性"，不容任何质疑。古人还说"笔墨当随时代"，他们则采取匪夷所思的"以不变应万变"，坐井观天，毫不关心艺术史的发展规律和变化逻辑。所以，学生的困惑和绝望在所难免，更重要的是，我们今天的艺术教育，失去了对社会的关注、对生活的感悟、对文化的思考、对传统的追寻，还有就是失去了"人心"和"人性"，艺术完全与文明脱节，与传统背离，与民艺绝缘，与中国人内心最贴近的情感渐行渐远。

而青田恰恰就是解决以上所有问题的最佳现场。首先，在青田乡村可以身临其境，触摸和感受由乡村历史传承下来鲜活的传统文化，了解中国人自传统继承下来的文明习俗、信仰礼俗、生产与生活方式，以及对生命的态度，对生活的理解，对神灵的敬畏，对长幼尊卑秩序的遵守，对自然与环境的爱护。使学习艺术的学生在青田感受民族的审美意识与民间艺术，学习古代中国人生活智慧中的营造法式与民艺工匠，以及基于天、地、人、神世界中的伦理秩序。在此基础上，学生才能重新植入中华民族优秀的传统文化和审美品质，在青田乡村这一巨大的文明现场接续文脉，发现生活智慧中的艺术养分，再消化吸收并融入到自己的思考与表达之中。在青田学院，我们将邀请优秀的跨界学者、专家，在乡村现场给学生们上课，恢复传统的师徒传授技艺的方式，有针对性的启发和辅导学生开启创造性的训练。

另一方面，乡村建设涉及面之广，参与度之高前所未有，实际上已经全国动员，就差全民上阵了。介入乡村建设的主体大多是学建筑和规划出身的技术派，而艺术家的介入以美化和活化为主，这离完整意义上的乡村建设与复兴有很大距离，任重而道远。目前在中国的艺术院校也没有一个专业的教育机构，进行艺术乡村建设理论和实践方面的教学与研究。虽然近期在一些美术学院也先后成立了艺术乡建院和研究机构，但大多也只是应景之举，没有实质的推进和建构。往往只有一些短期的讲座和培训，没有一个完整的教学系统来指导学生并遍及全国。遍地开花的乡村建设中，艺术与绘画专业背景的人员介入越来越多，长此以往，学科障碍和知识局限的弊端就会暴露无遗。由于艺术家与设计师陷入单一知识短板的"技术乡建"的怪圈，不能自拔，只能以技术为主导进行"美丽乡村"的改造工程，进而生产出一批批粗糙、廉价的"乡村制造"与"乡村产品"。大多是这几种模式：自我表达——脱离文化精神的"设计"套路；化妆美容——立竿见影的暴力"美学"模式；主观臆造——异想天开的乡村"景观"制造。究其原因，是因为他们对乡村的认知陷入本质主义的误区，对乡村的改造陷入技术主义的障碍，对乡村的设计陷入精英主义的想象，对乡村的介入受困于单一学科的局限。

青田学院要以天下为己任，发挥出独特的学科优势以及人才优势，及时解决和调整目前乡村建设中存在的问题和误区，要承担起这个时代的责任和历史使命。在成立青田学院之前，我们和顺德农业局合作举办了几期"乡村建设大讲堂"，邀请了文化遗产保护、乡村问题研究、建筑与规划，以及社会及人类学方面的专家学者，为顺德地区的乡村建设基层干部做了短期培训，为他们乡镇的乡村建设提供了很好的理论与实践教学，收到了很好的效果。青田学院将要在乡村建设人才培养方面做出更多的贡献，经过十多年的艺术乡建实践，我积累了多学科与跨界整合参与的实践经验，并总结形成了系统的理论和方法论，完全可以进行有关艺术乡建从理论到实践的系统教学。让参与乡村建设与管理的人员经过学习与培训，形成一个基本的共识：主持乡村建设的乡镇干部认识到，乡村建设是建立在家园回归基础上的"建设"；进行乡村规划的人员理解到，必须基于自然风水布局进行乡村"规划"；热心乡村设计的文艺青年意识到，要着眼于日常生活样态进行"设计"；进入到乡村的建筑师们感知到，要尊重乡村民居家园进行"营造"。对于今天的乡村而言，倡导一个能够基于生活样式重建的乡村建设，适应新历史条件的乡村复兴这样一个文化任务，终于成为所有乡村建设之中的重中之重。因为这个问题真正关乎未来中国乡村的本质。

青田学院是为社会提供思想活力和创造性价值的知识智库。这将决定青田学院在历史变革中所承担的时代责任和价值走向，青田学院必须承担起这个崇高的历史使命。青田学院作为顺德地区当代艺术和乡村建设的的引领和先导，必须给社会提供前沿思想与文化观念，贡献取之不竭的想象力和创造力。青田学院将会诱发异常深刻的乡村文艺复兴，有效解决目前中国乡村存在的困境与难题，也能重建"真善美"的真谛，从而激发这个迷失与痛苦时代的精神活力。青田学院是在中国社会面临转型和文明复兴的背景下，以崭新的方式，将国际当代艺

榕树头基金会向广工
艺术与设计学院捐赠
"渠岩乡村建设奖学金"

术思想与策略带入青田，在乡村创作出一批影响时代的创新成果与作品。青田学院不是传统意义上的实体学院，更不是传统意义上的僵化教学，而是让陷入困境的当代艺术教学找到出路和方向，使其重新回到中华文明的母体——乡村，获得灵感、活力与激情。青田学院将启动当代艺术创作计划，包括"铁皮屋"多媒体实践计划、"无祖之乡"主题影片拍摄计划等，这些作品将成为青田的永久收藏，将使青田和顺德地区积累一笔宝贵的文化与艺术财富。

榕树头村居保育公益基金会积极扶持有志于乡村建设的大学生，出资在广东工业大学艺术与设计学院建立了"渠岩乡村建设奖学金"，每年度奖励对乡村建设做出贡献的本科生与研究生。这也是青田学院

2019 两岸公共艺术
论坛在青田召开

乡村教学成果的一部分。这个奖励计划也将顺德企业家的爱心，通过乡村建设这个平台，资助大学教育和学生，让学生们在乡村建设的大潮中倾情投入。反过来，通过在乡村的考察调研、乡村文创设计、乡村建设保护、乡村社区营造、艺术乡村助学计划等方面锻炼自己，学生们也会在这些乡村建设活动中迅速成长。青田学院还会配合乡建团队把青田作为乡村研学基地，并作出相应的努力和举措。这也是"青田范式"理念中有关耕读传家的重要组成部分。在青田根据不同的季节，定期和不定期地组织中小学生参加各类体验乡村、感受自然、现场劳作、手工民艺、节庆民俗等活动，让城市里的孩子们在青田既能接触劳作，又能在体验乡村的过程中重塑自我，重新链接人和自然、土地的亲近感，完整地感受乡村的天、地、人、神世界，近距离地体验村民淳朴善良的日常生活。让孩子们在乡村中向村民学习各种农作知识，观察农作物成长的过程，学习土地与土壤的知识，天象与节气

的知识，知道从播种到收获的艰辛，培养孩子们珍惜劳动成果并富有
感恩的敬畏心，真切体验"谁知盘中餐，粒粒皆辛苦"的意义。孩子
们还可以感受到丰富多彩的民俗活动，熟悉乡村传承中的民风民情、
生活百态，以及绚丽多姿的民间工艺和手工产品。让孩子们在乡村将
真正影响中国人生活与信仰的仪式传统继承下来，再慢慢地融入到他
们的生活与意识当中，使真正的文明传统滋养他们的生命。这些乡村
的体验活动同样还能培养他们坚韧和忍耐的优良品质。通过一系列的
乡村研学体验活动，将会有效弥补城市课堂教育的局限与不足，将会
影响他们的一生。

落英缤纷

思维缜密的理论家总是对那些心直口快的实践家怀着一种特有的同情心，果敢刚毅的人对战战兢兢的人，强者对弱者也往往如此。我们即使很有天赋，也不免有所缺陷，就连我们当中最杰出的人，也能意识到自己的不足。因此，我们常常在朋友身上寻找自己所缺乏的品质，在团结中分享他们的秉性，从而感受到自己日臻完善。这样，朋友们便形成了小群体，在其中每个人通过保持自己的个性来发挥作用，并使真诚的帮助得以产生。

——［法］埃米尔·涂尔干《社会分工论》

青田乡村建设能从开始起步并走到今天，并且还能延续下去健康发展，除了村民的认可和基层政府的支持外，还离不开顺德的非政府组织"榕树头村居保育公益基金会"。这个基金会是由一群顺德有爱心有情怀的企业家组成，他们在推动顺德地区的乡村建设中起到了不可估量的重要作用，在青田乡建中的重要性不言而喻。从善款资金的筹措捐赠，到投入时间精力的全程参与，他们身体力行地为复兴乡村辛苦奔波，在各级政府和乡村之间协调工作，以及每年的一些具体乡建活动的策划组织和倾情参与，事无巨细，无私奉献，感动了青田，

影响了村民，收获了情感，影响了社会。

　　"中国的民间结社活动是一种具有浓郁汉文化传统的社会活动，有传统习俗、经济互助、派别团体和佛教社邑各种形式以及多种活动内容。会社的活动，发轫于先秦，自汉迄清，一直延续，其间虽有盛衰，其活动却并无停歇。"①中国人自古有结社的习惯和传统，也有学者考证说，中国古代社会最早突破血缘和氏族之间的结社兴起于春秋以后。看来中国的结社传统起源还是比较早的。在中国传统中体现伦理秩序的格局形式为"社会"组织，在伦理秩序基础上所构成的"社与会"，就是个人与共同体之间关系形成的文化特征。中国民间结社本身就具有互助互利的性质，以及社会救济和慈善的特征。今天所出现的"非盈利"组织，则是从近代西方学来的社会性公益组织，它是西方公民社会的核心组成部分，是公民社会自治秩序的基础。中国今天的公益组织，大多是受西方非营利组织和机构的影响，特别是在珠江三角洲地区，各类非营利组织以及活动非常活跃。这当然和这一地区市场经济体系的成熟和发达有关，也是对政府公共管理和市场经济影响的适时补充。无论是中国传统社会的"结社"，还是西方公益组织的"非

---

① 陈宝良：《中国的社与会》，中国人民大学出版社 2011 年，第 13 页。

榕树头基金会
全体成员

营利"，其理念都有其合理性的源头和脉络。中国的理念来自儒家思想的人本主义中所包含的"仁爱"内涵，其核心思想即是"仁"所体现出的"仁者爱人"的济世态度，这必然会产生"行善积德"之行为，并会随之将"穷则独善其身，达则兼济天下"之道德情怀，体现在"乐善好施"中助人为乐。西方所体现出的"慈善"和"公益"理念则来自于基督教中的"爱人如己"的精神，将"人心当中没有泯灭的良心"通过"施比受更为有福"的爱心，在社会中传递并发挥积极的作用。

这群满怀理想的企业家，在顺德虽然不是最富有的，但绝对是最有情怀的，他们秉持"顺行乾坤、德化桑梓"的理念，为了一个崇高的理想和美好的愿望聚集到了一起，他们对自己的家乡充满热爱和感激之情，并把这种情怀和爱心落实到保育家乡的行动中来。一片赤子之心，一方乡土之恋、一席家国情怀，都融入在身体力行的行动中来。他们满怀热情地将行动宗旨定为："推广乡建正确理念，发掘乡村价值，推动乡村振兴"，并创立"学术引领＋公益支持＋商业运营"的创新协同架构，这也体现出顺德人和顺德企业家的公共精神与道德立场。他们在保育家乡和建设乡村的实际行动中，树立良好的社会形象，影响更多的人，并整合社会资源，积极投入到乡村复兴的社会大潮中来。

顺德的政商环境相对比较好，我虽然来的时间不长，但也将信将疑。毕竟对广东地区的社会生态完全不了解，我只是顺德作为一个经济奇迹早有耳闻，并对"可怕的顺德人"之美誉，感触很深，感觉顺德和山西完全不同。我也和许多北方的基层干部打过交道，这点感受尤为深刻，相比之下，顺德的政府干部普遍不愿空谈，他们也不是不善言谈，但不喜欢讲空话、大话、套话。他们也知道有些东西不能改变，但他们不会拘泥于一个刻板和固定的程式止步不前，做事灵活变通，而不会卡在一个看似密不透风的空间里无所适从。如果等待有一天别人将这个空间从外部打开将你解救出来，那时再行动，可能一切机会都没有了，看似采取了安全保险的做法，但最佳时机也错过了。他们总是想尽一切办法，在不违反政策和法规的前提下，将事情做成，将事业做好。他们有基本的判断能力，也会坚守做事的底线，不会拿原则做交易出卖自己。只要这个事情的大方向是正确的，他们就会用一种既不触碰某些禁忌和底线，又以灵活的话语转换方式完成。这真是让我大开眼界，反过来我也明白了为什么顺德经济发展得这么好，社会环境也让人称道。顺德一直被认为是年轻人最好的创业之地，并不仅仅是说"投资环境好"这样的空话，也不单单是说"有完整的产业链"可以解释。在顺德时间久了你就会感受到，不管你是初来乍到两手空空，还是初出茅庐毫无背景，都可以在一个相对公平的市场环境里创业和竞争，不像有些北方地区完全靠权力和关系才能生存和发展，那里的大环境已经完全固化和板结，社会已失去活力和土壤，没有雄厚资本和关系的陌生人、年轻人，很难短期有出头之日和成功之时。当然，在这里我并非想贬低某一方面，而只是想说地域文化、历史传统可以影响和改变一个人的思维方式和做事风格。

我在前面也介绍了榕树头基金会当初的成立盛况，事实证明，他们不但坚持下来了，并且越做越好。这些企业家将自己创业的激情和实干精神也带到了基金会的公益事业中来。从乡建公益理念的建立，到各种社会资源的整合，以及落实到青田乡建的具体实践中，都显示出了他们丰富的阅历、超凡的能力，真诚的投入，以及无私的奉献。他们虽然来自于不同行业和岗位，也都在各自领域取得了很大的成功，但从没见过他们居功自傲和自以为是。这既是一支和谐友善的团体，又是一个充满活力的组织，从没有违和感和生疏感，他们热情、纯粹、真诚、团结、有凝聚力，既传承了顺德文化优秀的传统底蕴，又能代表当代社会的文明精神。早有耳闻说顺德人非常团结，他们自然也非常珍惜和热爱这个集体，虽然是自觉自愿，但他们都拿出高度的责任与极大的热情，在顺德地区的乡村建设复兴大潮中，榕树头基金会迅速获得赞誉。这首先来自于他们对家乡的热爱，以及他们只争朝夕的精神和务实肯干的作风。这一切都使我大开眼界，这也是我很少见到的一支团队，能有如此旺盛的精力和与团结协作精神，又非常善于学习，他们在做乡村建设之前，和大多数社会上的人一样，对乡村的价值判断缺乏认识，对乡村的历史认知和文化判断，都存在着或多或少的误区。其思路还停留在"美丽乡村"改造与"乡村旅游"开发上。基金会成立以后，他们首先提高自身对乡村价值的认识，提升乡村建设的意义，将乡村建设的实践和国家乡村振兴战略结合在一起，将青田的乡村建设具体落实到整体恢复乡村传统文化的理念中去，将传统文化在乡村复兴中融入和转化到现代化的生活之中。他们还充分利用这个平台，邀请了许多国内知名的文化学者和乡村建设方面的专家教授来顺德指导。他们一边实践一边学习同时也迅速成长，并将吸收的知识转化到工作当中，融汇到乡建实践中去。他们不但将具体的青田乡建工作做得有声有色，还将这些正确的乡建理念以及实践方法介绍到顺德的其它乡村，使之少走弯路少犯错误，充分发挥对顺德地区乡村振兴的引领和带动作用。基金会不但有乡村建设的具体实践项目，还对顺德传统乡村文化和历史文化做了大量的整理、挖掘和保护工作。每年 3·19 基金会的成立纪念日，都要举行"中国乡村文化活动日"活动，每年和顺德农商银行联合举办"美丽乡村创意竞赛"活动，还整理举办了顺德近代文化名人黄节的生平展览。基金会每年还有一些年初工作启动、慈善捐助以及年度总结活动，有计划有步骤地将自己的乡建理想和社会抱负落实到具体的社会行动之中。几年的青田乡建工作，我和基金会的朋友们朝夕相处，由乡建工作开始到建立感情，和他们结下了很深的友谊。我要在此为他们画像，为他们立传。组成了顺德乡村建设群英谱：

先说徐国元，从 2015 年的顺德区政务委员，到今天的顺德区政协副主席，虽然行政职务和工作角色有了转换，但他在我心里的印象一点没减弱，反而越来越深刻，形象也越来越清晰。几年的事实证明，乡村建设才是他真正的兴趣所在，乡村建设的工作更让他倾注了所有的精力和感情。说他是基金会的灵魂人物一点都不为过，他也确实当得起所有人的爱戴，他们都称其为精神领袖。我和他初次相见是 2015 年底，我当时在广东工业大学艺术与设计学院任教，开始对他印象的确不深；第二次见面是受他邀请去顺德考察乡村，这一次加深了对他的印象，第三次是我又赴顺德，在一起商谈如何在顺德进行乡村建设，对他有了深入的了解。我向他大致介绍了在山西太行山许村的多年乡建经验，以及具体的实践路径和方法，徐国元委员反应机敏，立刻就能抓住事物的核心和重点，我心里也很受触动。他立马就意识到，乡村建设不能完全依靠政府去做，因为当时特殊的原因，政府各项政策都在逐步收紧，体制的局限和领导任期的制约很难完成长期复杂的乡建工作，当务之急是要寻找一个既行之有效还能长期延续的组织机制。因为只有建立一个有效的机制，才能保证推进理想的乡村建设实践。徐国元所提倡的就是用民间资源成立社会组织，用社会力量推进乡村建设。徐国元是顺德本地人，在此出生和长大，在家乡长期深耕，了解这里的一山一水，具有广泛的人脉关系和深入持久的影响力，他发起和成立了这个基金会并投入了巨大的精力和感情。他为了表示以身作则和身体力行的态度，首先发动自己的弟弟拿出钱来加入基金会，给大家做出了表率。

徐国元坚毅果断，既充满智慧又非常积极主动，他做事只争朝夕，雷厉风行，常常推着我们往前走，也很无私，并以身作则。有些地方的领导干部，对当代艺术家群体既不了解，有些还存在着一定的偏见，又不主动学习，所以会对当代艺术一知半解，甚至认为当代艺术家桀骜不驯、特立独行，崇尚批判精神，敢于揭露黑暗，和主流背道而驰，搞不好或许会给他们招来麻烦。他们嘴上不说，但内心里却要考量一番，他们往往并不是从工作和事业上考虑，而只是衡量个人得失，怕影响自己的仕途。但徐国元不同，他总是说，只要我们出于公德心而不存私心来考虑问题做事情，就不会患得患失，也就不怕犯错误。他既能诚恳地与他人交流，又能适时调动并激励他人，总是能发现别人

基金会为获奖
村民颁奖

哪怕一点点的优点来鼓励别人。他还有一句肯定我们艺术家的话，使我记忆犹新，他说在今天乡村的困局中，只有艺术家可以做乡村建设。我理解他这句话的意思，他当然不是贬低别人的意思，也不是说别人不能做，而是看到了艺术家有着文化建构能力和具体实践的方法，适合于目前的乡村建设，比如可以和乡村建立起一种长期的情感关系；有着独特的理论和观念，不同于简单粗暴的技术治理，以及艺术家独特的创造性和身体力行的动手能力。

徐主席非常善于学习，兼容并蓄，能主动接受新文化和新思想，对新的实践也非常认同和支持，对我也是给予了充分的信任和支持。他也会策略地告诉周围的人，也让他们信任我。除了坚信自己的判断之外，他也有说服别人的理由和逻辑，因为广东工业大学陈新校长对我的信任，聘请我做大学教授，主持城乡研究所。大学校长都充分地信任我，那我们还有什么可怀疑的呢。他的意思是，万一有什么问题和风险也有陈校长担着，这个比喻很有效果，会让不了解我的人吃上一颗"速效定心丸"。因为我说话毫无城府又不会拐弯，看到虚假丑恶之事就义愤填膺，见到不平之事就想拔刀举枪，但他也从没担心过我会给他捅什么篓子。鄙人很容易被感动，有如此信任我之人，我必将尽犬马之力。当然，不乏有身边是非之人对我挑刺警惕，说我有批评弊端之言行，就怀疑我思想有问题，甚至会给我扣上一顶大帽子，就算没有大问题，也起码政治觉悟不高。徐主席几句话就将对方说得哑口无言。他也不是无理由地袒护我，而是用事情说话，他说渠老师早年为了回国，都放弃了欧盟的绿卡，你们几个人能做到？我们不说他回来为了报效祖国，那最起码放弃国外的绿卡回来，也是一种态度吧。你们今天还想尽一切办法，纷纷准备出国举家移民，这是什么觉悟和境界？我们也不会说渠老师回来觉悟多高，但实际行动胜于雄辩，我们不要看一个人怎么说，而要看他如何做。

徐主席健康阳光，很有感染力，做事沉稳淡定，配得上当今流行的一句话"举止端庄，遇事不慌"。他也有高度的社会责任感，有一件事让我印象很深并感动了我。我酝酿了好几年，想在广东工业大学艺术与设计学院建立一个"乡村建设奖学金"，想以此推动和鼓励我们学院的学生们积极踊跃地投入到乡村建设中去。我原想自己筹措资金，或者出售我的作品来做这件事情，前年正值我校校庆，就想趁校庆之际实现这个愿望。所以就求助徐主席，我告诉他以后，他二话没说立刻答应为我校筹措这笔奖学金。果然，第二天就跟我说落实好了此事，说是顺德一个企业家赞助的。我非常感动。徐主席如此支持奖励积极参与乡村建设的学生们，也是由于他早期做过顺德教育局的领导，对教育有着特殊的感情和意义。我们认识的时候，听说他们正在筹备一个保护乡村的公益组织。

　　马锡强是地产商人，作为榕树头村居保育基金会的首任会长，为基金会早期的成立和发展，为青田乡建实践的顺利实施不辞辛苦尽心竭力，做出了艰苦的努力和巨大的贡献。他为人敦厚谦逊，做事低调务实，待人接物非常舒服温暖。他有很大的人格魅力，其诚恳的态度会迅速赢得别人的信任。在社会上他是一个成功的企业家，同时也是一个具有公共情怀和社会责任感的人。他的地产项目在逢简，同时也在逢简做了大量的公益事业，不论是传统节假日的民俗活动，还是公益性质的助学敬老活动，他都慷慨解囊热心捐助，其奉献精神赢得了人们的广泛赞誉与积极评价。作为基金会的的首任会长，他为基金会倾注了大量的精力和心血。基金会的任何琐事杂事都离不开马会长的身影，许多场合他都要代表基金会出面并力亲为，让我感动的是，他经常为了基金会和乡建工作做出了许多额外的付出。为了装修整修"青田学院"的环境，他亲自陪我几次去大良的旧货市场淘购家具，去陈村的花卉市场采购树苗。他也将自己"粤晖花园"会所当成了基金会的招待所和宴会厅。几年来，凡是来青田的朋友，包括众多专家学者、艺术家、大专院校的师生以及各界朋友和各级领导，都接受过马会长在粤晖花园的热情欢迎和盛情款待。

　　胡启志是榕树头基金会的监事长，在基金会成立时也起到了举足轻重的作用。他也是最早介绍我到青田来的关键人物，也是我最早认识的顺德人。我记得是第一次在广东工业大学见到来访的他和徐国元、马锡强等人。胡启志第一眼看就是典型的广东人，皮肤黝黑消瘦，最初给我的印象是为人热情礼貌，善言谈，能攻关，具有广泛的人脉和良好的社会关系。作为广东省工业设计协会的会长，他在工业设计圈有很高的地位和影响力。他做事勤奋刻苦，好学习勤思考，为人精明聪慧，遇事能审时度势衡权利弊，信手拈来为自己所用，也能适时抓住机会打开局面。从基金会成立到推广，以及初期进入青田乡建，他链接了大量的人脉和资源。他还在青田以及马冈等乡村，联合调动本地设计师推广"缮居工程"，为许多村民居住条件的改善奉献了爱心与行动，在佛山地区产生很大影响。胡启志将广东工业设计协会的工作做得风生水起，驾轻就熟，丰富多彩，影响很大。我经常在其微信上看到他日理万机，不是在主持与参加各类级别的工业设计会议，就是密集频繁地在各种会场发奖和领奖。

何卫东原是基金会副会长，2019 年底基金会换届接任第二任会长，2000 年正式开启他作为基金会第二任会长的任期，基金会也将要随着他的上任掀开新的一页。何卫东和许多顺德的企业家一样，低调含蓄，沉稳内敛，有大将风度，温文尔雅，兼具艺术修养。其主持开发的番禺紫泥堂艺术区不同凡响，在广州一带产生很大影响，他在广州的文化艺术圈也有很深的人脉关系。我印象深刻的是当初在逢简看到的一个茶艺空间，使我在乱哄哄的逢简景区眼前一亮，一打听才知道是何卫东做的一个小空间。他还有一个空间在大良，基金会很多活动和会议也在那里举行，他也在那里接待了很多来顺德的朋友和客人。由于何卫东始终如一地热心公益事业，坚定不移地投身乡建行动，从 2020 年开始，不负众望地当选榕树头村居保育公益基金会第二届会长。2020 年 3 月 19 日，在顺德举行了基金会的换届仪式，何卫东在会议上正式上任，开始了带领基金会投入乡建公益事业的新征程。

张志军副会长是佛山南海人，成功的企业家，基金会里只有他一个是外乡人，虽说南海离顺德不远，据说是被顺德乡风民情和人气所吸引加入基金会的。此人和印象中的南方人有所差异，他为人硬朗豪

社会学系
教学科研实践基地

陈碧云向顺
德区委书记
郭文海回报
乡建成果

基金会成员赴北京参加"中国艺术乡建展"开幕式

爽，热情果敢，快人快语，做事干脆利落，雷厉风行而不拖泥带水，基金会和青禾田出现一些棘手的问题，就会让张会长出面解决。早年逢简文化中心投标之事就可看出他遇事不慌，临危不乱。由于当时的局面错综复杂，两家机构都想进驻"逢简文化中心"，但镇政府只能选其一家，在招标现场双方尽全力势在必得。面对如此复杂的局面，张总在现场横刀立马，寸土必争，最后才取得了相对圆满的结果。为基金会下属的"岭南乡村建设研究院"和"青禾田文旅公司"争取到一块风水宝地。除了办公之外，基金会还在这个空间创立了"逢简文化创意中心"。

杨子源原来在马会长的地产公司属下的粤晖花园工作过，基金会成立后，马会长全面主持基金会工作，杨子源也就理所当然地过渡到基金会工作了。他先期负责青禾田公司的工作以及基金会的日常工作，荣任秘书长也是最近两年的事情。第一任秘书长由于其他原因离任，后来一直没有找到合适的秘书长人选。由于他的工作能力很强，做事踏实，任劳任怨，徐主席才发现"踏破铁鞋无觅处，得来全不费工夫"，所以他就被推举到秘书长这个位置上了。杨子源果然做得有声有色。由于基金会事务繁多，杨秘书长就更加繁忙，大事小事，事无巨细，都需要秘书长出面解决。杨秘书长也是不负众望，待人彬彬有礼，做得井井有条。杨秘书长也善于学习，对艺术的领悟也很高。他不但愿意学习，而且很勤奋，外面的一些艺术活动，他都抽出时间踊跃地参加，这几年他亲赴许村参加了两届许村国际艺术节。给我留下印象最深的还有一件事，去年春天，陈丹青在香港"唐人画廊"举办画展，我准备从顺德过去参加开幕式。由于我没在北京办理港澳通行证，所以就拜托基金会帮我在顺德办理。说者无心，听者有意。第二天早晨在顺德码头上船去港，没想到在船上见到杨秘书长，没想到他也和我同船去香港参观陈丹青的画展。我很意外也很惊喜，这样在香港有了粤语翻译，一路同行也方便了很多。杨秘书长温文尔雅，张弛有度，放松时偶尔耍点幽默但有时欠点火候。由于他的修养好，反而显得我修养不够，脾气欠佳，想来惭愧，还需慢慢修正。

　　陈碧云是中途加入基金会担任专业理事的，来到基金会以后她很快就担任了岭南乡村建设研究院的常务副院长。她前几年做过勒流镇的副镇长，辞职后赋闲在家没多久，就有很多机构请她出山主持局面，榕树头基金会抢先一步，将其招入麾下。巾帼不让须眉，果然是大将一员，她出身名校中山大学，先期在顺德政府规划部门工作，后来在乡镇主持工作，做乡村建设驾轻就熟，游刃有余，是一位"治大国如烹小鲜"般的乡建人才。她看似文弱谦逊，但柔中带刚，不怒自威；性格阳光灿烂，如沐春风，走路轻盈却富有节奏感，看似瘦小的身体里却隐藏着巨大的能量。她做事不温不火，不紧不慢，但做事效率很高，工作质量一流。我们之间是接触最多的，我每次到达青田，第一个见面的必定是她，我虽挂名乡建院的院长，但乡建院的日常工作都是由她负责。她就像一个运转系统的轴心，但转得有条不紊，效率很高。她从中协调基金会、乡建院、青禾田以及区镇两级政府有关部门的工作，还有一些重要客人的接待工作也是由她负责，同时她对我们的生活也关怀备至，显示出女性特有的细心和关爱。

佘永亮加入基金会后担任青禾田公司的董事长，我认识他时间很长，并给我留下了很深刻的印象。他性格谦逊低调，待人热情诚恳，是顺德很有影响的企业家。他的家乡在容桂马冈，佘氏一族在当地声名显赫，历史上英才辈出，最有影响的当属为抗清将领袁崇焕第17代守墓人佘幼芝。1630年，抗清将领袁崇焕被处死后，其麾下部将冒险将袁将军的头颅取走，偷偷葬于北京自家宅内，并留下祖训命子孙世代在此守墓。这位袁将军的部下就是出生在广东顺德马冈村佘氏家族的佘明德，也是佘幼芝的先祖，他们世代在此为袁崇焕将军守灵至今。通过佘家世代的义举，我们看到了人间道义留存。佘永亮也继承了这种良好的家风，他在家乡威信很高，并担任佘氏宗亲会会长，他也有社会担当精神，前些年一直是顺德青年企业家协会会长，现任顺德区政协常委。他为家乡和顺德做了许多公益善事，致力于推动家乡环境保护的公益事业。

梅策迎博士开始是作为基金会的理事出现在青田乡建中，后来很快就进入广东工业大学艺术与设计学院任教，也正好搭建了榕树头基金会和广东工业大学沟通的桥梁。作为副院长的梅博士在繁忙的教学工作之外，也将许多资源和时间放在青田乡建实践之中。他在学院分管研究生教学工作，也将进一步把青田学院和研究生教学结合起来，探索出一条在乡村实践中融入艺术设计教学的最佳路径。

林涛作为基金会理事举足轻重，据他自己说姥姥是青田人，那这里就是他的家乡了。他的确对青田的乡建工作责无旁贷。他在基金会中属年富力强的一代，事业正在上升期，不像有些理事已功成名就可以舒缓一些。他每天还在企业打拼管理，忙得不亦乐乎。开始我还经常见到他，后来就人影也见不着了，不过据说他对基金会的工作还是热情不减，一如既往地支持。

方燕尊称"燕姐"，虽说她走路没有燕子般轻盈，但说话仿佛燕子声清脆。她来到青田时，正值青田西边三号院刚装修好投入使用，或许由于她的到来，三号院的屋檐下也招来了一群燕子，像是一家人，这也是有吉祥之意吧。方燕以前可是在大酒店做过管理工作，屈尊下嫁来到青田小村子工作，但她没有不适应的感觉，很快就在青田开展工作独当一面，成为青田乡建在地团队的大管家。她长期驻留在青田，有着丰富的工作经验和遇事的应变能力，她每天要面对村民，与村民沟通交流，又要处理很多突发的棘手问题，承受了很多压力和委屈。她还要接待外界来访的客人，具体的接待工作非常地繁琐，但方燕都能处理得井井有条。

何智勇也是火线加盟青禾田公司团队，他也是做过乡镇一级的领导工作，对乡村有一定的了解，有乡村的实际工作经验。他一边要处理村上公司遗留下来的棘手收尾工作，同时还要考虑青田下一步的运营和发展。

基金会还有很多可爱可敬的人，在这里不能一一列举，比如杏坛美少女梁江盈，待人如沐春风，不恋大都市热爱家乡，一心一意在基金会工作，我认为她是基金会的形象代表。还有任劳任怨，做事低调的杨厚基；才华横溢的马哲行，小马哥率真可贵，有独立的思考与判断能力，是顺德文化的传承者与研究者。总之，他们都给我留下了难忘的印象，这些可爱的人也给了我长期在青田做乡建工作的最大信心和力量，在此我要由衷地向他们表示敬意。

青田乡建年表

2015 年 12 月初，广东工业大学城乡艺术研究所所长、当代艺术家渠岩，受时任顺德区政府政务委员徐国元、广东工业设计协会胡启志邀请来顺德做乡村考察。

2015 年 12 月 6 日，渠岩由时任顺德农业局局长何允唐、区农业农村局副局长叶彩洁陪同，杏坛文宣办工作人员、青田人刘伟杰引荐，第一次来到青田。渠岩被水乡青田吸引，决定在青田做乡村建设。

2016 年 3 月 19 日，顺德榕树头村居保育慈善基金会在顺德江义古村成立，以此举措积极推动顺德地区的乡村建设。顺德企业家马锡强被推举为基金会会长。在成立大会上，榕树头基金会、杏坛镇与广东工业大学城乡艺术建设研究所，三方共同签约乡村建设战略合作协议，并决定实施青田乡村复兴计划。

2016 年 5 月，广东工业大学校长陈新，由顺德区委常委、杏坛镇党委书记谢顺辉，广东工业大学艺术与设计学院书记黄学茭和副院长胡飞陪同，亲自来青田考察。

2016 年 6 月，广东工业大学城乡艺术建设研究所与杏坛镇政府签署青田乡村建设与文明复兴合作项目书。

青田
范式

2016 年 9 月，由榕树头村居保育慈善基金会投资推动的，青田首批民居改造计划 1、2、3 号院启动。

2017 年 3 月 19 日，在青田举行的榕树头村居保育慈善基金会成立一周年的庆典上，由中国工程院院士、建筑大师孟建民发布"中国乡村文化活动日"，渠岩根据自己十年的乡村建设经验，在青田提出中国乡村建设新理论，在大会发布《青田范式：中国乡村复兴的文明路径》。广东工业大学城乡艺术建设研究所青田工作坊、广东岭南乡村建设协同创新研究院（由广东工业大学、榕树头村居保育慈善基金会、杏坛镇政府三方成立）佛山市顺德区乡村建设研究院、在青田挂牌。

2017 年 4 月，榕树头村居保育慈善基金会正式进驻青田，推动青田乡村建设工作。

2017 年 5 月 由榕树头村居保育慈善基金会推动，佛山市设计师协会实施的，为青田村民修缮民居的"缮居工程"在青田启动。

2017 年 5 月 20 日 青田村民自发组织的"青田坊慈善基金会"成立，由新乡贤和有爱心的村民捐款，宗旨：敬老，扶贫，助学。

2017 年 9 月 23—26 日，著名社会学家，北京大学人文社会科学研究院常务副院长，北京大学社会学系教授、博士生导师渠敬东来青田考察。

2017 年 9 月 19 日—21 日，国家艺术基金乡村艺术建设人才培训计划在青田举办，30 多名来自全国各地的学员接受了专家的培训课程。

2017 年 10 月 5 日，佛山市市长朱伟、顺德区委书记郭文海来青田调研，充分肯定青田乡村复兴的理念与实践，并给予大力支持。

2017 年 10 月 20 日，杏坛镇举行"青田乡村建设、规划与文明复兴"

项目汇报会,渠岩在会上汇报了青田复兴项目书,获得镇政府通过。

2017 年 12 月 5 日,榕树头基金会发起"青田家园行动",青田乡建工作者成为志愿者,每周四下午为青田义务劳动一小时。队委、村民、社会热心人士加入了家园行动,村民对乡村家园的热爱和责任感得到了提升。

2017 年 12 月 17—18 日,上海华东师范大学人类学研究所学者张晖到访青田。

2017 年 12 月 25 日,全国政协常委李崴到访青田,与渠岩交流青田范式。

2017 年 12 月 28 日,佛山市农业局局长唐棣邦到访青田。

2018 年 1 月 27 日,佛山市市委副书记、顺德区委书记郭文海到访青田。

2018 年 3 月开始,中央电视台纪录片频道《再造故乡》栏目进驻青田,开展了表现与记录以渠岩为代表的艺术家介入乡村建设的经验,将要长期在青田拍摄,并在央视播出。

2018 年 3 月 19 日,广东省委宣传部副部长郑雁雄到访青田。

2018 年 3 月 19 日,广东省农业科学研究院研究员廖森泰向青田村民讲述顺德桑基鱼塘的故事,以及如何通过桑基生态,发展有机农业,构建良好的人与自然的关系。榕树头基金会举办的公益讲座"青藜讲座",邀请学者讲述本土传统文化故事,与青田村民充分沟通和情感交流,传达共建家园和构建美好生活的祈愿。

2018 年 5 月 18—24 日,由北京大学人文社会科学研究院、广东工业大学艺术与设计学院、顺德区杏坛镇人民政府以及榕树头村居保育公益基金会,联合主办"青田论坛"暨顺德乡村考察活动。这是国内最高层次的乡建论坛,由中国著名社会学家、人类学家、历史学家和艺术评论家等 18 位顶尖学者围绕"中国南方乡村的变迁与重建"主题展开讨论。学者们从青田乡建实践的审视和思考出发，探讨更广泛意义上的乡村问题，为青田和岭南地区的乡村建设提供重要的思想资源。

2018 年 5 月 20 日，著名摄影家何崇岳先生为青田村民拍摄大合照。青田是村民祖祖辈辈共同生活的家园，也是一个温馨的大家庭，每一位村民都希望回归家庭的温暖，彰显往昔家族的荣耀和家乡的繁荣。

2018 年 5 月 14 日，《南方杂志》报道："顺德杏坛：'青田范式'能否探索出复兴乡村文明新路径"。

2018 年 5 月 25 日，由顺德区农业局与岭南乡村建设研究院主办的"乡村振兴大讲堂"首期在青田举行，由渠岩教授主讲"乡村复兴的意义与建设策略"。乡村振兴大讲堂致力于培养和提升顺德乡建工作者和村居基层干部对乡村振兴的认识和理解，传播乡建理念和实践方法。

2018 年 6 月 10 日，青田村民逐渐接受了渠岩教授的乡村保护理念和措施，参观老宅修复项目后无不赞叹羡慕，一些原来准备拆旧房建洋楼的村民，也改变了想法，纷纷向乡建团队主动请教，为他们改造民居提出建议和帮助。

2018 年 6 月 18 日，赵勤+妞妞乐队特意为村民准备了一场"妞妞与歌：致青田"民谣演唱会，让村民共享一个不一样的端午节。青田舞蹈队在演唱结束后上台起舞，将气氛推向另一个高潮。乡村民谣演唱会不仅是一场演出，更是一座桥梁，可以让音乐和艺术走进每个人的心里，让传统和当代文化的魅力相融合，为乡村生活注入更多元的活力。

2018 年 6 月 19 日 −21 日，美国加州州立大学北岭分校艺术史教授，海外学者，长期观察、专门研究中国艺术家介入乡村建设实践的著名华裔教授王美钦到访青田，参加龙母诞活动。

2018 年 8 月 25 日，中央电视台新闻频道《新闻调查》43 分钟专题报道青田："乡村 2018（三）回归家园"。

2018 年 9 月 24 日，在渠岩教授策划、北京大学哲学系吴飞教授的指导下，青田中秋烧奔塔民俗活动重新注入文化内涵，重现青田成人礼仪式，让村民回到曾经熟悉的礼俗传统中，让社会重新认识礼俗的意义和传统的力量，重建乡土社会道德秩序。

2018 年 10 月 9 日，《人民日报》专题报道青田："谁是乡建的主体"。

2018 年 10 月—2019 年 1 月，佛山市财政支持 2000 万元用于青田公共建设和乡村保育，杏坛镇政府负责项目统筹和实施，包括污水处理、河涌清淤、文物修复、石板路修复等的工程项目已于 2019 年 1 月完工，青田村落环境更加舒适美好。

2018 年 11 月 10 日，广东工业大学成立 60 周年之际，榕树头基金会捐赠 50 万元在艺术与设计学院设立"渠岩乡村建设奖学金"，希望助力乡建人才培养，推动正确乡建理念的传播，带动年青人投入到乡建研究和实践中，并吸引社会对乡村保育和振兴的关注和支持。

2018 年 12 月 10 日，"广东工业大学青田学院"在青田揭牌成立，广东工业大学党委书记、校长陈新，广东工业大学艺术与设计学院黄学茭，顺德区委常委谢顺辉，顺德区政协副主席徐国元，广东工业大学城乡艺术建设研究所所长渠岩教授，杏坛镇党委书记柯宇威等相关领导出席揭牌仪式。青田学院是广东工业大学落地青田的艺术乡建研究与教学机构，也是与榕树头村居保育公益基金会的合作乡村建设的学术项目，承担着艺术乡建的教学、科研、创作与交流任务。

2018 年 12 月 11 日，是中央人民广播电台《中国乡村之声》栏目专题报道："站在潮头看振兴 ｜ 文化自信，青田村传统血脉留乡魂"。

2019 年 3 月 2 日，佛山市顺德区委常委、区委宣传部部长唐磊晶到访青田学院，与渠岩教授商议青田端午当代艺术龙舟活动和中秋烧奔塔暨成人礼活动。

2019 年 3 月 3 日—4 月 10 日，由中国艺术研究院主办的"中国艺术乡村建设展"在北京中华世纪坛展出，由广东工业大学城乡艺术建设研究所所长渠岩教授策划的"从许村到青田"，成为本届展览的三大乡建案例之一，"青田范式"由此引发全国的广泛关注，艺术如何介入乡村振兴，"青田范式"给出一个顺德乡村振兴的答案。

2019 年 3 月 23 日，央视移动新闻网报道"中国艺术乡村建设展览"："当艺术遇见乡村 重塑乡村生存形态和精神观念。"

2019 年 3 月 28 日，青藜讲座邀请中山大学古典文献学博士梁基永为青田村民讲述顺德李文田家族家风传承的故事，讲座还吸引了来自勒流、均安等地的青年，他们主动加入了保育传统、振兴乡村的思考。青藜讲座至今已举办六期，受到青田村民的喜爱和热情参与。

2019 年 4 月 5 日，广东广播电视台《广东新闻联播》报道："顺德：打造乡村振兴'青田范式'"。

2019 年 4 月 18 日，中央电视台文化频道《文化十分》栏目专题报道青田：艺术修复乡村："找回乡村灵魂 重构乡村价值"。

2019 年 4 月 20 日，"杏坛青年对话艺术乡建专家共谋乡村振兴发展活动"

在青田学院举行，渠岩教授与来自杏坛逢简、马东、右滩等村的青年代表就乡村价值、乡建理念、实践方法等进行交流。渠岩认为青年一代肩负民族的责任与未来，杏坛有一帮很热爱家乡的青年，希望他们在具体的实践当中找到好的方法来推动乡村振兴。

2019 年 6 月 6 日—10 日， "上善若水——当代艺术龙舟"活动举行，包括"歌谣篇""行为篇"和"龙舟篇"，用当代艺术的方式激活传统及民俗，用"热爱家乡、保护水源"这一环保理念，唤醒民众对乡土的热忱和保护水资源的意识，使民俗活动更具时代性与文化意义。与此同时，因当代艺术家的行动实践——艺术参与、在地创作、文化互动与情感创造力，而使"游龙舟"活动在时空上具备更开放的意义架构及现实传承的可能性。在以"游龙舟"为主题的节庆活动中，当地政府、艺术家和积极参与其中的村民，一起用他们各自的行动、激情及想象力，来共同倡导这种保护环境的人与自然的和谐关系。

2019 年 7 月 3—7 日 四川美术学院当代视觉艺术研究中心副教授、博士周彦华到青田访问调研。她的研究方向：西方现当代艺术史、艺术批评。

2019 年 7 月至今， 杏坛镇政府、广东工业大学艺术与设计学院、岭南乡村建设研究院共同推动青田研究生村计划，旨在深化和延伸"青田范式"内涵，以青田乡建实践为基础，以青田学院为平台，通过在地交流、专业培训、田野调查等方式吸引全国艺术乡建人才汇聚青田。

2019 年 7 月 6 日—12 日， 广东工业大学艺术与设计学院 12 位师生在青田开展暑假社会实践调研活动，围绕"美育党建进乡村"为主题，形成"学院＋地方"的特色模式，引导当下的青年群体为乡村振兴注入新的活力。

2019 年 7 月 6 日—13 日，11 位北京大学社会学系师生来到顺德杏坛镇，分别对龙潭青田、古朗、逢简等村落开展关于宗族脉络、民间信仰、水利水系三个专题的社会调研。这是北京大学社会学系连续第二年到顺德进行实地走访和民间社会研究，顺德开放多元的社会活力、丰富深厚的传统文化、自信包容的民间特质，成为了北大研究南方乡村社会变迁的重要基地。

2019 年 7 月 31 日，中山大学哲学博士、广州美术学院实验艺术系教师周钦珊，在青田学院为顺德基层干部、乡村工作者开讲第七期乡村振兴大讲堂，分享溪南村乡建观察：以古村保护为契机探索乡村治理机制。

2019 年 8 月 13 日，澎湃新闻："乡建｜渠岩反思艺术乡建：越了解乡村，才会越小心"。

2019 年 8 月 17 日，广东省肇庆市副市长陈家添到访青田学院，听取渠岩教授的青田范式内涵和青田乡建实践成果。

2019 年 8 月 29 日—31 日，荷兰学者、香港中文大学艺术系博士后 Mai Corlin（林美）到访青田。

2019 年 9 月 6 日，广东工业大学杰出校友、广东方直集团董事长陈专到访青田，与渠岩教授会面交流。

2019 年 9 月 6 日，广东省文化旅游厅党委副书记、常务副厅长曾颖如到访青田了解青田乡建理念和成果。

2019 年 9 月 7 日及 9 月 13 日，青田中秋烧奔塔暨成人礼民俗活动经过两年的开展，吸引了越来越多的本土青少年参与，他们获得了父母的认同和支持，村民及多方力量投入和配合，令活动得到更广泛的社会关注。活动文化顾问、中国对外文化集团新闻总监王洪波认为，成人礼是"礼仪养成，风俗活化，激扬生命，记录成长"，希望孩子们"诚实而明辨是非，善良而勇敢担当"。

2019 年 9 月至 12 月，在佛山市专项资金的支持下，青田老蚕房、青藜书舍、传经家塾进行修缮活化。老蚕房活化为乡建展览馆，全面展示青田乡建计划的理念和成果；青藜书舍为乡村学堂，恢复乡村教育、交流培训等功能；传经家塾为乡村图书馆，营造阅读空间、艺术课堂空间。

2019 年 9 月 26 日—11 月 26 日，在国家艺术基金的资助下，上海大学上海美术学院与塞内加尔黑人文明博物馆共同主办的"魅力中国 乡村振兴"塞内加尔展在塞内加尔首都、西非著名的文化中心达喀尔举办，青田作为全球 18 个案例之一。对于族群复杂、家族关系紧密、文化多样性的非洲国家来说，重建乡村共同体的"青田范式"，尤其令其乡镇管理者、社区工作者感兴趣。

2019 年 10 月 11 日，杏坛中学在青田进行"杏坛中学青田社会实践基地"挂牌仪式。杏坛中学校长吴秀霞表示，渠岩教授十多年来积极投入乡村建设，长期深入乡村考察与实践，这是当代艺术家对社会的一种担当和使命的体现。杏坛中学一直致力于培养德智体美劳全面发展的青年，做有温度有情怀的教育，学校争取更丰富的资源和更广阔的平台，让同学们了解家乡传统文化，积极参与礼俗回归和文明复兴的探索和实践，共同推动乡村振兴。

2019 年 10 月 16 日—11 月 5 日，由中国艺术人类学学会、华侨城集团主办"中国艺术乡村建设展"，在深圳华侨城创意文化园区举办。

青田作为全国案例之一参与展览，展出青田计划 3 年工作成果，分为"乡村中的文化""文化中的乡村""乡村中的艺术"及"艺术中的乡村"四个板块进行呈现。

2019 年 11 月 17 日，顺德区政府与北京大学社会学系合作共建"北京大学社会学系教学科研实践基地"在青田挂牌。北京大学社会学系渠敬东教授表示，这个基地不只是属于北京大学社会学系，北京大学社会学系是以经验研究作为北大整个学校的支点，未来会有更多的院系，无论是学者、老师还是学生进入到这里，他们会从各个层面进行研究，将来这里孕育的无论是资源、技术，都有无限的可能性。

2019 年 11 月 17 日，北京大学社会学系渠敬东教授在青田为顺德区委实施乡村振兴领导小组成员单位代表、村居基层干部代表 40 多人开讲"理解乡村 建设乡村"的主题讲座。这是顺德区农业农村局与岭南乡村建设研究院联合主办的乡村振兴大讲堂，目前已举办九期，成为顺德乡村振兴理论和实践经验的传播品牌。

2019 年 11 月 22—23 日，青田学院迎来了广东工业大学艺术与设计学院方海院长、梅策迎副院长、赵乘老师、寻轶老师以及 11 位研究生学员，开展关于乡村旅游规划与发展以及关于服务设计流程与调研的课堂，并对逢简的旅游现状进行了实地调研。

2019 年 11 月 27 日，荷兰代尔夫特理工大工业设计系工程学院教授、博士生导师、设计美学研究组负责人、设计与情感学会联合创始人兼主席、荷兰创意产业科学的执行委员会主席保罗·赫克特到访青田。

2019 年 12 月 12 日，青田乡村建设展览馆开馆，推出开幕展览"青田

范式：中国乡村的文明复兴路径"，向社会汇报青田几年的乡村
建设成果，既让村民感受到青田乡建带来的变化，也为来青田参
观来访的客人提供一个交流的空间。青田乡建馆不但定期推出和
展示青田乡村建设的成果和经验，同时也会推出有关青田的乡村
记忆、民俗风情、遗产保护以及村民创作的民艺作品等展览。

2019 年 12 月 12 日—12 月 14 日，由广东工业大学艺术与设计学院、
广东工业大学城乡艺术建设研究所主办的"第五届两岸公共艺术
研讨会"在青田举行。来自中国社科院、上海大学、上海人民美
术出版社、上海视觉艺术学院、西安美术学院、鲁迅美术学院、《公
共艺术》杂志、台湾帝门艺术教育基金会、台湾师范大学、高雄
师范大学、台中教育大学、铭传大学、香港教育大学、广东工业
大学等两岸三地高校和机构的专家学者参加了本次研讨会。"两
岸公共艺术研讨会"旨在推动华语圈的公共艺术研究、促进高校、
政府、机构、艺术家之间形成良性的公共艺术互动与交流平台，
建立起两岸的公共艺术研讨、对话和合作的渠道，推动公共艺术
的政策与机制建设发展。

2019 年 12 月 13 日，广东电视台珠江频道《摇钱树》栏目专题报道青
田美塘行动："美塘行动——让珠三角重现曾经的美丽"。

2020 年 1 月 11 日，华南理工大学风景园林系 12 位老师到访青田。

2020 年 3 月 15 日，华南师范大学基础教育培训与研究院院长王红到
访青田，与榕树头基金会共论乡启艺创的教育意义。

2020 年 4 月 10 日至今，举办了两期"青田学堂"，青田学堂围绕地
方风俗、传统建筑、家风传承、乡建实践等内容展开，同时开展
家艺、农艺、手艺等交流培训活动，让村民尤其是青少年认识更

多的传统文化，对家乡有更多更深入的认识和思考。4月10日第一期邀请到广东省社会科学院历史研究所研究员、著名岭南历史文化研究者陈忠烈教授担任主讲嘉宾。4月25日第二期"青田学堂"邀请到了少儿绘画教育专家蔡伟英、李彩云为青田小朋友开启乡村绘画课。

2020年5月2日，顺德区委常委、区委组织部部长练凌东与顺德职业技术学院夏伟校长到访青田。

2020年5月3日，佛山市委副书记、顺德区委书记郭文海、顺德区委常委梁伟沛、顺德区国土和水利局局长霍兆华、顺德区农业农村局局长谭逢显到访青田，考察指导青田乡建工作。

参考文献

[1] 萧公权 . 中国乡村：论 19 世纪的帝国控制 [M]. 台湾：联经出版
　　公司，2014.

[2] （法）葛兰言 . 中国人的宗教信仰 [M]. 贵州：贵州人民出版
　　社 ,2010.

[3] 费孝通 . 江村：农民生活及其变迁 [M]. 敦煌：敦煌文艺出版
　　社 ,1997.

[4] （日）中岛乐章 . 明代乡村纠纷与秩序——以徽州文书为例 [M].
　　南京：江苏人民出版社，2012.

[5] 陈宝良 . 中国的社与会 [M]. 北京：中国人民大学出版社 ,2011.

[6] 王铭铭 . 走在乡土上 [M]. 北京：中国人民大学出版社 ,2006.

[7] 王名等 . 社会共治：多元主体共同治理的实践探索与制度创新中
　　国行政管理 [J]. 基金项目：国家社科基金重大项目"反腐败法
　　治化与科学的权力结构和运行机制研究"（编号：14ZDA016）

[8] 梁漱溟 . 中国文化要义 [M]. 上海：上海世纪出版社 ,2005.

[9] （美）费正清 . 中国：传统与变迁 [M]. 北京：世界知识出版
　　社 ,2002.

[10] 刘沛林.风水：中国人的环境观 [M].上海：上海三联书店,2004.

[11] 刘姝曼.家园的冒险：艺术介入下顺德乡村建设的民族志研究 [M].南京：江苏人民出版社,2019.

[12] （日本）黑川纪章.共生思想 [M].北京：中国建筑工业出版社,2009.

[13] （美）比尔,麦克基本.自然的终结 [M].长春：吉林人民出版社, 2000.

[14] （法）葛兰言.中国文明 [M].北京：中国人民大学出版社,2012.

[15] （美）约翰.奥尼尔.身体形态：现代社会的五种身体 [M].沈阳：春风文艺出版社,1999.

[16] （法）卡特琳.格鲁.艺术介入空间 [M].桂林：广西师范大学出版社,2005.

[17] （日本）福武总一郎、北川富朗.从直岛启航的濑户内国际艺术祭 [M].台北：台湾远流出版股份有限公司,2017.

[18] （加拿大）大卫.铃木.阿曼达.麦康纳.神圣的平衡 [M].汕头：汕头大学出版社,2003.

后记：沉舟侧畔

> 我愿意赠送和分发，直到世人中的智者再度乐其愚，贫者再度乐其富。因此我必须下山，深入人世。……于是查拉图斯特拉开始下山。
>
> ——［德］尼采《查拉图斯特拉如是说》

我很早听过一首儿歌，歌曲的名字好像是《幸福生活从哪里来》，"小喜鹊造新房，小蜜蜂采蜜忙，幸福的生活从哪里来要靠劳动来创造"。歌曲里唱的意思小孩子都懂，幸福生活要靠自己的劳动创造。小动物都这么勤劳，我们当然要热爱劳动，只有通过劳动，才能得到幸福生活。为什么我总想起这首歌，是因为刚到青田时，一个年轻的村民对我充满期待，好像也在给我暗示乡建工作指标，他说："你们来的目的不就是让我们幸福吗？"我一时不知如何回答，非常惶恐，愣了半晌才缓过神来。是啊，我不是经常在说，要让每一个村民有尊严地生活在自己的家园里吗？我们能做到吗？当然我说的这个尊严必须包括世俗层面的幸福，如果没有世俗生活的幸福，精神层面的尊严又从何谈起。村民们的期望没有错，他们世世代代就是这么企盼和追求的。从传统"老婆孩子热炕头"的"丰衣足食"理想，到今天"新农村建设"的"精准扶贫"举措，无一不是满足广大农民的生存需要和生活幸福。所以，在乡村建设中决不能只谈文化理想，不能总唱精神高调，唱多了村民也不信。但我也经常反问自己，我们能给村民期望的幸福吗，我们有这个能力吗？我们做不到，我相信政府一次次的扶贫项目也满足不了每一个农民的幸福指标。有些宗教信仰会告诉人们：要到另一个世界才能得到幸福。中国人不太会信这一套，中国人或许只相信此岸的幸福才最重要。由于世俗生活得不到满足，才可能需要安慰剂，特别是一直生活得不太顺心的人，彼岸和另一个世界便成为灵魂的依归，幸福的理想。但中国人似乎更面向此生，以及此生中的未来，以求在此生过得快乐和幸福。幸福即心安，把心放下，最恰当地概括了中国人看待幸福的方式。德国汉学家施寒微把幸福的"幸"解释为"不期而至的幸福"或者"幸福的偶然"，"福"则多指福气和人们可期盼的幸福。不同的民族有对幸福不同解读，不同的时代也会对幸福有不同的理解，标准也会随着时代而转变。

青田村民开始可能对我们做的事不太理解，我一进青田村口，榕树下就有个老妇人亲切地叫我老板，我诚惶诚恐不知如何解释，赶紧说我是老师不是老板，下次见我还是叫老师好。一时间我急得都想当场发红包，生怕让她失望，村民真是认为我是来投资开发乡村的。后来有人告诉我，叫你老板你也别真以为自己是老板，其实是尊称，我这才如释重负。他们其实不知道艺术家也是被扶贫的对象，大部分艺术家也都还没脱贫。中国文化里的确也有"穷帮穷"这么一说，但我不能让他们失望，因为他们不相信，在这个世界上还有自己都没脱贫，还要来乡村做好事的人。他们不理解，只能自己尽力了。在他们眼里抽象的"乡村建设"根本不存在，而且还带上个艺术更不知所云，最后是什么结果都没见过。村民也肯定认为我们至少是有闲阶级才来乡村做好事的，我只能带着商量的语气问他，那你认为达到什么样的收入或生活才算幸福呢？他当时也不好回答我，可能是对幸福也没有一个具体的量化指标。当然，这里对幸福的指标可能比北方贫困地区期待更大一些。汽车洋房也成为了当地有些村民的标配，青田也不例外。

2020 年已经到了，全面实现小康社会指日可待，政府所做的是要让广大的村民都脱贫致富。这也是我所期待的目标，这是一个朴素的期待，也是一个终极的的期待。混合的理想在岌岌可危的现实面前软弱无力。多元主义与文化折中主义深刻的影响着以往的判断，而我们又在现实中反复降低多元主义的可见性。这种消解也更加验证了"一切固有的东西都烟消云散了"。反观乡村也没有如此多的东西让我们烟消云散了。乡村的边界也已混杂化了，地域的概念很容易被压缩。空间还会进一步被压迫，时间也已被挪移，特别在中国传统中，时间并不是一个很清晰的概念，人们也不会去主动寻找它。我们没有历史的起点，也没有历史的终点，就是此时和现在的存在感。基督教有创世的起始，也有末日的警告，从而才有许多由此展开的预言和警示。而我们此时的幸福则不带任何时间的限制和空间的阻隔，都在碎片化的想象之中。这种幸福的紧迫感改变了我们对它自身的希望，一切都在迫使我们积极地选择和消极的"折中"。所以，一个社会对"幸福"归属和指数的划分逻辑，通常会受到历史形成的和现有存在的族群、宗教、生活、社会、文化、阶层等诸多因素影响。

去年在深圳参加一个有关乡村建设的研讨会，一位学者型官员在台上义正词严地大谈乡村建设的主体必须是村民，只能是村民，无论如何都是村民。一脸的"政治正确"和"伦理正确"。我当时就说道：以村民为主体没错，但也要具体分析。如果说做任何事都是以村民为主体，那你很多事情根本做不成，那还要艺术家来乡村干什么？艺术家也不能完全让渡自己的主体。我认为应该要互为主体和多主体互动。艺术家一没权二没钱，不是来扶贫的，也不是政府派来发救济粮的——这些都有人做的，我们也做不好。再说一个乡村一般好几百号村民，大的村子几千号人，甚至还有上万人的行政村——顺德地区就有很多上万人的村子。我曾经在一个小村子做过调查，每个村民的具体诉求和想法都不一样，有短期要发财的，有近期要盖楼的，有长期要致富的，还有的要移民搬走的，那你以哪一个村民的具体要求和想法为主体？还有的村民的想法常常会第二天早晨起来又变了，众口难调。所以，这位官员是站着说话不腰疼，他也根本没在乡村待过，在台上一本正经地讲了半天，但一听就知道基本上都是假话、空话和客套话，还不如农民实在——我就是要钱。因为他们生活艰难真的缺钱，每天一睁眼，就要面对柴米油盐，孩子上学老人治病，他们没有心情跟你们扯什么崇高的使命和情怀，正因如此，我们在乡村做事情真要为村民多想想。除了为他们的长远发展考虑之外，也要尽可能的解决他们眼下生活中的实际困难，你天天给人家谈远大目标不是不可以，但的确离他们太远，有些不合时宜，他们也能判断出来真心诚意地帮助他们，还是虚头巴脑地忽悠他们。

最近一打开微信，常会发现同时有好几个关于乡村的学术研讨会在各地召开。乡村真像一个大水坑，谁都想在里面淘点东西或排泄一些垃圾。有些专家学者也只会鹦鹉学舌，眼睛只看着权力，上面说什么，他们就琢磨什么，奉承什么，完全不用心去审视，用思想去判断，缺少起码的道德责任和知识诚实。

加缪在 1957 年获得诺贝尔文学奖后说道："艺术家就是在自我与

他者不断地交往中、在半途不可错过的美景中、在无法抽离的群体中慢慢锤炼自己。"加缪说自己在常年面对荒唐的历史进程时也会茫然无助，他会在剧烈的时代动荡中，仅靠一种情感模模糊糊地支撑自己走到今天。他用自己的方式，以及自己的力量和这个时代所有的人一起，承担我们共有的不幸与希望。我相信加缪是怀着一颗强烈的责任心，才能拥有真正崇高的灵魂，并用自己坚韧的行动来充盈自己内心柔软的情感。这是一篇文学奖的获奖感言，但他为什么会谈到艺术家感受，他认为文化就是艺术，自己就是艺术家。特别是在面对责任与态度时，谁也无法回避这个问题的存在，在他眼里，没有纯粹的艺术和文学。重要的首先是一个人的存在，以及在这个荒谬的社会中要承担什么角色，"只是因为过度绝望才行不智之举，还是对虚无主义的趋之若鹜"？他在这篇很短的演讲中给出了答案："我们需要锻造一种灾难时代生活的艺术，以全新的面貌获得再生，与历史生涯中死亡的本能作斗争"。

2020 年遭遇的人类有史以来最大的新冠病毒疫情，至今还在全世界蔓延。这本书就是在这个特殊时期写成的，因为隔离不能外出才被迫静下心来，才有了时间逼迫自己做下来思考与回忆。同时，疫情也逼迫人类从疯狂的现代化节奏中停下来，逼迫我们不得不思考人类所走过的道路，调整前进的方向。古人云："抬头三尺有神明"，我在此后加一句："若无敬畏遍地灾"。我感受最强烈的是，任何灾难发生皆有成因。17 年前的"非典"仿佛就在昨天，当时，在众人纷纷选择逃离北京时，艺术家在灾害面前勇敢地发出了声音。我在当时的"蓝天不设防"艺术行动中，也创作并放飞了自己的作品《普度》，昭示先知和圣人纷纷降临人世并普度众生。在作品中，我给圣人们带着口罩，这在今天更有隐含之意。相同的灾难为什么会重演？是社会虚无主义的长期盛行，神性隐遁、良知缺失、道德沦丧引发这场人道主义灾难和浩劫。这几天又翻阅了《自然的终结》，这本书是由美国著名的环境保护主义理论家比尔·麦克基本写于20世纪80年代的重要著作。作者描述了人类环境的恶化、家园的毁损和面对生态危机的忧患意识。他对人类由于破坏环境所造成的生存危机做出了警告，同时也为我们反思了由自然灾难酿成诸多悲剧背后的原因。这是我们在和平时期无法体验的伤痛。《自然的终结》书中引用了杰弗里（Jeffers）的诗句：

> 完整是一个整体，是最大的美。
>
> 生命与物质的有机体，是宇宙最神圣的美。
>
> 热爱它们，而不是人。
>
> 除此之外，你就只能分享人类可怜的困惑，
>
> 或者当他们走向末日的时候陷入绝望。

在此我想为这场瘟疫中无辜死去的同胞深深地祈祷；同时我们也应该反思这场灾难的产生，这是诸多自然和社会矛盾恶化导致的必然结果和残酷苦难。

顺德是个神奇的地方，这里既能感受到传统文化的润泽，又能体验到现代社会的文明，两者非常完美地结合在一起。我对这里产生了与日俱增的情感和依恋。这里民风淳厚，人们坚韧勤劳、聪明智慧，非常团结并富有团队精神，齐心协力富有爱心；喜爱美食，并能把日常的美食做到日臻完美和出神入化，并在让人日常生活中感受到他们无处不在的善意与笑容。几年来我在顺德交到了不同阶层的朋友，也吃遍了大街小巷的美食。青田计划也已过去五个年头。五年时间不算太长但也不短，一路走来，艰辛乡建工作之难冷暖自知。其间发生了很多故事，我们也是问心无愧地做了许多努力，虽有遗憾但也感欣慰，

毕竟青田在又一轮"新乡村建设"的狂飙与改造中安全避险，幸免于难。青田也在各方的努力下慢慢苏醒，显出可喜的变化，这恰恰是乡村应有的常态。乡村有自己的发展规律与生长逻辑，也有其自己复活的方式，任何外力都不能过分干预或越俎代庖。艺术的方式恰恰最适合这种规律。英国利兹社会学系教授阿德里安·法韦尔评论艺术家介入社会行动："他们试图创造一种新的社会关系，这些社会关系，也许才是未来的起点。"艺术就是一颗种子，会慢慢发芽，成长，会长成参天大树，根深叶茂。

首先感谢广东工业大学陈新书记对我一如既往的信任、支持、鼓励和帮助，使我能非常愉快地在广东工作至今。也感谢新任的胡书记与邱校长鼎力的支持。胡钦太书记去年就亲赴北京，参加了"中国乡村建设展"的开幕式。感谢顺德区政协副主席徐国元先生的信任与支持，感谢陪我一路走来的青田乡亲们，没有你们的接纳和认同我们将毫无建树，感谢榕树头村居保育基金会的企业家和热心人士的爱心奉献，感谢顺德区及杏坛镇政府的各级领导对青田建设的认同和支持。感谢广东工业大学艺术与设计学院刘琼辉书记和胡飞执行院长对我和青田计划的支持帮助，感谢由环境艺术系师生的师生团队以及我的研究生们，感谢广东工业大学艺术与设计学院院长方海为本书作序，感谢刘姝曼博士早期为青田所做的历史调查工作，感谢中国电力出版社编辑王倩，岭南乡村建设研究院常务副院长陈碧云，广东工业大学城乡艺术建设研究所屈行甫和王雪云、艺术与设计学院博士生宋美娇等为本书的出版做出了很多帮助和工作。也感谢我的妻子与家人始终如一地支持照顾我。

2020 年 6 月 20 日于北京桥梓艺术公社

图书在版编目（CIP）数据

青田范式：中国乡村复兴的文明路径 / 渠岩著． —上海：上海三联书店，
2021.5

ISBN 978-7-5426-7261-2

Ⅰ.①青… Ⅱ.①渠…Ⅲ.①农村–社会主义建设–研究–顺德区
Ⅳ.①F327.655

中国版本图书馆CIP数据核字（2020）第223864号

青田范式：中国乡村复兴的文明路径

著　　者 / 渠　岩

责任编辑 / 黄　韬

摄　　影 / 王小红　陈碧云　谭若芷

　　　　　　渠　岩　何崇岳　刘姝曼　王雪云

装帧设计 / 张　页　陈子琦

监　　制 / 姚　军

责任校对 / 张大伟　王凌霄

出版发行 / 上海三联书店

　　　　　（200030）中国上海市徐汇区漕溪北路331号A座6楼

邮购电话 / 021-22895540

印　　刷 / 上海展强印刷有限公司

版　　次 / 2021年5月第1版

印　　次 / 2021年5月第1次印刷

开　　本 / 710×1000　1/16

字　　数 / 350 千字

印　　张 / 29.5

书　　号 / ISBN 978-7-5426-7261-2 / F·826

定　　价 / 158.00元

敬启读者，如发现本书有印装质量问题，请与印刷厂联系021-66366565